TRANSFORM

TRANSFORM

BildObjektSkulptur im 20. Jahrhundert

14. Juni bis 27. September 1992

Kunstmuseum und Kunsthalle Basel

IMPRESSUM

Ausstellungskomitee: Ernst Beyeler, Gottfried Boehm, Christian Geelhaar, Thomas Kellein, Dieter Koepplin, Franz Meyer, Theodora Vischer

Zentrales Ausstellungssekretariat: Susanne Kudielka
Ausstellungsleitung Kunstmuseum Basel: Dieter Koepplin, Susanne Kudielka – Sekretariat: Susanne Kudielka, unter Mitarbeit von Elisabeth Hausmann – Transport und Versicherung: Mariann Kindler – Technische Dienste/Aufbau: Ernst Kiser, Dieter Marti, Gustav Frutig, Ernst Rieder und Mitarbeiter – Restauratorische Betreuung: Peter Berkes, Amelie Jensen, Paul Berger
Ausstellungsleitung Kunsthalle Basel: Thomas Kellein, Eva Keller – Sekretariat: Eva Keller, unter Mitarbeit von Denise Küng und Corinne Baier – Transport und Versicherung: Eva Keller – Technische Dienste/Aufbau: Peter Leimgruber, Klaus Haenisch und MitarbeiterInnen
Öffentlichkeitsarbeit: Laura Weidacher, Kunstmuseum Basel;
Ausstellungssignet: Konzeption: Matt Mullican; graphische Umsetzung: Anne Hoffmann
Auswahl und Präsentation der Filme im Kunstmuseum und Videoinstallation von Dan Graham in der Kunsthalle: René Pulfer

Katalog: herausgegeben von Theodora Vischer – Konzept: Theodora Vischer, Anne Hoffmann – Redaktion: Theodora Vischer – Graphische Gestaltung: Anne Hoffmann
Satz und Druck: Gissler Druck Basel AG – Lithos: LAC AG, Basel – Einband: Buchbinderei Flügel, Basel
Auslieferung: Stampa, Spalenberg 2, CH – 4051 Basel

ISBN 3-7204-0072-7

Abb. auf Umschlag:
Marcel Duchamp, Broyeuse de chocolat no. 1, 1913 (Kat.nr. 63).
Zitat auf Umschlag:
Picasso 1943, in: Brassaï, Gespräche mit Picasso, Hamburg 1966, S. 51.

INHALTSVERZEICHNIS

LEIHGEBER

Öffentliche Institute/Museen:
Öffentliche Kunstsammlung Basel, Kunstmuseum, Kupferstichkabinett, Museum für Gegenwartskunst, Basel
Bauhaus-Archiv, Berlin
Musée des Beaux-Arts et d'Archéologie, Besançon
Hessisches Landesmuseum, Darmstadt
Kunstsammlung Nordrhein-Westfalen, Düsseldorf
Stedelijk Van Abbemuseum, Eindhoven
Sprengel Museum, Hannover
Hood Museum of Art, Dartmouth College, Hanover (New Hampshire)
Louisiana Museum, Humlebaek
Erzbischöfliches Diözesan-Museum, Köln
Museum Ludwig, Köln
Stuhlmuseum Burg Beverungen und TECTA, Lauenförde
The Tate Gallery, London
Los Angeles County Museum of Art, Los Angeles
Wilhelm-Hack-Museum, Ludwigshafen
Musée Cantini, Marseille
Bayerische Staatsgemäldesammlungen, München
The Museum of Modern Art, New York
Rijksmuseum Kröller-Müller, Otterlo
Musée d'Art Moderne de la Ville de Paris
Musée national d'art moderne, Centre Georges Pompidou, Paris
Musée Picasso, Paris
Philadelphia Museum of Art, Philadelphia
Kawamura Memorial Museum of Art, Sakura, Chiba, Japan
Moderna Museet, Stockholm
Staatsgalerie Stuttgart
Art Gallery of Ontario, Toronto
Hirshhorn Museum and Sculpture Garden, Smithsonian Institution, Washington
Kunsthaus Zürich

Private Leihgeber:
Helge Achenbach, Düsseldorf
Sammlung Alsdorf, Chicago
Thomas Ammann, Zürich
Georg Baselitz
John Berggruen Gallery, San Francisco
Sammlung M. et Mme. Herman Berninger, Zürich
Sammlung Beyeler, Basel
Jonathan Borofsky
Karl-August-Burckhardt-Koechlin Fonds, Basel
Leo Castelli
Paula Cooper Gallery, New York
Fondation Jean Dubuffet, Périgny-sur-Yerres
Sammlung Eppinghoven
Jan Fabre, Antwerpen
Sammlung Emily Fisher Landau, New York
Sammlung Froehlich, Stuttgart
Alberto Giacometti-Stiftung, Zürich
Barbara Gladstone Gallery
Galerie Gmurzynska, Köln
Robert Gober
Karsten Greve, Köln-Paris
Sammlung Herbert, Gent
Emanuel Hoffmann-Stiftung, Basel
Jenny Holzer
Mrs. Leonard J.Horwich
Annely Juda Fine Art, London
Ellsworth Kelly
Sammlung Uli Knecht, Stuttgart
Werkstatt Kollerschlag
Galerie Jan Krugier, Genève
Margo Leavin Gallery, Los Angeles
Galerie Baudoin Lebon, Paris
Sol LeWitt
m, Bochum
Marlborough International Fine Art
Madame Georges Marci
Joseph und Arlene Mc Hugh
Mario Merz
Matt Mullican
Sammlung Patsy und Raymond D.Nasher, Dallas, Texas
Sammlung Nesi, Prato
The Pace Gallery
Sammlung PaineWebber Group Inc., New York
Galleria Pieroni, Rom
Mr. und Mrs. Ronald A.Pizzuti, Columbus, Ohio
Nachlass Hans Richter
Galerie Rosengart
Sammlung C Raman Schlemmer
Richard Serra
Sammlung Nathan und Marion Smooke
Sammlung Sonnabend
Sammlung Galerie Micheline Szwajcer, Antwerpen
James Turrell, Flagstaff

und alle Leihgeber, die nicht genannt sein wollen.

FÜR HINWEISE UND UNTERSTÜTZUNG DANKEN WIR:
Urs Albrecht, Basel – Jean-Christophe Ammann, Frankfurt a.M. – Thomas Ammann, Zürich – Craig Baumhofer, Flagstaff – Wolfgang Baumüller, Kollerschlag – Alexander von Berswordt-Wallrabe, Bochum – Dominique Bozo, Paris – Armin Brunner, Zürich – Cécile Brunner, Zürich – Bruno Chiavi, Basel – Paula Cooper, New York – Pieter Coray, Lugano – Chris Dercon, Rotterdam – Roland Durst, Basel – Claude Duthuit, Paris – Bernd Dütting, Basel – John Elderfield, New York – Daphne Fitzpatrick, New York – David Frazer, New York – Luciano Frohoff, Basel – Françoise Garnaud, Paris – Peter Gissler, Basel – Krystyna Gmurzynska-Bscher, Köln – Detlev Gretenkort, Derneburg – Markus Gschwind, Basel – René Guillod, Basel – Rolf Gutmann, Basel – Heinz Gysin, Basel – Franziska Heuss, Basel – Marion von Hofacker, Irschenhausen – Reinhold Hohl, Magden – Antonio Homem, New York – Sepp Imhof, Solothurn – Christian Klemm, Zürich – Siobhan Liddell, New York – Debra Miller, Dallas – Paul Miller, Pembroke, Mass. – Raymond D.Nasher, Dallas – Claudia Neugebauer, Basel – Thomas Pfister, Bern – Gérard Régnier, Paris – William Rubin, New York – Willy Rüegg, Basel – Pidu Philipp Russek, Küsnacht – Anthony Sansotta, New York – Jaina Schlemmer, Stuttgart – Raman Schlemmer – Schule für Gestaltung, Basel – Martin Schwander, Luzern – Léonie Schwarzwaelder Pulfer, Basel – Hélène Seckel, Paris – Richard Smooke, Los Angeles – Ann Temkin, Philadelphia – Kirk Varnedoe, New York – Annemarie Verna, Zürich – Tijs Visser, Antwerpen – Ursula Wevers, Köln – Oliver Wick, Basel – Eric Wicki, Basel – Eduard Widmer, Basel – Pascale Zoller, Basel – Jörg Zutter, Lausanne.

VORWORT UND DANK

Der Erfolg der beiden Basler Skulpturen-Ausstellungen im Riehener Wenkenpark 1980 und im Brüglinger Merian-Park 1984 gab der Idee Auftrieb, ihnen zum Thema "Skulpturen von Malern" eine dritte Ausstellung folgen zu lassen, die das Projekt weiterführen und abschliessen sollte.

In ihrem zusammenfassenden Beitrag zum Katalog von 1984 wiesen Theodora Vischer und Martin Schwander ganz besonders auf die Maler-Skulptur hin. Bereits im 19. Jahrhundert hatten Maler, die auch Bildhauer gewesen waren, starke Impulse gegeben, zum Beispiel Daumier und Degas. Besonders aber am Anfang des 20. Jahrhunderts beeinflussten Maler die Bildhauerkunst entscheidend und trugen zu Veränderungen, gar zur Auflösung des traditionellen Skulpturbegriffs bei. Den wohl wichtigsten Beitrag lieferte Picasso 1912 – wie schon 1907 in der Malerei – mit seiner Konstruktion <Guitare> (Kat.nr. 29), die entgegen der Jahrhunderte währenden Tradition nicht aus einer Masse modelliert oder aus einem Block gehauen ist, sondern aus Teilen zusammengesetzt wurde und die Skulptur somit von der Materie befreite, ihr eine andere Art von Volumen verlieh.

Unser ursprünglicher, vor fünf Jahren gefasster Plan, das Thema "Maler-Skulptur" bis zum heutigen Tag in seinen wesentlichen Vertretern darzustellen, wurde von den zur Teilnahme im Ausstellungskomitee gebetenen Kunsthistorikern Gottfried Boehm und Franz Meyer sowie den damaligen Hausherren Christian Geelhaar vom Kunstmuseum und Jean-Christophe Ammann von der Kunsthalle zu einem Konzept erweitert, das, ausgehend von den Malerbildhauern Matisse und Picasso, die vielfältigen Verwandlungen bestehender und die Entwicklung neuer Werk- und Ausdrucksformen umfasst. Diese Erweiterung rückte ein zentrales Merkmal der gesamten Kunst des 20.Jahrhunderts ins Licht der Aufmerksamkeit. Bald stiessen zum Ausstellungsteam vom Kunstmuseum Dieter Koepplin und Susanne Kudielka, die das Sekretariat und die Koordination betreute, und von der Kunsthalle Thomas Kellein und Eva Keller. Theodora Vischer übernahm die Arbeit am Katalog. Ich danke den Mitgliedern des Komitees für ihre unermüdliche Arbeit, den Autoren für ihre Texte und allen Beteiligten, die mit ihrem Einsatz zum Zustandekommen unseres Unternehmens beigetragen haben.

Unser Dank geht auch an die Basler Regierung, die diese Ausstellung durch einen namhaften Beitrag entscheidend unterstützt hat, sowie an die Direktion der Messe Basel, die uns über die ART 92 Mittel für Werbung zukommen liess.

Ganz besonderer Dank aber gebührt den Museen und den privaten Leihgebern für ihr Vertrauen und ihre Grosszügigkeit, und den Künstlern und Künstlerinnen, die ihre zum Teil eigens für diese Ausstellung konzipierten Werke zur Verfügung gestellt haben.

Dieses Mal können wir nicht vom Ambiente eines Parks profitieren, wohl aber von zwei so unterschiedlichen und qualitätvollen Orten wie dem Kunstmuseum und der Kunsthalle. Die Ausstellung fordert die Besucher und Besucherinnen auf, sich manchmal vielleicht selbst ein wenig zu "transformieren", um den Weg durch die dreissig Stationen mitzugehen und den künstlerischen Entwürfen zu folgen.

Ernst Beyeler

TRANSFORM-STATIONEN

Franz Meyer

Formgeschichte und Kontextualität

Ein Kunstwerk ist, wie wir alle wissen, viel mehr als gerade nur seine spezifische Form. Diese Form jedoch verleiht ihm seine erkennbare Identität und verweist zugleich auf seinen historischen Stellenwert. An beides, an Identität und Stellenwert, knüpft die Kunstgeschichte an, die sich an der jeweiligen Formbesonderheit orientiert und Verknüpfungen sucht. Formgeschichte umspannt parallele oder gegensätzliche, kontinuierliche oder von Brüchen durchsetzte Entwicklungslinien, verschiedenartige Entwicklungsphasen, ferner Beeinflussungen und Rückgriffe. Gewisse Veränderungen erscheinen dabei als ein Weiterführen innovativer Gedanken, andere als ein Zur-Sprache-Bringen des vorher Vernachlässigten.

Immer aber bleibt offen, was den Künstler jeweils vorantreibt. Die Lust am Spiel mit der Form, die Freude am Erfinden müsste ohne anderes Motiv zum Beliebigen führen. Und die Missverständnisse schaffende Parallele zum wirtschaftlichen Verhalten, zur marktorientierten technischen Innovation, erklärt nur gerade Randerscheinungen der Kunstszene. Worauf beruht dann aber jener Drang zur Erneuerung der Kunstform, aus der im nachhinein Kunstgeschichte wird? Ein eigentliches Verständnis dafür kann sich nur entwickeln, wenn es gelingt, das Formale in Beziehung zu setzen zu den Veränderungen, die menschliche Kultur als ganze betreffen. Ohne Berücksichtigung der Kontextualität bleibt die Vorstellung von der innovatorischen Leistung einseitig. Nur ist das Kunstwerk innerhalb der Kultur immer mehr als das Produkt einer bestimmten historischen Situation und immer sehr viel mehr als ein Dokument. Was aber hebt das jeweilige Einzelwerk (oder die jeweilige Werkgruppe) über den Kontext hinaus und trägt wiederum dazu bei, seine eigenen kontextuellen Voraussetzungen zu verändern?

Zu denken ist an Veränderungen, die sich unmittelbar auf die Kunst beziehen (ein neues Werk lässt beispielsweise ein bisheriges ästhetisches Konzept als antiquiert erscheinen) und an andere, die ein Stück allgemeiner Lebenseinstellung, das mitmenschliche und soziale Verhalten oder den Erkenntnisstand über das Verhältnis zur Wirklichkeit betreffen. Dass vom Kunstwerk keine Veränderung im Feld des Politischen zu erwarten ist, weiss man nachgerade. Die Zielsetzung ist bescheidener, die Wirkung vielleicht dennoch nachhaltig. So können Kunstwerke helfen, ein neues Selbstbewusstsein zu formulieren, das sich den Gegebenheiten der Zeit gegenüber bewährt oder dann Vorstellungen zu entwickeln, mit denen jenes Malaise zu überwinden ist, das sich aus der Überforderung des Einzelnen durch den historischen Wandel ergibt. Solche Wirkungen setzen sich rascher oder langsamer durch, wohl in umgekehrter Entsprechung zur Bedeutung der historischen Bruchstelle, um die es sich handelt, oder zur Komplexität der Fragen, auf die eine Antwort gesucht wird. Andererseits lassen die Vermehrung markanter historischer Bruchstellen, sowie eine erhöhte Komplexität der Fragen, die sich stellen, sowohl eine Beschleunigung der Folge erwarten, als auch eine Erhöhung der Zahl innovativer Modelle, die darauf antworten sollen. Das ist der Grund der oft beschriebenen akzelerierten Veränderung der Kunstwerkform. Sie entspricht der raschen Ablösung und grösseren Vielfalt sowohl der gesellschaftlichen Struktur seit dem Revolutionszeitalter, als auch der verbindlichen Form von Weltbild und Weltverständnis. Wie die jeweils neue Kunst dann auf die Problemfelder Antwort gibt, zu Einsichten stimuliert, Vermittlungen schafft, Gegengewichte erzeugt, kann hier nicht das Thema sein. Für uns jedoch wichtig, wie der Künstler jeweils operiert, welche Taktik oder Strategie er einsetzt, damit die gewollte ästhetische Erfahrung auch stattfinde.

Dieses Vorgehen muss der jeweils intendierten Erfahrung entsprechen. Die Wahl des Mediums, der spezifischen Form des Kunstwerks und des Sujets – solange davon die Rede sein kann – haben also einen operationellen Sinn. Das gilt auch für den Kunstbegriff, der die Selektion von Medium, Form und Sujet koordiniert. An diese übergeordnete Kategorie wird man sich bei jeder besonders radikalen Neuorientierung – etwa im Fall Duchamp oder Beuys – halten müssen.

Ausrichtung auf die Wahrnehmung

Das Thema der Ausstellung sind spektakuläre Phasen des Transformationsprozesses. Diese Ausstellung behandelt also nicht die stilistische Veränderung der Darstellungsform innerhalb der traditionellen Gattungen Malerei, Zeichnung, Druckgraphik und Skulptur – die Architektur bleibt von vornherein ausserhalb. Ihr erstes Thema ist der Umstieg eines Künstlers von einer Hauptgattung – Malerei und Skulptur – zur anderen, das zeitlich parallele oder sukzessive Hier und Dort (Matisse und Picasso), ihr zweites die Annäherung zwischen profilierten Leistungen in beiden Gattungen (z.B. Miró und Calder). Das eigentliche Transformthema, der Einsatz bzw. das Entstehen neuartiger Gegenstände oder Nicht-Gegenstände als Kunstwerk, hat aber seine Vorgeschichte bei der hier nicht behandelten Folge neuer Kunstsprachen seit dem Impressionismus. Schon diese stilistische Innovationsfolge lässt sich als Einsatz bestimmter Strategien verstehen, die jedesmal der Art der Wahrnehmung in einem aktuell gewordenen Erfahrungshorizont entsprechen. Das gilt im Impressionismus für die Kodierung der Elemente, die den visuellen Eindruck konstituieren, im Nach-Impressionismus, bei den Nabis und Fauves für die Substantialisierung der Bildfläche als Erlebnisort der Visualität, sowie im Kubismus für die analytische Behandlung aller sowohl visueller als auch operationeller Anteile des Wahrnehmungsprozesses.

Gemeinsam aber die gegenüber früher viel stärkere Berücksichtigung des Wahrnehmungsakts selbst, seiner Bedingungen und seines Verlaufs. Der Betrachter fühlt sich zu einem Tun – dem Wahrnehmen – herausgefordert und zur Reflexion über dieses Tun, nimmt also sowohl empfindungsmässig, als auch gedanklich teil am Prozess. Das schafft eine enge Verbindung zwischen der Unmittelbarkeit des Eindrucks und der Einsicht in Handlungsabläufe beim Wahrnehmen, zwischen Sinnlichkeit und Konzeptualität. Der Betrachter, der den Prozess nachvollzieht, gelangt so zu einer Erfahrung, die auch gegenüber dem Erleben aller Spannungs- und Konfliktfelder der Zeit ihren Sinn bewahrt; darum das ausserordentliche Prestige von Werken der Pioniergeneration.

Ungegenständliche Kunst

Ähnliches gilt für die späteren innovativen Konzepte in Malerei und Skulptur, bei denen die traditionelle Werkform noch erhalten bleibt. Allerdings finden sich mit den "Papiers collés" und mit einigen Skulpturen Picassos Ansätze zu deren Veränderung schon im Kubismus. Noch wichtiger für den Transformationsprozess jedoch der Bereich der ungegenständlichen Kunst: Suprematismus, Konstruktivismus, De Stijl, Bauhaus, konkrete Kunst. Gewisse stilistische Neuerungen sind als Radikalisierung kubistischer Bildstruktur (De Stijl) und kubistischer Dreidimensionalität (Tatlin, Gabo) zu verstehen. Ganz neu jedoch der Charakter des Bildraums und seines Verhältnisses zum Realraum. Eine Rolle spielen dabei sowohl das Formale, als auch – wohl in Übereinstimmung damit – das Kontextuelle, die Ausrichtung auf die gesellschaftliche Umwelt.

Zuerst das Formale: Mit dem Verschwinden des traditionellen Bildgegenstandes verschwindet auch die Entsprechung von Realraum und imaginärem Bildraum, so dass die tektonische Hierarchie von unten und oben ihre Verbindlichkeit verliert. So wird der Bildraum zum Ort einer freien Gestaltung, die insbesondere ermöglicht, nun auch emotionelle oder geistig-strukturelle Tatbestände in unmittelbarer Weise zur Darstellung zu bringen. Gerade die Freiheit von Gegenstandsverweisen im imaginären Raum begünstigt darüberhinaus eine neue Bezugnahme zum Realraum: Kasimir Malewitsch übersetzt nach 1920 Formen suprematistischer Bilder, die Energiezustände konkretisieren, in dreidimensionale utopische Modelle für eine neue Erfahrung von Architektur ("Architektoniken") und die "Proun"-Bilder Lissitzkys sind für den Künstler "Umsteigestationen" zu neuen, als "schwebend" vorstellbaren Bauten. Eine Durchdringung des Realraums und des imaginären Raums freier Gestaltung finden wir bei den "Raumkonstruktionen" Alexander Rodtschenkos, in den Merzbauten von Kurt Schwitters, den Bilder-Demonstrationsräumen von El Lissitzky (später auch von Kiesler), den Raumgestaltungen von Piet Mondrian, Theo van Doesburg, Sophie Taeuber und Hans Arp (Aubette).

Wichtig dabei die Ausrichtung auf die gesellschaftliche Umwelt, insbesondere in der russischen Revolutionskunst, wo in einigen Fällen Produktgestaltung an die Stelle freier Kunst tritt, und im Bauhaus, wo Kunst, Handwerk und Industriekultur zusammengeführt werden sollten. Bei den Russen und im Bauhaus zählte die Utopieleistung von Kunst, ihre Kraft zur gesellschaftlichen Veränderung. Zur Kunstgeschichte dieser Zeit gehört sowohl das neue Verhältnis von imaginärem Raum und Realraum, als auch von Kunst und gesellschaftlicher Wirklichkeit: der Rezipient ist in zweierlei Hinsicht also nicht mehr der distante Betrachter, sondern der Zeitgenosse in seiner Alltagswelt.

Das Objekt als neue Kunstwerkform

Eine noch radikalere Veränderung bedeuten für den Rezipienten die Ready-mades Marcel Duchamps. Nicht mehr die überlieferte Form von Malerei und Skulptur oder die Gattungsgrenzen wurden hier in Frage gestellt, sondern der bisherige Kunstbegriff. Nach zwei Richtungen: erstens ist es die gedankliche Operation allein, die den gefundenen Gegenstand zum Kunstwerk macht. Zweitens eröffnet dieses radikale Formprinzip zugleich den Zugang zu einer neuen Inhaltlichkeit. Denn Velorad und Flaschentrockner lassen, einmal in den Kunstkontext gebracht, aufmerksam werden für Alltagsrealität, insbesondere für einen Produktionsvorgang und ein Konsumverhalten, die mit anonymem Leben durchsetzt sind. Gesellschaftlich Unbewusstes wird so der Kunst-Reflexion ausgesetzt. Das Operationelle und die technische Metapher, die Hintergründe der Modernität aufzuschlüsseln vermag, beherrschen auch das spätere Werk Duchamps. Besonders zählt in unserem Zusammenhang aber das Objekt als neue Kunstwerkform. Zu seiner Geschichte gehören auch die Dada-Werke von Man Ray und die gefundenen oder fabrizierten Objekte der Surrealisten.

Wesentlich dabei der Handlungsbezug: ein Objekt appelliert, anders als ein Bild oder eine Skulptur, an die Bereitschaft mit ihm umzugehen – visuell, haptisch oder dann in fast körperlicher Auseinandersetzung mit seinem symbolischen oder konzeptuellen Wesen. Dabei verändert sich die Art und Weise ästhetischer Erfahrung. So wie die Bevorzugung des Operationellen führt auch der Handlungsbezug zu einer Mobilisierung von Verhalten und geistiger Einstellung, die wiederum gerade der sich immer stärker verändernden wissenschaftlichen, technischen und sozialen Realität des Jahrhunderts gemäss ist.

Der Abstrakte Expressionismus

Die nächste radikale Transform-Phase setzt um 1950 mit dem Abstrakten Expressionismus ein. Dabei ist weniger an die Vorherrschaft jener impulsiven Gestaltung und offenen Form zu denken, die den malerischen Zeitstil der fünfziger Jahre begründete, als an jene Trias von Gesamtwirkung der Form, virtueller Autonomie des Gemalten gegenüber dem Träger und nachvollziehbarer Prozesshaftigkeit, die in sehr gegensätzlicher Weise sowohl das Allover bei Pollock, als auch den Einsatz der Farbe bei Newman charakterisieren. Die Holistik mit ihrer Unmittelbarkeit, die vom vorgegebenen und früher bestimmenden Rahmenrechteck nun unabhängige Form, die selbst das Bild konstituiert, sowie der im Werfen der Farbe bei Jackson Pollock und in der gerichteten Bewegung des Farbfeldes bei Barnett Newman erlebbare Prozess, fordern zu einem ganzheitlicheren und aktiveren Rezeptionsverhalten heraus. Dadurch verändert sich noch einmal die Art der ästhetischen Erfahrung, wiederum – so kann vermutet werden – in Entsprechung zu Veränderungen der Zeit-Wirklichkeit, der Teilhabe des Einzelnen am sich verändernden wissenschaftlichen Weltbild, dem Verlauf der Techno-Transformation der Erde und der Umstrukturierung der Weltgesellschaft.

Entsprechungen und Folgen

Bei europäischen Künstlern gibt es in der Periode des Informel und des Nouveau Réalisme Entsprechungen zum Innovationspaket der Amerikaner, insbesondere bei Lucio Fontana, Yves Klein und Piero Manzoni einerseits, bei Jean Dubuffet und Antoni Tàpies andererseits. Der imaginäre Raum der Malerei gewinnt an eigenständiger Körperlichkeit – und zwar bei Klein in Form strahlend-satter Farbfelder, bei Fontana in Form der durch Verletzungen haptisch erfahrbar gemachten Leinwand, bei den anderen in Form von Materialmontagen und Materieschichtungen. Sowohl die Immaterialität des Farbeindrucks als auch die tastbare Materialität steigern die Unmittelbarkeit sinnlicher Erfahrung. Dem Einbezug realräumlicher Werte in die Malerei entspricht es, dass alle Künstler, von Manzoni abgesehen, auch als Bildhauer arbeiteten. Von Bedeutung auch das Operationelle und Prozesshafte der Werkform: bei Fontana, sowie – mit direkterem Bezug zu Duchamp – bei Klein und Manzoni. Ähnliches gilt für Tinguely, dessen Maschinenaktion man auch mit dem Erlebnis von Pollock-Bildern in Beziehung bringen kann. Der vor der Malerei nachvollziehbare Produktionsprozess regt gleichzeitig zu Werkformen an, die von der Künstleraktion beherrscht sind, den Aufführungen der Gutai-Gruppe in Japan, dem New Yorker Happening, zu Fluxus, den Aktionen einzelner Künstler wie Beuys oder Nauman und zur Performance ganz allgemein. Von da aus ergeben sich Beziehungen zu Film und Video, die Aktionen festhalten oder sonst in enger Verbindung stehen zum traditionellen Bereich bildnerischer Arbeit.

Überhaupt verlieren nun die Gattungsgrenzen ihre Bedeutung. Symptomatisch dafür die Rolle der Photographie als Parallel-Medium und als Element bildnerischer Gestaltung. Eine Durchdringung der Bereiche mit demjenigen der bildenden Kunst ist festzustellen auch beim Tonschaffen (Cage, Neuhaus), beim Tanz, zum Teil auch bei sonstigen Arbeiten für die Bühne. Selbstverständlich verändert die Durchmischung auch die Werkform ganz erheblich. Jedoch kann die Ausstellung über diesen Transform-Bereich nicht Auskunft geben.

Sie konzentriert sich auf Einzelwerke, an denen abzulesen ist, wie sich dem Rezipienten sukzessive neue Erfahrung eröffnet. Auszugehen ist dabei noch einmal vom Innovationspaket bei Pollock und Newman, zuerst von der Selbständigkeit der gemalten Form gegenüber dem Träger. Robert Rauschenbergs "Combine Paintings" nutzen diese Freiheit, öffnen sich dem Realraum und nehmen ihn, in einem noch energischeren Vorstoss als bei den erwähnten Europäern, auch in Beschlag. Daraus erwächst – bei Kaprow – die Idee des Environments, eines rundum von Malerei bestimmten Realraums. Über Rauschenberg und das Environment hinaus führt Oldenburgs Überführung malerisch-imaginierter Gegenstandsbilder in den Realraum, bald fügsam weich sich darbietend, bald konstruktiv hart, oft riesengross oder sonst phantastisch verfremdet, wobei mehr als die Pop Art das Happening, in das jeweils Gegenstände einbezogen waren, das Thema für die Objektproduktion lieferte.

Für die Herausbildung einer neuen Bildform zählt besonders die Antwort jüngerer Künstler auf die von Pollock und Newman proklamierte Gesamtwirkung der Form, zuerst im Werk von Jasper Johns, wo die Bildvorstellung beispielsweise der Flagge, von Zielscheiben, Zahlen oder Buchstaben als unmittelbar wahrgenommene Gesamtformen ein ungehindertes, freies und doch systematisches Operieren mit den Grundgegebenheiten der Malerei erlaubt. Frank Stella ist demgegenüber interessiert am Neuerschaffen dieser Gesamtform: die Streifenfolge erlaubt dem Betrachter seit den "Black Paintings" – in ähnlicher Weise wie die Aktionsspuren von Pollocks Dripping – dieses Neuerschaffen mitzuvollziehen; im "Shaped Canvas" bestimmt diese Streifenfolge später auch die äussere Form. Bei beiden Künstlern nimmt der Betrachter teil an Operationen, die das Bild als Werkform neu begründen, wobei im ersten Fall die Malarbeit im imaginären Bildraum, im zweiten Fall die Behauptung des Bildes im Realraum im Vordergrund steht.

Die geometrisch fassbaren Einzel- und Gesamtformen der Bilder machen Stella zu einem Hauptvertreter des "Hard Edge Painting", das anfangs der sechziger Jahre neben der Pop Art die Szene beherrscht. Der wichtigste andere Vertreter ist Ellsworth Kelly, der aber nicht in der Auseinandersetzung mit dem Abstrakten Expressionismus, sondern mit der Vorkriegsabstraktion (z.B. Vantongerloo, Sophie Taeuber) und mit Matisse zu seiner Bildform gelangte. Mit seiner erneuerten Auseinandersetzung zwischen imaginärem Bildraum und Realraum vertritt Kelly in seinen "Shaped Canvases" und Skulpturen eine Gegenposition zu Stella und zur Minimal Art (die ebenfalls ans Innovationspaket des Abstrakten Expressionismus anknüpft). Als Unterschied zählt vor allem die geringere Bedeutung der operationellen Struktur, etwa mit Prozessen, die der Betrachter nachvollzieht oder mit Handlungen, zu denen das Werk ihn auffordert.

Minimal Art

Eine Hauptrolle kommt der Minimal Art zu, zu der Tony Smith und Robert Morris als Wegbereiter, Dan Flavin in einer Sonderrolle, Donald Judd, Carl Andre und Sol LeWitt als Objektkünstler, Robert Ryman und Robert Mangold als Maler zu zählen sind. Gemeinsam der Trend zum Elementaren und die Absage an Redundanz, beim dreidimensionalen Schaffen auch die Verwendung von Industriematerial und die industrielle Fertigung. Von noch grösserer Bedeutung für die spezifische Gestaltqualität die Berufung auf Newmans autonom-ganzheitliche Farbblöcke. Zur Strategie gehört bei Morris und Judd die Wahl von Formen, die sowohl elementar genug sind, um als Ganzes zu wirken und komplex genug (also nicht etwa einzelne, leicht identifizierbare Würfel und Zylinder, jedoch Reihen solcher Elementarformen), um die Wahrnehmung immer neu zu beschäftigen. Weil es sich weder um Modelle für eine übergreifende Ordnung, noch um Sinnbilder handelt, gelangt der Wahrnehmungsprozess nie an ein Ende; der Betrachter erlebt sich selbst als Wahrnehmenden.

Bei Andre spielt auch die Schwere und Stofflichkeit der quadratischen Metallplatten, die am Boden zu Grossquadraten oder gehsteigartigen Bahnen ausgelegt sind, eine Rolle. Diese Materialität gibt dem Werk, das auf alle demonstrative Raumintervention verzichtet, trotzdem skulpturale Präsenz. Vor den ausgelegten Platten erlebt der Betrachter – so wie bei Pollock oder bei Stella – zudem den Produktionsprozess, das Werden der Gesamtform. Auch LeWitt arbeitet mit gleichen Grundeinheiten (hier meistens Würfel). Nur sind die Grundelemente ohne stoffliches Gewicht, definiert vor allem durch ihre Kanten. In vielem ist dieser Künstler, bei dem das Primat dem gedanklichen Vorstellen und nicht dem visuellen Wahrnehmen zukommt, der Antipode von Judd. Jedoch handelt es sich auch bei LeWitt um das Stimulieren einer perzeptiven Aktivität, hier entweder des gedanklichen Nachvollzugs modularer Ordnung oder permutativer Kombinatorik (dies insbesondere in den “Wall Drawings“).

Eine entsprechende Ausrichtung auf perzeptive Aktivität fehlt bei Flavin. Mit dem Gegensatz konziser Orthogonalen (oder Diagonalen) aus En-face-Röhrenlicht und der diffusen Reflexwirkung auf der Wand und im Raum transponiert er den Gegensatz Zeichnung – Farbfeld aus der Malereitradition ins Dreidimensionale. Der Environmentcharakter schafft einen Bezug zur Architektur; viele Werke sind als Instrumentierung des Architekturraums zu verstehen.

Eine Sonderrolle kommt auch den eigentlichen Malern zu, die ausser Stella (und Kelly) in der Ausstellung fehlen müssen. Ich erwähne immerhin Mangold, der im Anschluss an Stellas “Shaped Canvases“ und an Newmans dramatische Dialektik von Flächenausdehnung und linearer Begrenzung eine Bildform entwickelt hat, in der operative Möglichkeiten des Dialogs durchgespielt werden, ferner Ryman, der mit der Beschränkung auf quadratische Bildformate und die Farbe Weiss dem reduktionistischen Geist der Minimal Art nahesteht und mit dem jeweiligen Befolgen eines bestimmten Werkkonzepts, das sich auf Bildträger, Farbe, Farbauftrag und Befestigen bezieht, an das ausdrückliche und nachvollziehbare Programm bei LeWitts kombinatorischen Arbeiten erinnert. Thema bleibt bei Ryman allerdings das Malen selbst, erlebt vom Betrachter als Modell aktiv-schöpferischen Umgangs mit der Welt innerhalb einer der Zeit entsprechenden operativen Grundstrategie.

Man kann die Minimal Art als Antwort auf die affirmative Haltung der Pop Art gegenüber der Bemächtigung durch die Konsumwelt verstehen. Wenn es Warhol als dem radikalsten Pop-Künstler beispielsweise gelungen ist, die Scheinwelt in einer Art Übersteigerung aus der Triebfixierung zu heben und in eine kreative Ästhetik zu verwandeln, verfolgen die Minimal Künstler in ihrer Auseinandersetzung mit dieser Scheinwelt eine andere Strategie, die beim Wahrnehmen selbst einsetzt. Dieses hat sich auf Wirklichkeitssurrogate eingestellt; seine Disponibilität, Bedingung der menschlichen Freiheit, ist wieder zu gewinnen. Sozusagen alle innovative Kunst unmittelbar nach der Minimal Art verfolgt diese Methode; erst im Verlauf der achtziger Jahre, als man das “Verschwinden der Wirklichkeit“ zu thematisieren begann, wurde mit “Appropriation“ und Simulation Warhols Strategie wieder aktuell.

Das Post-Minimal und die Europäer

Über die Transform-Station Minimal Art habe ich hier, ihrem Stellenwert entsprechend, besonders ausführlich referiert. Ähnliches ist in diesem Katalogtext nicht möglich gegenüber der innovativen Dichte und Vielseitigkeit der Kunst aus den späteren sechziger und den siebziger Jahren. Schwerpunkte sind hier, im Anschluss an die Minimal Art, der Bereich, den man als Prozesskunst bezeichnet (aus dem, unter den Künstlern, die in der Ausstellung vertreten sind, Serra hervorgeht), die Arbeit mit dem Licht (Turrell), die Arbeit in der Landschaft (vergegenwärtigt durch die Filme von Gerry Schum, sowie die Innenraumarbeiten von Walter De Maria und wiederum Turrell), der Konzeptkunst und dem Bereich, den man als Thematisierung des Verhaltens charakterisieren kann (wiederum Walter De Maria und Bruce Nauman). Daneben Beuys, wo das Ausmass der Veränderungen von Form und Funktion des Kunstwerks in etwa demjenigen im ganzen Post-Minimal entspricht. Auch andere europäische Künstler der sechziger und siebziger Jahre, Broodthaers, Panamarenko und die Italiener der Arte Povera wären einzubeziehen.

Hier darf ich auf den Katalogbeitrag von Theodora Vischer verweisen, die den Werkcharakter in dieser Periode mit den Begriffen "Prozesshaftigkeit" und "Offenheit" charakterisiert (S. 140–148). Im Rahmen meiner Argumentation will ich nur noch besonders auf die neue Mitspieler-Rolle hinweisen, die der bisherige Betrachter übernimmt. Möglich sind drei Arten von Beteiligung am Prozesscharakter des Werks: der Rezipient wird aufgefordert zum eigenen Handeln, das dann neue Erfahrung erschliesst (so beim Durchschreiten von Korridoren Bruce Naumans, beim Abschreiten des ‹Las Vegas Piece› von Walter De Maria, ferner als Benutzer von Objekten Franz Erhard Walthers), er erlebt fremdes Handeln (in allen Formen der Aktion und Performance) und wird durch die Vorstellung von Handlungsabläufen (sehr oft bei Beuys) zu einem inneren Tätigwerden angeregt.

Das Partizipatorische macht das Kunstwerk zum Werkzeug, das eingesetzt wird, um bestimmte Erfahrungen zu gewinnen – beispielsweise Erfahrungen des Körpers, der Sprache (und der linguistischen Dimension ganz allgemein), der Natur, der Kultur und der Gesellschaft, darüber hinaus einer Natur-Kultur-Synthese im Mythos. Allein und in Verbindung damit zählt aber überall auch die Erfahrung, die man von sich selbst gewinnt, einerseits von sich selbst als Wahrnehmenden, wie prototypisch vorgebildet in der Minimal Art, andererseits von sich selbst als Sich-Verhaltendem in bestimmten Situationen. Die Fähigkeit, Erfahrung zu erschliessen (und damit einem zeittypischen Defizit an Direkterfahrung entgegenzuwirken), gehört zum bestimmenden Charakter des Kunstwerks in der Transform-Stufe sechziger/siebziger Jahre.

Die Wende um 1980

Seit den späteren siebziger Jahren war vom Ende der Moderne die Rede – mit der Postmoderne, so hiess es, beginne eine neue Zeit. Die Avantgarde hätte sich erschöpft. Angesagt war nun ein Pluralismus der Stile, die Rückkehr zum historischen Stoff sowie zum traditionellen Handwerk des Malers und Bildhauers. Manches dabei war zu verstehen als Absage an den lange herrschenden minimalistischen und konzeptuellen Purismus. Diese Reaktionsphase war jedoch seit der Mitte des Jahrzehnts überwunden und die Kunst der sechziger und siebziger Jahre gewann ihre Kraft zurück, Jüngere zu inspirieren. War die Wende um 1980 trotzdem radikaler als alle Umstellungen seit Beginn der Moderne; handelt es sich, wie oft gesagt wird, um einen Paradigmenwechsel auch für die Kunst?

Im Zusammenhang damit hat man behauptet, mit unserem Thema, der sukzessiven Transformation der Kunstwerkform, aus der schliesslich Kunstgeschichte wird, sei es nun vorbei. Dagegen ist einiges einzuwenden. Zuerst wird behauptet, jetzt sei wirklich Neues nicht auszumachen. Dabei weiss man doch, dass zu jeder Zeit das Gegenwärtige diffus und ungeordnet erscheint – erst im Rückblick hebt sich die Innovationsfolge deutlich ab vom Szenenkontext. Unser Geschichtsbewusstsein bewahrt andererseits ein bereinigtes Bild; die Vielfalt von Richtungen und künstlerischen Haltungen vergisst man leicht. So gehören mit vollem Recht zur Moderne auch Bonnard und Chagall, Kirchner und Fautrier, die nur eben ins Geschichtsbild der Minimal Art-Generation nicht recht hineinpassen. Darum ist jene Moderne, die zu Ende ging, eine parteiisch interpretierte Moderne: jede Zeit schreibt ihre Geschichte neu. Und das heutige

Nebeneinander-Gelten von Baselitz und Buren, von Smithson und Marden – um nur Künstler zu nennen, die im selben Jahr 1938 geboren sind – ist der Normalfall und war es auch immer.

Auch ist die Innovation kein Privileg der Moderne: Künstler, wenigstens in der abendländischen Entwicklung, haben seit je neuen Vorstellungen über die Welt zum Durchbruch verholfen, beispielsweise, um einmal weit auszuholen, der Vorstellung der sich aus dem Tektonischen lösenden Artikulation des Körpers im griechischen 6. Jahrhundert, der Vergegenwärtigung des himmlichen Jerusalem im überhöhten Architekturraum der gotischen Kathedrale oder der Idee der rationalen Beherrschbarkeit des Raums in der zentralperspektivischen Darstellung der Renaissancemalerei. Nur geriet die Arbeit an solchen Erfahrungsmodellen im 19. Jahrhundert in den Sog des naturwissenschaftlich-technischen Fortschrittsdenkens, wobei der militärisch konnotierte Avantgardebegriff zusätzlich verrät, dass damit auch der Gedanke an Eroberung verknüpft war. Dem Vorbild von Naturwissenschaft und Technik folgt auch das Gebot, sich an die spezifischen Gestaltungsmittel dieses Bereichs, nämlich Farbe und Form zu halten. Aus dem Selbstverständnis der radikal autonom gewordenen Kunst wächst die Kunstgeschichte als Formgeschichte hervor.

Deren Einseitigkeit verfälscht die geschichtliche Leistung der Kunst gerade unseres Jahrhunderts und verfälscht den Sinn künstlerischer Innovation. Das gilt insbesonders für alles, was in den achtziger Jahren geschah. Die neue Aufarbeitung der Vergangenheit, der Einbezug der Lebenswelt des Rezipienten und der Öffentlichkeit, die Auseinandersetzung mit der Veränderung der Wirklichkeitsvorstellung durch Digitalisierung und neue Medien, erscheint dann, weil für die Formgeschichte zu wenig markant und uneinheitlich, bloss als Rückschritt und Wendung zur Beliebigkeit. In einigen Jahren wird man das Spezifische der Kunst aus den achtziger Jahren präziser erkennen können. Dabei wird sich zeigen, dass die Vorstellung vom Ende der Moderne und von der Stilllegung des Transform-Prinzips zu kurz greift. Es ist zwar wohl kaum zu erwarten, dass sich die achtziger Jahre als Epoche grösster kreativer Dichte herausstellen, so wie die Jahrzehnte um 1910 oder die Jahre zwischen 1950 und 1970. Aber auch hier hat die Kunstgeschichte festzuhalten, was sich an neuen Möglichkeiten erschlossen hat. Und man darf sich kunstgeschichtlich das Verständnis nicht verbauen durch eine reine Formgeschichte, die ohne Kontextualität auskommen will.

BILDER JENSEITS DER BILDER

Transformationen in der Kunst des 20. Jahrhunderts

Gottfried Boehm

I

Das Stichwort "Transform" verweist auf das schwankende Erscheinungsbild moderner Kunst, wie es sich seit Beginn dieses Jahrhunderts ausgebildet hat. Selbst ein *sprachlicher Zwitter,* signalisiert "Transform" die *zwitterhafte visuelle Existenz* der Kunst des 20. Jahrhunderts. Die Betrachter konnten sich längst an sie gewöhnen, sie haben gelernt, mit "transformierten" Werken umzugehen, jenseits alter und vertrauter Darstellungsformen (Bildern, Reliefs oder Skulpturen) auf "kunstträchtige" Sachverhalte zu stossen. Was wäre nicht schon unter die Vorzeichen "Kunst" gesetzt worden: Fundstücke des Alltags (seit Duchamp oder Schwitters), gepresster Autoschrott (Chamberlain) oder: eine blinkende Limousine auf sich drehender Scheibe (Ange Leccia), Worte auf Wänden (L. Weiner), körperliches Handeln (Performance), Diskussionen des Künstlers mit dem Publikum (im Rahmen des erweiterten Kunstbegriffs von Joseph Beuys), gar der pure, ins Gehirn eingeschlossene Gedanke (innerhalb der Konzeptkunst, z.B. bei "Art & Language") usf.

Die Kunst bevölkert keinen ausgegrenzten Bezirk, sie expandiert und nichts scheint sie aufzuhalten. Die *eine Welt* ist das *Atelier* des Künstlers geworden. Wo immer er sich niederlässt, schlummern künstlerische Potenzen. Die Wirklichkeit ist voller möglicher Kunstwerke, als bedürfe es nur der Fähigkeit, sie zu erwecken, ihnen mit unkonventionellen, oft unscheinbaren Eingriffen ans Licht zu helfen. Das Pathos der Gestaltung: der Künstler als Formgeber (der Farbe, des Materials) weicht anderen Künstlerbildern: dem des Planers, des Ingenieurs oder Technikers, des Arrangeurs oder Regisseurs, des Intellektuellen, des Politikers usf. Konnte man in der europäischen Neuzeit (seit der Renaissance) davon sprechen, dass die weite Welt, die bestehende Kultur mit ihren wichtigsten Aspekten ins Bild *einzieht,* so *wandern* die Bilder jetzt *aus* und transformieren sich dabei. Wirklichkeit wird im Brennpunkt einzelner Gattungen (Porträts, Landschaften usf.) nicht länger *dargestellt,* sie wird von künstlerischen Aktivitäten oftmals *direkt durchformt.* In den Wüsten begegnen wir ihnen, in Gestalt der Land Art, mit Flugapparaten lassen sich imaginär oder wirklich die Lüfte auch künstlerisch durchmessen, selbst eine submarine Kunst ist proklamiert worden. Der Traum, die Psyche, das Gehirn, die pure körperliche Physis, der Zufall wurden mögliche Orte, d.h. Arbeitsfelder der Kunst. Der Tendenz nach sind diese Orte: überall. Die elektronischen Simulationsmedien schliesslich schaffen Möglichkeiten bildlicher Präsenz, die mit der Formel von der "Agonie des Realen" (Baudrillard) kommentiert wurden.

Der von Seiten des Publikums oft zu hörende Ausruf: ist das *noch* Kunst? formuliert deshalb nicht selten auch das Erstaunen angesichts der überraschenden Omnipräsenz und des Verwandlungspotentials künstlerischer Arbeit. Die ironische oder hämische Kritik avancierter Phänomene stützt sich, nicht immer unberechtigt, auf die Ununterscheidbarkeit zwischen dem Banalen und dem Künstlerischen, zwischen Realem und Artifiziellen. Sie findet leicht Ansatzpunkte, weil die Selbstdestruktion bestehender Positionen, kritische Ausschläge bis zur Anti-Kunst, zur Ökonomie moderner künstlerischer Tätigkeit gehören. Die Idee des erweiterten Kunstbegriffs, die in vielerlei Gestalt seit der Romantik wirksam wurde, zu Ende gedacht – der alte Traum der Überführung von Kunst in Leben, wäre er Wirklichkeit geworden, – bedeuteten auch das Ende aller künstlerischer Gattungen. Wenn die Kunst dieses Ziel wirklich erreichen würde: im Leben aufzugehen, dann müsste *alles* Kunst geworden sein und deshalb *nichts* mehr für ein Kunstwerk gelten können.

So wenig dieser Traum Realität geworden ist, so sehr die Utopien: die Welt vermittels Kunst neu zu erschaffen, gescheitert sind (man denke an den russischen Suprematismus, das Programm der De-Stijl-Bewegung oder bestimmte Tendenzen des Bauhauses, auch an die Geschichte des Gesamtkunstwerkes) – die *Transformation* der einzelnen Künste und Gattungen gehört zum historischen Prozess der Moderne unabtrennbar hinzu. Fast möchte man sagen: der künstlerische Prozess der Moderne *sei* nichts anderes als eben die permanente Metamorphose. Von ihr lässt sich im übrigen zeigen, dass ihr ein fortwährendes Progressionsmoment innewohnt: es zielt darauf, die Wirklichkeit möglichst aspekt- und gestaltenreich zu durchforschen, in vielfältiger Mischung von schaffenden, reflektierenden, aktionalen, phantasierenden, erzählenden Tätigkeiten, unter Einbeziehung der Wissenschaften, der Philosophie, der Mythologie, von Bruchstücken der Realität selbst, ein möglichst universelles Medium der Kunst zu erzeugen. Dieses Progressionsmoment mag immer wieder Rückschläge erleiden (die reine Malerei z.B. nach einer Phase intellektueller Experimente, wie zu Beginn der achtziger Jahre, neu einleuchten), am fortbestehenden Expansionsdrang, der eine Pluralität möglicher Ansichten und Welten hervortreibt, gibt es – soweit wir heute sehen – ernsthaft keinen Zweifel. Lange glaubte man diesem Geschehen eine bestimmte Richtung unterlegen zu können, in einer sich steigernden Reduktion ein historisches Schrittgesetz zu erblicken. Ein eklatantes Missverständnis, das sich spätestens dann enthüllte, als mit der unsinnlichen, innermentalen Konzeptkunst das vermeintliche Ziel dieses historischen Prozesses erreicht war. Heute scheint es, als definiere den historischen Raum der Moderne eine Fülle von Ansätzen, Arbeitsgrundlagen, Verfahrensweisen, die sich – unter veränderten Vorzeichen – erneuern und variieren lassen. Duchamps radikale Bildkritik von 1913 kehrte als Prämisse immer wieder, wurde auf sehr verschiedene Weise (auch noch nach dem Zweiten Weltkrieg, bis in die Gegenwart) fruchtbar gemacht, die Idee des abstrakten Bildes – immer wieder verabschiedet –, hat ihre Möglichkeiten längst nicht erschöpft, ebensowenig das vom Sockel der Skulptur herabgestiegene Objekt (dem vor allem Picasso erstmals auf die Beine half), die raumbezogene Installation (seit Tatlin, Rodtschenko, El Lissitzky u. a. präsent) ist keine historisch vergangene Option, desgleichen aktionale Arbeitsformen, die weder Tanz, noch Theater oder politische Manifestation sein möchten, vielmehr auf ihre zeitliche Weise: "Bild". Die Kategorien der *Innovation*, auch die der *Avantgarde* haben am Ende des Jahrhunderts, nachdem so viele neue künstlerische Territorien erobert wurden, ihre fetischartige Rolle ausgespielt. Wichtig erscheint es, die künstlerische Substanz eines bestimmten Darstellungsverfahrens in den Blick zu nehmen und zu überprüfen. Was überlebt die Stunde, den Tag, den Geist der Zeit, was ist mehr als nur gewesen: auch heute gegenwärtig und bedeutsam?

Solche Überlegungen und Einsichten führten zum Konzept der Ausstellung "Transform". Nach den beiden Basler Plastikausstellungen (1980, 1984), die sich mit wichtigen Positionen des 20. Jahrhunderts befasst hatten, lenkte der skizzierte Prozess die Aufmerksamkeit der Veranstalter auf sich. So unstrittig die Transformation der modernen Kunstäusserungen ist, ihre Erhellung ist bislang kaum versucht worden. Nicht, dass es an Überblicksausstellungen und -darstellungen zur modernen Skulptur gemangelt hätte, auch nicht zur Verwandlung des Reliefs oder des Tafelbildes.[1] Sie präzisierten einzelne Transformationsschritte. Was unser Projekt beabsichtigt, ist freilich noch etwas anderes: das Augenmerk gezielt auf die verschiedenen Bruch- und Übergangsphänomene zwischen Malerei und Skulptur, zwischen Skulptur und Relief, zwischen Relief und Bild usw. zu richten, die neuen "Orte" zu zeigen, an denen sich (wie in der Collage, dem Objekt, dem Ready-made usw.) bis dahin unbekannte Darstellungsformen ausbilden.

Ein solches Unternehmen sieht sich mit einer Überfülle an Material konfrontiert. Derart tief ist der Transformationsprozess in die Physiognomie der Moderne eingeschrieben, dass seine Veranschaulichung sogleich ins Weite führt, die Geschichte der Kunst dieses Jahrhunderts aufzurollen erfordert. Dergleichen ist weder beabsichtigt noch zu leisten. Die Basler Ausstellung markiert an wenigen Schlüsselpunkten das Phänomen und einige Stationen seiner Geschichte. Sie erhebt nicht den Anspruch, auch nur die wichtigsten Künstler und Werke zu zeigen, geschweige denn Vollständigkeit zu erstreben. Es liegt in der Natur der Sache, oft bedauerliche Lücken zu lassen. Dennoch: erst das *Exempel* gibt dem Auge Stoff, gibt ihm zu sehen und zu denken.

1 Das Problem der Transformation ist in der kunsthistorischen und kunsttheoretischen Debatte bislang vor allem in Einzelbereichen diskutiert worden. Vgl. z.B. Rosalind E. Krauss, Passages in Modern Sculpture, London 1977, und die im Zusammenhang mit Ausstellungen erschienenen Kataloge und Bücher: Margit Rowell (Hg.), Skulptur im 20. Jahrhundert, Figur, Raumkonstruktion, Prozess, München 1986 (Bibliographie S. 343–345); Reliefs, Formprobleme zwischen Malerei und Skulptur im 20. Jahrhundert, hrsg. v. Ernst-Gerhard Güse, Westfälisches Landesmuseum, Münster 1980; Wolfgang Drechsler/Peter Weibel (Hg.), Bildlicht, Malerei zwischen Material und Immaterialität, Wien 1991. Auch die von Kasper König organisierten Skulpturenausstellungen in Münster 1977 und 1987 sowie seine "von hier aus"-Ausstellung in Düsseldorf 1984 berührten die hier angesprochenen Fragen, ebenso: Bilderstreit, Widerspruch, Einheit und Fragment in der Kunst seit 1960, Köln 1989.

II

Im letzten Jahrzehnt des 20. Jahrhunderts mögen Versuche gerechtfertigt sein, festzustellen, was gewesen ist, zu *verstehen*, was sich in diesem saeculum ereignet hat. Nicht aus historischer Distanz, auch nicht aus Abneigung gegenüber der Produktion der Zeitgenossen. Die Logik der Transformation ist vielmehr aktuell geblieben, sie wirkt fort. Es geht eher darum, sich die Kunst dieses Jahrhunderts auf eine substantiellere Weise zuzueignen, sie in den kulturellen Kreislauf eines grösseren Publikums einmünden zu lassen. Der Transformationsprozess, der nicht nur neue Stile, neue Erscheinungsformen (wie abstrakt / figurativ usw.), neue Inhalte erzeugte, sondern ein neues Bewusstsein der Kunst von ihren Aufgaben und Möglichkeiten mit sich brachte, bleibt ein *stupendes* Phänomen. Wieso genügten die alten Darstellungsformen, die überkommenen, z.T. Jahrhunderte und Jahrtausende lang benutzten Gattungen nicht länger? Natürlich kennt die Geschichte der Kunst vergleichbare Vorgänge, etwa die Entstehung und den Untergang der griechischen Vasenmalerei, die Transformation der byzantinischen Ikone ins westliche Tafelbild, die Säkularisierung christlicher Ikonographien und Bildformen in der Zeit um und nach 1800[2] – die Transformationsvorgänge seit Beginn des 20. Jahrhunderts sind mindestens von vergleichbarer Tragweite und ebenso tiefgreifend. Die Erschütterung der alten Gattungsordnung stellt uns deshalb vor besonders schwierige Rätsel, weil keine neue an ihre Stelle getreten zu sein scheint, vielmehr ein *flüssiger Zustand* künstlerischer Darstellungsmöglichkeiten. Die selbständige Bestimmung des individuellen Arbeitsansatzes durch den jeweiligen Autor, die Reflexion des Mediums und der eigenen Erfahrungen, liess sich kaum ein Künstler dieses Jahrhunderts nehmen. Seine jeweilige Peilung von Ort und Zeit hat einen Teil der Funktion übernommen, welche das objektive System der Darstellungsarten (Bild, Relief, Skulptur usw.) bzw. der Gattungen (Historienbild, Porträt, Landschaft, Genre, Stilleben usw.) ehedem repräsentiert hatte.

2 Exemplarisch behandelte diese Frage Hans Belting, in: Bild und Kult. Eine Geschichte des Bildes vor dem Zeitalter der Kunst, München 1990 (für die Wende zur Neuzeit), Werner Hofmann in seinen Hamburger Ausstellungen für die Kunst um 1800, ferner, W. Busch, in: Die notwendige Arabeske, Berlin 1985, oder: Goya und die Tradition des "capriccio", in: Max Imdahl (Hg.), Wie eindeutig ist ein Kunstwerk?, Köln 1986, S. 41ff. (gleichfalls für die Wende vom 18. zum 19. Jh.) u.a.

Wieso aber genügten, von einem bestimmten historischen Punkt an, die alten Darstellungssysteme nicht länger? Was war wirklich geschehen, als z.B. Braque und Picasso zwischen 1910 und 1914 damit begannen, Bilder aus Papieren, Zeitungsausschnitten oder Tapetenfetzen zusammenzufügen, ihre anschauliche Plausibilität aus der Kombination von Realien herzuleiten? Ein Tun, aus dem sich die vordergründigen, weil bloss technischen Begriffe des "Geklebten" (Collage) oder des "Gebauten" (Montage) gebildet haben? Das veränderte Verfahren verweist viel weiter: auf eine ganz andere Weise, wie Bilder "Bilder" sind.

Was trat hervor, als eben jene Künstler zur gleichen Zeit das Terrain der Plastik, gestaltend und umgestaltend, gleichsam spielerisch erweiterten und schliesslich ganz verliessen? Zum Beispiel durch eine "Bricolage", zunächst aus Papier und Karton, danach aus Blechstücken, die eine Violine nicht darstellen, sondern in gewissem Sinne objektartig simulieren wollte? Diese "Musikinstrumente" oder die "Absinthgläser" Picassos (29, 31) sind weder Skulpturen noch Modelle, noch Ab- oder Nachbilder.[3] Wenn wir sie ihrem Kunstcharakter nach "Objekte" nennen, bezeichnen wir einen paradoxen Befund, der an die genannten Bestimmungen erinnert, ohne sie zu erfüllen. Auch daran haben wir uns längst gewöhnt, das Befremdliche konventionalisiert. Artefakte dieser Art hat die Geschichte der Kunst bis dahin nicht gesehen, die Frage, was sie bedeuten, ist längst nicht hinreichend beantwortet.

3 Vgl. dazu William Rubin (Hg.), Picasso und Braque. Die Geburt des Kubismus, München 1990; Bibliographie S. 415ff.

Noch drastischer zeigen sich die Verschiebungen in Tatlins ‹Eckreliefs› (60, 61). Weder haben wir es mit der für das Relief ausschlaggebenden Verbindung eines *tragenden Grundes* und einer *getragenen Figuration* zu tun, noch bleibt das Relief an seinem angestammten Ort: bildähnlich der Wand zugeordnet oder in die Architektur eingefügt (als Supraporte, Portal od. dgl.). Auch "Eckreliefs" sind, wie die meisten Bezeichnungen der neuen Zwitter, reine Notnamen oder Verlegenheitsausdrücke, die Alternativen auf paradoxe Weise verbinden: weder sind sie Reliefs, noch Skulpturen oder gar Bilder (in einem herkömmlichen, wohlbegründeten Verständnis), vielmehr weisen sie über die bestehende Gattungsordnung hinaus in eine bis dahin ungesehene künstlerische Realität.

Als Duchamp, kurz vor Beginn des ersten Weltkriegs, der Malerei den Abschied gab, weil sie ihm zum leeren Augenreiz verkommen schien, etablierte er mit den sogenannten Ready-mades *künstlerische Bastarde* (64 u. 66–69). Sie wollten nicht so sehr das Gattungsgefüge aufbrechen, als sichtbar machen, dass jede künstlerische Darstellung – die Kunst überhaupt – auf Voraussetzungen beruht, die geworden und deshalb nicht kulturell notwendig sind. Aus eben diesem Grunde sind derartige Prämissen auch veränderbar. Der Künstler kann sich neue Darstellungssysteme ausdenken bzw. – darin lag Duchamps eigentlicher Akzent: in ätzenden Analysen die Grenzen der Kunst gegenüber der Wirklichkeit sichtbar machen. Es ging ihm vor allem darum, die Verschiebbarkeit dieser Grenze zu verdeutlichen. Dazu brachte er befremdliche Dinge ins Spiel, die gar nichts an sich hatten, ausser der Banalität des Alltags, welcher wir lediglich gestreute Aufmerksamkeit entgegenbringen. Befremdlich und anziehend wurden sie allererst und vor allem durch einen *Transfer* aus der Sphäre der Benutzbarkeit in diejenige des Ausgestelltseins, der Funktionslosigkeit, der "Kunst". Der Name Ready-made für diese Repräsentanten des Transfers, eine ironische und artifizielle Wortmarke, zeigt eine paradoxe Verknüpfung an: sie sind weder Kunst oder Werke noch sind sie brauchbare Dinge. Sie sind nicht Darstellungen oder Modelle von etwas... keine Psychotope, in die wir uns betrachtend versenken könnten. Was aber sind sie dann? Repräsentanten einer *Schwebe*, einer *offenen Tranformation*, die nach *zwei* Seiten lesbar und deshalb unabgeschlossen bleibt. Duchamps Ironien und Meta-Ironien machen dieses indifferente "Sowohl-als-auch" sichtbar, die Überkreuzung als einen Grenzzustand. Das Fahrrad-Rad (auf seine Gabel montiert), im Geschäft um die Ecke erworben, jetzt aber umgedreht, entfunktionalisiert und auf einem Küchenschemel "versockelt", spielt auf Plastik und Sockel nur an, möchte Plastik nicht sein. Spielt auf die reale Welt des Alltags an, ohne uns in sie zurückzustossen. Ready-mades erlauben als visuelle Instrumente eine Arbeit an den Voraussetzungen von Kunst, ein Sichtbarmachen ihrer Prämissen. Ersetzt Duchamp die Kunst durch ihre Theorie? Auch dies auf eine ironische und doppeldeutige Weise: die Reflexion bleibt an die sichtbaren Bastarde der Ready-mades geknüpft.

Ein letztes Beispiel. Als Calder die offene Balance abstrakter Bilder (vom Typ Mirós oder Mondrians) in eine räumlich arbeitende Apparatur übertrug (107), radikalisierte er eine im Bild angelegte Erfahrung. Ihre Umformulierung zum "Mobile" (ein artifizielles Wort Duchampscher Herkunft), darf als Musterbeispiel eines (populär gewordenen) Transformationsvorganges gelten. Im neuen Medium (nicht länger Bild, nicht Plastik, nicht Maschine) ordnet sich die Balance nach Einflüssen der Realität: der Aufhängung, dem zufälligen Luftzug, den Temperaturverhältnissen im Raum usf.

III

Auf dem eingeschlagenen Weg begegnen wir den verschiedenen Exempeln der Ausstellung – in jedem Einzelfall liesse sich ausmachen, welche Art Grenzgang jeweils vorliegt: vom Gemälde zum entgrenzten Bildganzen, an dem der erfassende Blick scheitert, scheitern soll (Barnett Newman, 163), vom Bild zum Bildobjekt (Frank Stella, 164 u. 165), die Öffnung des Bildes zum "Shaped Canvas", der Transfer vom Bild zum Alltagsding (Jasper Johns, 153 u. 159; Robert Rauschenberg, 156), Ellsworth Kellys genuine Arbeit am Verhältnis von Farbe und Raum (bzw. Wand, 166–168), Donald Judds Entdeckung "spezifischer Objekte"... usw. usw. Alles sind *individuelle* Lösungen, Grenzpfade, die sich nicht in Rezeptbüchern oder kunsthistorischen Messtischblättern nachschlagen lassen, die erst entdeckt wurden, als sie ein Künstler, unter Risiko des Scheiterns, zu gehen sich traute. Der Katalog gibt dazu einige Orientierungshilfe.

Wichtig bleibt freilich die Frage, was in diesem Transformationsprozess inhaltlich ausgetragen wurde? Warum ist es zu diesen gewaltigen Verschiebungen gekommen? Wodurch wurden sie, möglicherweise, nötig? Der unerhörte formale Umbau, die Revolution des Erscheinungsbildes der Kunst weist auf eine des Bewusstseins, der Denkungsart, eine unter Vorzeichen der Moderne ablaufende Umbestimmung der menschlichen Position in der Welt. Was hat dem Transformationsgeschehen derartigen Schub gegeben? Denn: so sehr der einzelne Künstler und seine Erfindungskraft gefragt sind, auffallend bleibt, dass sich die meisten Autoren in diesen Vorgang verwiesen sehen. Unterschiedliche, weil individuelle Herkunft, Lebensweise, Visionen, Ziele und Begabungen hindern nicht, dass sie zu Protagonisten eines historischen Befundes werden, den die Kunst auf besonders erhellende Weise liefert.

Wir möchten im Folgenden zwei Argumente vorstellen und erläutern, die imstande sind, die Transformation nicht nur vorzuführen, sondern auf ihre Ursachen zu befragen. Es handelt sich um Andeutungen, auf einem Felde, das weiterer wissenschaftlicher Forschungen bedürftig ist.[4]

Erstens: die Kunst hat sich (bis zum Ende des 19. Jahrhunderts) eines vorhandenen Systems von Ausdrucksmöglichkeiten bedient. Dieses war im wesentlichen stabil, im übrigen aber so flexibel, dass jeder Künstler, jede neue Generation, es sich fruchtbar aneignen konnte (vermittels veränderter Stilauffassungen, inhaltlicher Akzente, Sujetwahl, kompositioneller Massnahmen usf.), ohne das gesamte Gerüst zu zerstören. Dieses Gerüst besteht, wir erwähnten es, in einer Abfolge von Darstellungsmodalitäten (Malerei, einschliesslich graphischer Techniken, Fresko usf., Skulptur, einschliesslich Bauskulptur und Relief, Architektur, einschliesslich all der Nischen, Orte und Aufgaben, die sie den anderen Künsten einräumt) und in einer Sequenz von Gattungen: Historienbild, Porträt, Landschaft usw. (einschliesslich aller möglichen Zwischenglieder). Eine solche Aufzählung erscheint solange vordergründig oder trivial, wie man nicht mitsieht, dass sie mehr als eine blosse Nomenklatur darstellt (d.h. ein technisches Einteilungsprinzip der Künste), sondern die *Ordnung einer Welt spiegelt*.[5] Seitdem es diese alteuropäischen Ordnungskräfte *nicht* mehr gibt, sehen wir genauer, wie sehr die überkommenen Gattungen (mit ihren Hierarchien und Unterteilungen) Abbild einer Welt waren, die man sich durch diese Optik gegliedert dachte, schon bevor der einzelne Künstler etwa zu porträtieren begann oder Landschaften darstellte. Schon die Gattungen waren also *Hinsichten*, Nachahmungen der Wirklichkeit und ihrer Normen. Es sind massive inhaltliche Vorgaben, wenn man z.B. im Handlungsbild die wichtigste künstlerische Disziplin erkannte, die res gestae (die Taten und Leiden) der Heiligen, Götter, Heroen und exemplarischen Menschen entsprechend auch für die höchste und wichtigste Idee und Aufgabe der Kunst hielt. Plausibel war dergleichen überhaupt nur solange, als man von der *Wichtigkeit* dieser Praxis innerhalb der Kultur überzeugt sein konnte. Sie wies, am anderen Ende der Skala, den "blossen Dingen" eine ganz *nebensächliche* Rolle zu, entsprechend auch ihrem Darstellungsmedium, dem Stilleben. Schon im 19. Jahrhundert wurde diese Logik zur schieren Absurdität: wer hätte Argumente genug, ein Stilleben Cézannes seinen "Badenden" nachzuordnen? Beide partizipieren daran, "Kunst" zu sein. Hierarchien akzeptieren wir in dieser Zeit allenfalls zwischen gelungenen und weniger gelungenen Werken, aber nicht, weil eine bestehende Weltordnung der Historie oder dem Aktbild die höhere Auszeichnung zubilligte.

Eine erste starke Erschütterung erfuhr die Idee der künstlerischen Hierarchie, als sich am Ende des 18. Jahrhunderts die Vielzahl der "Schönen Künste" auf "die" Kunst singularisierte.[6] Die Souveränität und Autonomie der künstlerischen Potenz (im Zeitalter der Ästhetik, das nach 1750 begann) bedient sich zwar noch lange der alten Darstellungsformen, baut sie aber bereits um (sichtbar bei Künstlern wie Goya, C.D. Friedrich, Delacroix u.a.), benutzt sie zu veränderten künstlerischen Intentionen.[7] Man hat diesen historischen Vorgang (in der Kunst um 1800) auch als die Verabschiedung der Naturnachahmung beschrieben. An die Stelle der Vorbildlichkeit der Natur tritt das Bestreben, die Kunstwerke gleichsam von *unten her* zu organisieren, sie nicht in vorgeordneten Weltvorstellungen abzusichern. Unser erstes Argument lässt sich mithin in zwei Feststellungen zusammenfassen:

– die alte Gattungsordnung war keine "neutrale" Einteilung der Künste, sondern Abbild einer bestimmten Weltordnung (die selbstverständlich auch ihre Geschichte hatte);

– mit der Auflösung der mimetischen Beziehungen, mit der Schwächung des "Abbildprinzips", begann sich auch das überkommene Gattungssystem, zunächst umzuschichten (die Landschaft wurde z.B. dominant, – im Impressionismus, oder das Stilleben im Kubismus), schliesslich aufzulösen. Auflösung bedeutet nicht, dass einzelne Bildideen völlig verschwinden würden. Bekanntlich lassen sich bis zum heutigen Tage Stilleben, Landschaften, Porträts usf. malen. Verschwun-

4 Die Gattungsfrage ist bereits für die ältere Kunstgeschichte wenig diskutiert worden. Vgl. die Andeutungen des Verfassers in: Bildnis und Individuum, München 1985, S. 251ff. (im Bezug auf die Genese des Porträts). Ein latenter Nominalismus, der in Gattungsbegriffen letztlich austauschbare Etiketten sieht, keine realen historischen Kräfte, mag diesem Desinteresse Vorschub geleistet haben. Wichtige Anregungen, gerade was die Nominalismuskritik anbelangt, bei: Theodor W. Adorno, Ästhetische Theorie, Frankfurt/M. 1970, unter dem Stichwort: Gattungen, dort auch die griffige Formulierung vom "Verfransen" der Gattungen in der Moderne, S. 271, ferner: S. 272, 297ff., 301, 311ff., 326ff., 456f., 504f., S. 532: „Ohnehin sind die Gattungen der Kunstwerke, so repressiv sie wurden, kein schierer flatus vocis, obwohl die Opposition gegen Allgemeinbegrifflichkeit ein wesentliches Agens von Kunst ist". Ferner: Theodor W. Adorno, Die Kunst und die Künste, in: ders., Ohne Leitbild, Frankfurt/M. 1968, S. 168ff.

5 Vgl. dazu auch die unter Anm. 4 genannte Schrift des Verfassers.

6 Vgl. auch: Georg Picht, Kunst und Mythos, Stuttgart 1986, insbesondere: Absolute Kunst und Geschichte des Geistes, S. 77ff.

7 Vgl. zum Beleg: Werner Hofmann, Zu Friedrichs geschichtlicher Stellung, in Ausst.kat.: Caspar David Friedrich, Hamburger Kunsthalle 1974, S. 69ff.

den ist allerdings das alte Korrespondenzverhältnis zwischen der Ordnung der "Natur" und derjenigen der Kunst.

Zweitens: Wieso aber hat der Abbau des bestehenden Gattungssystems nicht zum Aufbau eines neuen geführt? – So wie im Spätmittelalter und in der frühen Neuzeit (im wesentlichen während des 15. und 16. Jahrhunderts) erst jene Umschichtung stattfand, aus der das hier diskutierte Gattungsgefüge hervorging? Auch dafür finden wir Gründe im Untergang des "Abbildprinzips", worunter wir keine plane Spiegelung verstehen, sondern enge Korrespondenzen zwischen einer in der Natur erfahrenen Normativität, deren Mustergültigkeit und überragenden Ordnungsmacht (auf der einen Seite) und der Ordnungsqualität, die der Künstler im Werk zur Geltung bringt (auf der anderen Seite). Seit der Antike ist uns eine Fülle von Belegen überliefert, in der sich Künstler als Dolmetsch der Natur bezeugen. Seit dem 19. Jahrhundert verliert diese Instanz ihre Plausibilität, was immer der Künstler darstellt (auch wenn es Landschaften sind), er verlässt sich jetzt auf seine eigene Wahrnehmung, auf die Reflexion seiner Arbeitsbedingungen usw. Ein Wechsel in der Legitimationsbasis der künstlerischen Tätigkeit hat stattgefunden. Mit diesem Wechsel wird der moderne Transformationsprozess ein erstes Mal in Gang gesetzt.

Einzelne künstlerische Elemente, Farben, Linien, Materialien, Wahrnehmungsdaten usw., das Ausdrucksmedium und die Tätigkeit werden auf bis dahin unbekannte Weise betont. Die Folge war eine fortdauernde Sprengwirkung auf die bestehende Gattungsordnung.[8] Die Unterhöhlung ihrer Institutionen, die Schwächung ihres regulativen Anspruchs, veranlasste den Künstler, ja zwang ihn zunehmend dazu, den Ort und die Modalitäten seiner Arbeit jeweils selbst zu definieren. Individuelle Peilungen treten an die Stelle jenes abgedankten Orientierungsrahmens. Wenn so wenig an vorbildlichen Regelungen vorausgesetzt werden kann, dann liegt die *Transform-Idee* in der Luft. In der Zeit um 1800 war dies zum ersten Mal der Fall. Es bedurfte dann des ganzen 19. Jahrhunderts, um die teils programmatischen, teils theoretischen Statements einzulösen. Was wir bei Philipp Otto Runge, bei Caspar David Friedrich, bei Novalis, Friedrich Schlegel oder Schelling weniger sehen als lesen können, wurde hinsichtlich seiner künstlerischen Konsequenzen erst allmählich realisiert. Übrigens gehört auch die Idee des *Gesamtkunstwerkes* zur Folgelast des Gattungsschwundes. Der Versuch, eine neue Totalität *aus Kunst* zu erzeugen, wird erst möglich (und nötig), als die Stabilität und Verbindlichkeit der alten Ordnungsideen verbraucht war. Die Idee eines in sich sinnvollen und mit sich versöhnten Lebens soll jetzt mit den Mitteln der Kunst, gesamthaft, realisiert werden.[9]

Diese Entwicklungslinie ist mit dem Transformgedanken vielfach verknüpft, in der Ausstellung bleibt sie völlig ausgespart. Befragen wir die genannten Autoren, in unserer Perspektive, begegnen wir (in vielfachen Brechungen) einem ähnlichen Befund: die überkommenen religiösen, geistlich-geistigen, politischen, metaphysischen oder wissenschaftlichen Ordnungen werden nun als etwas Unübersichtliches, Komplexes und Ungeformtes erfahren. Man hat diesbezüglich auch von der "Entbegrifflichung" der Welt gesprochen, damit ihre schwindende Benennbarkeit und Handhabbarkeit gemeint, die Auflösung "abbildlicher" Korrespondenzen. Für den Künstler bedeutet dies, dass er in der Regel keine vorformulierten Darstellungsaufgaben (per Auftrag) übernimmt, sondern auf "private" Weise Form und Inhalt seines Tuns festlegt. Er arbeitet für einen anonymen "Kunst"-Markt. Gefragt ist, mit anderen Worten, eine ganz *individuelle* Antwort auf die unübersichtlich und undarstellbar gewordene Wirklichkeit. In jedem einzelnen Bild, dessen Prämissen der Künstler zu garantieren hat, entscheidet sich das Gelingen, zeigt sich sein Dialog mit dem Unendlichen.

Wenn Friedrich Schlegel, einer der hellsichtigsten Theoretiker der Kunst des frühen 19. Jahrhunderts, die Aufgabe der Kunst darin sah „Ausdruck des Unausdrücklichen, Darstellung des Undarstellbaren zu sein", oder wenn er vom einzelnen Werk verlangte (was immer es auch darstellte, seiner Gattungszuordnung nach), das "Ganze", das „überall Eine und zwar in seiner ungeteilten Einheit"[10] zu formulieren, dann charakterisiert er damit bereits die historische Lage der Transformationskunst. „... jedes Werk soll das Ganze bedeuten, wirklich und in der Tat bedeuten...", diese Forderung führt in ihrer Konsequenz, jenseits der Gattungen, zu einer progredierenden Entfaltung der bildnerischen Verfahren, zu "Bildern" jenseits des Bildes.

8 Vgl. Adorno, wie Anm. 4, S. 140.

9 Die Beiträge des von Harald Szeemann herausgegebenen Kataloges: Der Hang zum Gesamtkunstwerk, Zürich 1983, geben dazu Auskunft, insbesondere: Odo Marquard, Gesamtkunstwerk und Identitätssystem, S. 40ff., sowie: Michael Lingner, Der Ursprung des Gesamtkunstwerkes aus der Unmöglichkeit "Absoluter Kunst", S. 52ff.

10 Friedrich Schlegel, Charakteristiken und Kritiken I (1796–1801), Krit. Ausgabe, hrsg. v. Hans Eichner, München/Paderborn 1967, S. 414.

Es würde an dieser Stelle zu weit führen, die Theorien des 19. Jahrhunderts genauer daraufhin zu durchforsten, Argumente und historische Motive zu entwickeln, die uns verständlicher machen, welche historischen Kräfte zur offenen Kunst der Moderne führten. Nur noch ein Hinweis. Im berühmten 116. Athenaeumsfragment[11] entwickelt Friedrich Schlegel eine Idee zur historischen Situation der Kunst. Nach dem Plausibilitätsverlust der alten literarischen Modi sieht er eine neue Gattung heraufziehen, die nicht mehr *eine neben anderen* ist, sondern eine "gattungsumschliessende" Gattung, die er mit dem Namen der "*progressiven Universalpoesie*" kennzeichnet. Er blickt dabei auf den Roman, wie er vor allem durch Goethes Wilhelm Meister geschaffen worden war.[12] Was ist damit gemeint, welche Verbindungen bestehen zu unserem Transform-Problem? Schlegel beschreibt mit seinem Begriff eine Gattung, die alle anderen in sich *einbegreift* (einschliesslich der philosophischen Reflexion, der Rhetorik, der Wissenschaften, gesellschaftlichen Aktivitäten). – Auch darauf antwortet übrigens die Geschichte des Gesamtkunstwerkes auf ihre Weise. – Für unsere Belange ist jetzt wichtig, dass in der bildenden Kunst seit Beginn dieses Jahrhunderts die Prototypen der Gattungen immer öfter verblassen, die Zwischenräume, die sie freigelassen hatten, jetzt besetzt werden. Jenseits von Skulptur, Relief oder Bild entstehen neue Entitäten wie Objekt, Ready-made, Montage usw. Diese Umbildungen wären wir kaum geneigt unter den Begriff einer Universalgattung zu fassen, aber ganz offensichtlich haben wir es mit einem Kontinuum sich ausbildender, "flüssiger" Darstellungsformen zu tun, die beständig progredieren und expandieren. Wenn es keine festen Gerüste und verbindlichen Anhaltspunkte mehr gibt (in Gestalt der sich nebeneinander etablierenden, sich abgrenzenden Darstellungsformen bzw. Gattungen), dann ist die Vermischung bestehender Typen, ihre Überschreitung, Bastardisierung, schliesslich die völlige Neubildung von Werkformen notwendig, jedenfalls unvermeidlich. Wenn unter Vorzeichen der Moderne die Wirklichkeit als ein offenes, konfliktträchtiges, dynamisches, in unabsehbarer Entwicklung begriffenes Beziehungsgeflecht wahrgenommen werden muss (wer zweifelt daran mit Blick auf die ökonomische, technische, politische, gesellschaftliche Situation?), dann kann sich die Kunst nicht damit beruhigen, auf die Werte und die Möglichkeiten von gestern lediglich zurückzublicken, oder blossen Innovationen nachzujagen. Der historische Raum der Moderne mit seinen neuen Ansätzen erscheint eher als ein unabschliessbarer Arbeitsbereich. In ihm definiert sich die Kunst selbst als prozesshaft. Streng genommen wird sie niemals fertig. Transformation definiert gleichermassen ihr Erscheinungsbild wie die historischen Impulse, die sie stimulieren.

11 Friedrich Schlegel, Fragmente aus dem Athenaeum, Faksimile-Nachdruck hrsg. von Ernst Behler, Bd. I, S. 204ff. („Die romantische Poesie ist eine progressive Universalpoesie..."), Darmstadt 1983.

12 Vgl. hierzu: Clemens Heselhaus, Die Wilhelm Meister-Kritik der Romantiker und die romantische Romantheorie, in: Nachahmung und Illusion (Poetik und Hermeneutik II), hrsg. v. Hans Blumenberg u.a., München 1964, S. 113ff., insbesondere S. 119ff.

I HENRI MATISSE

Matisse arbeitet an einem "Papier découpé", Nizza um 1952.

Ich habe die Bildhauerei als Ergänzung meiner Studien betrieben. Ich machte Skulpturen, wenn ich der Malerei überdrüssig war. Um das Ausdrucksmittel zu wechseln. Aber ich habe Skulpturen gemacht wie ein Maler. Ich habe die Bildhauerei nicht wie ein Bildhauer betrieben. Was die Bildhauerei sagt, ist nicht das, was die Malerei sagt. Was die Malerei sagt, ist nicht das, was die Musik sagt. Es sind parallel laufende Wege, die man aber nicht verwechseln darf.

Henri Matisse, Über Kunst, hrsg. v. Jack D. Flam, dt. von Elisabeth Hammer-Kraft, Zürich 1982, S. 248f.

Als sich der Maler Henri Matisse zu Beginn dieses Jahrhunderts der Plastik zuwandte, verstand er das keineswegs als Abkehr von der Malerei. Vielmehr begann er neben dem Malen ausdrücklich auch plastisch zu arbeiten. Bis dahin war er vor allem als Maler von Stilleben und Landschaften in der Art des Spätimpressionismus hervorgetreten. Gleichzeitig mit der Wendung zur Plastik um 1900 wird in seinen Plastiken und Bildern die menschliche Figur zum zentralen bildnerischen Motiv.[1] Fortan behandelt er die Plastik als ebenbürtiges, wenn auch nicht gleichrangiges Medium zur Malerei.[2] Dies zeigen die Plastiken, die zu Bildthemen der Malerei entstanden ebenso wie jene Bilder, in denen die Plastik als Bildmotiv auftaucht.

Die gleichwertige Stellung, die Malerei und Plastik im Werk von Matisse einnehmen, ist die sichtbare Folge einer grundsätzlichen Befragung seiner bildnerischen Ausdrucksmittel. „Ich habe mit Plastik angefangen, weil das, was mich in der Malerei interessierte, eine Klärung meiner Gedanken war. Ich änderte meine Methode und arbeitete in Ton, um mich von der Malerei zu erholen, in der ich absolut alles getan hatte, was ich im Moment tun konnte. Das bedeutet, dass es zum Zweck von Organisation geschah, um Ordnung in meine Gefühle zu bringen und um einen mir zusagenden Stil zu finden. Als ich ihn in der Plastik fand, hat er mir in meiner Malerei geholfen."[3] Es mag zunächst erstaunen, dass Matisse Probleme seiner Malerei in der Plastik zu klären sucht. Erst wenn man sich im Vergleich von Bild und Plastik bewusst wird, dass beiden ein analoges bildnerisches Denken zugrunde liegt, versteht man die Bedeutung dieses Vorgehens. Betrachtet man die beiden frühen Hauptwerke <Homme nu> von 1900 und <Le serf> von 1900–03 (1 und 4), so fällt auf, dass Matisse im Bild die nackte männliche Figur durch gegeneinandergesetzte grössere und kleinere Farbblöcke in der Fläche aufbaut. Die einzelnen Farbflecken bezeichnen für sich genommen nichts Gegenständliches, sie sind reine bildnerische Anatomie. Die Art, wie hier Matisse die Farbe als elementares Gestaltungsmittel einsetzt, und so durch ein selbständiges Gefüge von Form- und Farbkontrasten den Körper des Mannes aufbaut, steht in auffälliger Übereinstimmung mit der Bauform der Plastik. Deren Aufbau und Oberflächengestaltung verdeutlicht auf anschauliche Weise das plastische Verfahren des Hinzufügens und Wegnehmens einer modellierbaren Masse, wie es für den Umgang mit dem Material bei der Plastik charakteristisch ist. Man erkennt bei näherem Hinsehen Spuren, die Matisse beim Formen des Tonmodells mit den Händen und dem Messer hinterlassen hat. Diese Verselbständigung der Oberfläche ist Bestandteil der Darstellung und spiegelt die Reflexion der künstlerischen Mittel. Die Anlehnung an Rodin, die auch im Motiv des Schreitens zum Ausdruck kommt, ist offensichtlich, wie überhaupt die plastische Gestaltung von <Le serf> noch in der Tradition der Plastik steht.[4] Das Bemerkenswerte an der Beziehung des Bildes zur Plastik ist, dass der Gebrauch der Farbe im Bild eine plastischere Qualität hat, als die Plastik selbst.

Das Verhältnis der Malerei zur Plastik bei Matisse zu Beginn des Jahrhunderts, das aus seinem plastischen Verständnis vom Umgang mit der Farbe resultiert, erhält einige Jahre später eine neue Dimension. <Nu couché> von 1906–07 (10) ist eine der frühesten Plastiken von Matisse, in der die Zwischenräume den gleichen Gestaltungswert besitzen wie die plastische Figur. Der Raum, der beispielsweise durch den über den Kopf geführten Arm entsteht oder durch die eingeknickte linke Hüfte begrenzt wird, ist für die plastische Erscheinung der Figur ebenso entscheidend, wie der Arm bzw. der Körper selbst. Matisse behandelt in der Plastik den Raum gleichwertig mit dem Körper wie ein Maler. Zugleich ist die Plastik aus relativ selbständig an- und gegeneinander gesetzten Einzelblöcken aufgebaut, die ihre Bedeutung erst durch den Gesamteindruck erhalten. Die Konsequenz, die Matisse für seine Malerei ziehen sollte, ist die Gleichwertigkeit von Figur und Raum in der Bildfläche. Der als reine Farbflächen erscheinende Zwischenraum in <Poisson rouge et sculpture> 1911 (11) oder <Sculpture et vase de Ivy> 1916 (12) hat die gleiche Bedeutung für die Komposition, wie etwa die Darstellung der Plastik oder der Blumenvase selbst. Der Gebrauch der Farbe als Wirkungswert der Fläche entspricht dem Zusammensetzen gleichwertiger Einzelteile in der Plastik.

Die Reliefs <Nu de dos> von 1909, 1913, 1916 / 17, 1930/31[5] (13–16), die bereits als Gattung eine Zwischenstellung einnehmen, haben darüberhinaus in der Analogie zwischen Plastik und Malerei bei Matisse einen besonderen Platz. Die vier überlebensgrossen Rückenakte wurden von ihm nicht als eine zusammengehörende Serie geschaffen, sondern sind ein Thema, das er immer dann aufgriff, wenn er an grossformatigen Bildkompositionen mit Figurendarstellung arbeitete.[6] Ihre formalen Merkmale halten wichtige Stationen des bildnerischen Weges von Matisse fest, der gekennzeichnet ist durch eine Konzentration auf das Wesentliche, ein Vereinfachen des formal Gegebenen, um dadurch den Ausdruck eines bestimmten Gefühls zu realisieren, wie beispielsweise im dritten und vierten Rückenakt durch den schwer nach unten ziehenden Zopf, der als bildnerische Stütze an Stelle der Rückenfalte eingefügt wurde.[7] Auch in der Plastik, wie in der Malerei und in der Zeichnung, ist die Freiheit des Aufbaus dadurch bestimmt, dass Matisse eine Figur nicht gemäss ihrer realen Erscheinung modelliert, sondern nach dem Gesichtspunkt einer Anatomie der Gefühle baut, ohne dabei die Spezifität des Dargestellten und den Reichtum des Ausdrucks zu vernachlässigen.

In der Technik der "Papiers découpés", die Matisse erstmals für die Erarbeitung des <Jazz>-Buches als eigenständiges Ausdrucksmittel anwendete, entdeckte er schliesslich ein neues künstlerisches Medium, das ihm ungeahnte Möglichkeiten zu einer gleichrangigen Gestaltung von Figur und Raum eröffnete.[8] Figur wie Raum sind in den beiden 1952 entstandenen Figurendarstellungen <La grenouille> (21) und <Nu bleu I> (20) derart aufeinander bezogen, dass sie sich nur aus Kontrastbeziehungen erklären. Der weisse Lichtraum und die blaue Silhouette in <Nu bleu I> bringen ein gleichrangiges Zusammenspiel positiv/negativ empfundener Formwerte zustande, das letztlich zu einer Aufhebung der Figur-Grund-Beziehung führt. So lässt sich die weisse, langgezogene Fläche neben dem herunterhängenden Arm des blauen Akts zugleich als Negativraum wie als Rückgrat lesen.

Der plastische Umgang mit der Farbe, der in den Bildern von Matisse stets sichtbar ist, erhielt mit den "Papiers découpés" ein kunsthistorisch einzigartiges Ausdrucksmedium. Das Schneiden in die einfarbig bemalten Papierbogen bedeutet einen direkten Zugriff auf die Farbmasse. Matisse bezeichnete diese Gestaltungsweise im von ihm verfassten Text des <Jazz>-Buches als adäquat zum „direkten Meisselschlag des Bildhauers" [9] („la taille directe des sculpteurs"). Nun konnte

11
Poisson rouge et sculpture
1912
Öl auf Lwd.
116,2×100,5 cm

3
Homme nu
c. 1900–1902
Öl auf Lwd.
82,4×29,5 cm

4
Le serf
1900–1903
Bronze
93×33×30 cm

1
Homme nu
(Le serf; Académie bleue; Bevilaqua)
1900
Öl auf Lwd.
99,3×72,7 cm

2
Homme nu debout
(Portrait de Bevilaqua),
1900
Öl auf Lwd.
76×60 cm

6
Madeleine I
1901
Bronze
H. 59 cm

7
Madeleine II
1903
Bronze
H. 60 cm

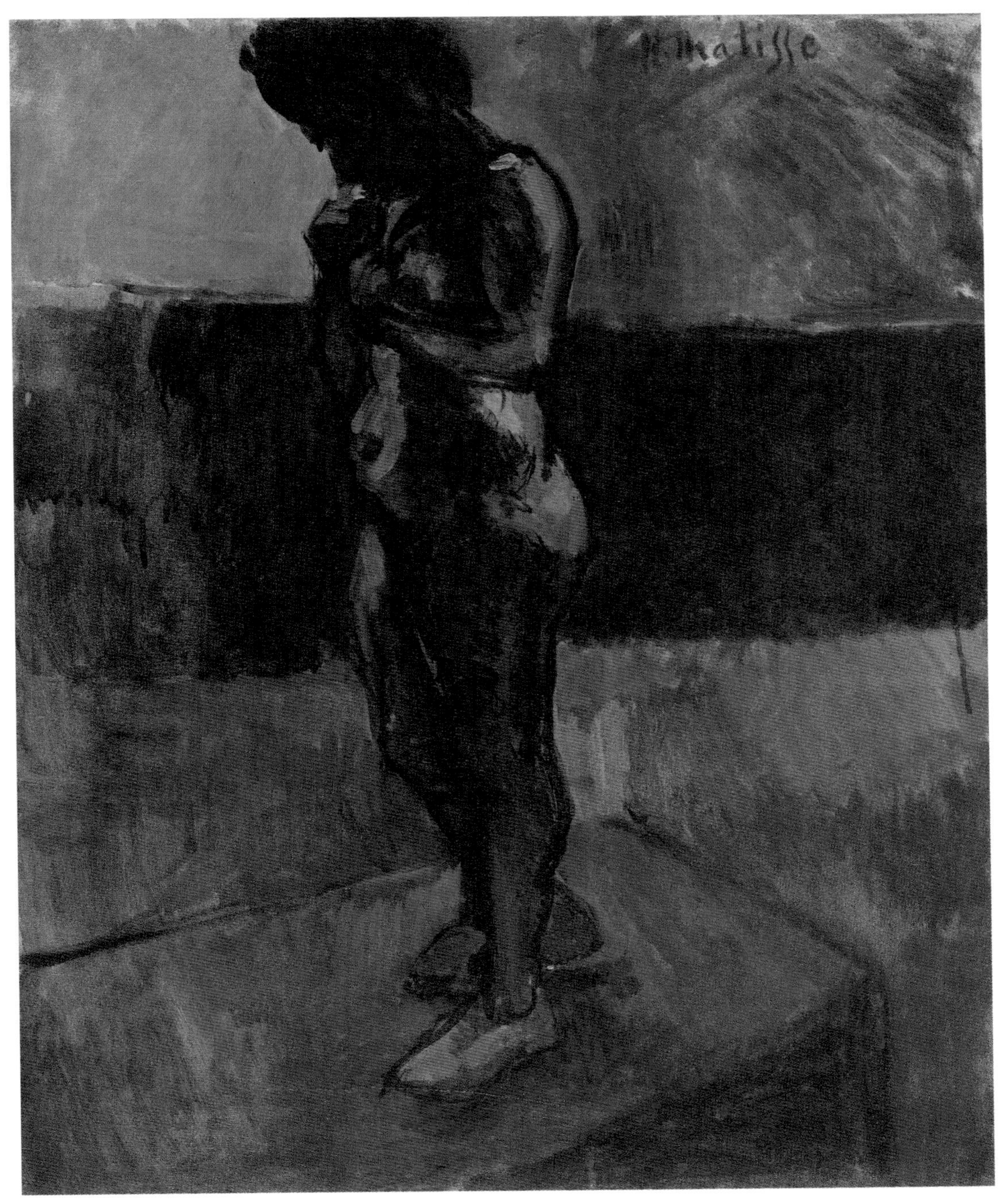

5
Nu aux souliers roses
1900
Öl auf Lwd.
73,5×60 cm

8
La coiffure
1907
Öl auf Lwd.
116×89 cm

9
Figure décorative
1908
Bronze
72×51,8×31,5 cm

10
Nu couché I
1906–07
Bronze
34,5×50×28 cm

12
Sculpture et vase de Ivy
1916
Öl auf Lwd.
60×73 cm

21
Nu bleu, la grenouille
1952
Papiers découpés
141×134 cm

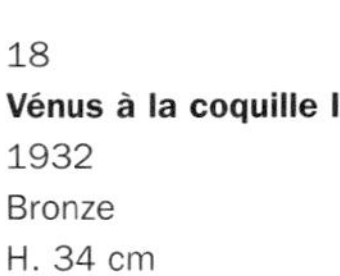

18
Vénus à la coquille II
1932
Bronze
H. 34 cm

19
Nu debout, Katia
1950
Bronze
H. 54 cm

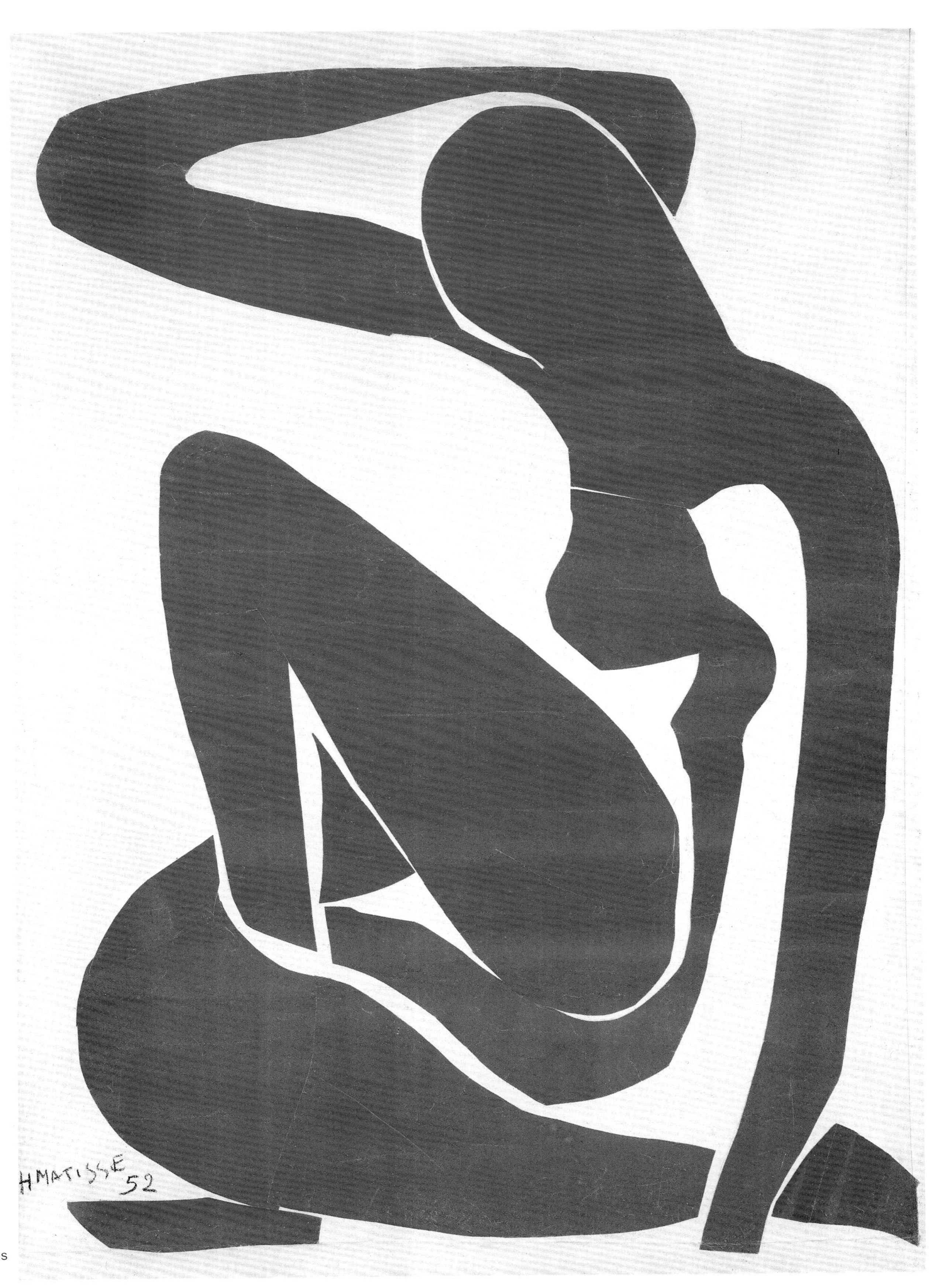

20
Nu bleu I
1952
Papiers découpés
116×78 cm

er die Wechselbeziehung von Figur und Raum in der Farbe darstellen. Er fand mit den "Papiers découpés" ein neues Ausdrucksmittel, in dem sich die Summe seiner künstlerischen Bemühungen realisieren liess.

SUSANNE KUDIELKA

1 Die menschliche Figur, insbesondere der weibliche Akt, ist eines der Hauptmotive im Oeuvre von Matisse. Bereits 1908 schrieb er in seinen Notizen eines Malers: „Was mich am meisten interessiert, ist weder das Stilleben noch die Landschaft – es ist die Figur."; zitiert nach: Henri Matisse, Über Kunst, Zürich 1982, S. 75 (dt. Übers. von: Matisse on Art, hrsg. v. J. D. Flam, Oxford 1973).
2 Matisse hat bis auf wahrscheinlich eine einzige Holzskulptur und wenige Keramiken nur Plastiken gemacht. Der Werkkatalog, den Claude Duthuit in Zusammenarbeit mit Françoise Garnaud erstellt, wird demnächst erscheinen.
3 A. a. O., S. 310, Anm. 10. – Vgl. die franz. Ausgabe: Henri Matisse, Ecrits et propos sur l'art, Paris 1972, S. 70, Anm. 45.
4 S. dazu: Albert E. Elsen, The Sculpture of Henri Matisse, New York 1972, S. 28ff; und zum Verhältnis zu Cézanne: John Elderfield, Matisse in the Museum of Modern Art, New York 1978, S. 28ff.
5 Vgl. zur Datierung von <Nu de dos IV>: John Elderfield, wie Anm. 4, S. 78ff.
6 <Nu de dos I> 1909 entstand im selben Jahr wie <La danse I>, <Nu de dos II> 1913 und <*Nu de dos III*> 1916/17 neben der mehrjährigen Arbeit an <Les demoiselles à la rivière> 1916 und <Nu de dos IV> 1930/31 im Zusammenhang mit der Wanddekoration für die Barnes Foundation in Merion, Pennsylvania.
7 Gefühl (émotion) meint bei Matisse nicht das subjektive Ausdruckswollen, sondern die Empfindung von etwas Gegebenem. Die Absage an die Spontaneität, „La spontanéité n'est pas ce que je recherche" (Ecrits et propos sur l'art, S. 300), widerspricht daher nicht der Grundaussage „Je ne pense qu'à rendre mon émotion" (a. a. O., S. 100). Das ursprüngliche Gefühl vor einem Motiv für ein bestimmtes Sujet ist viel mehr das Wesentliche, das er in einem Bild oder einer Plastik wiederzufinden sucht. – Zum Aufbau von Matisse' Plastik in diesem Zusammenhang vgl.: The Sculpture of Matisse, in: William Tucker, The Language of Sculpture, London 1977, S. 85–106.
8 S. dazu und zur Unterscheidung der "Papiers découpés" von den kubistischen Papiercollagen: Cornelia Buchholz, Henri Matisse' "Papiers découpés", Zur Analyse eines Mediums, Frankfurt a.M. 1985, insbes. S. 12f.
9 Zitiert nach: Henri Matisse, Über Kunst, wie Anm. 1, S. 200.

13–16
Nu de dos I–IV
1909, 1913, 1916/17, 1930/31
Bronze
190 cm

II PABLO PICASSO

Werke der Stammeskunst in der Sammlung von Picasso, aufgenommen in der Villa "La Californie" in Cannes.

Was ist Plastik? Was ist Malerei? Immer klammert man sich an altmodische Ideen, an überlebte Definitionen, als ob es nicht gerade die Aufgabe des Künstlers wäre, neue zu finden.

Picasso 1943 in: Brassaï, Gespräche mit Picasso, Hamburg 1966, S. 51.

24
Nu aux bras levés de profil
Frühjahr 1908
Öl auf Holz
67×25,5 cm

23
Nu aux bras levés
Herbst 1907
Öl auf Lwd.
150,3×100,3 cm

22
Femme (époque des <Demoiselles d’Avignon>)
1907
Öl auf Lwd.
119×93 cm

25
Poupée
1907
Holz mit Farbspuren
u. Metallaugen
H. 26 cm

26
Figure
1907
Buchsbaumholz
mit Bleistiftspuren,
oberer Teil des Kopfes
bemalt
35,2×12,2×10,5 cm

Man übertreibt nur wenig, wenn man sagt, Picassos ganzes künstlerisches Schaffen sei unter dem Zeichen von "Transform" gestanden. Jedenfalls ist dieses Konzept der Schlüssel zu manchen seiner sich ablösenden Stil-Epochen und zum Teil auch der Anlass zum häufigen Stilwandel. Die gegenwärtige Ausstellung greift fünf Abschnitte aus dem Gesamtwerk heraus und stellt jedesmal Gemälde und Skulpturen zusammen, die das Infragestellen und auch das Überschreiten der Gattungzsgrenzen zur Methode haben.

Ein wahrer "Discours de la méthode" war natürlich Picassos Kubismus (1909–1917). Ihm ging die Epoche der <Demoiselles d'Avignon> und der "Negerkunst" voran (1907–1908). Der dritte hier herausgestellte Abschnitt hängt mit zeichnungshaften Konstruktionen zusammen (1928), der vierte mit surrealistischen Metamorphosen (1931–1932), während schliesslich die gemalten und die aus Blech geschnittenen und dann bemalten Faltfiguren des Achtzigjährigen (1961) den "Diskurs" des Kubismus wieder aufnehmen.

1907–1914

In seinen sentimentalen und klassizistischen "Perioden" bis 1906 bezogen Picassos statuarische Gemälde und "malerische" Skulpturen ihre jeweilige stilistische Aktualität aus seinem Wetteifern mit den massgebenden Meistern der Malerei (Munch, Manet, Greco und ihrem Gegenpol Ingres) und der Bildhauerei (Rodin). Dann öffnete sich ihm der Horizont der europäischen Kunstkonventionen dank Gauguins südseevollen Gemälden und seiner Keramik sowie durch vor-antike iberische Steinplastik und afrikanische Holzskulptur. Ein Weg nun (unter anderen), um sich diese neuen Kräfte und Formen anzueignen, ohne sie zu imitieren, bestand darin, quasi mit primitivem Meissel und Beil zu malen – zum Beispiel eben die den <Demoiselles d'Avignon> zugehörigen Bilder bis zum Sommer 1907, oder die "Negerbilder" von 1908 – sowie mit perspektivischen Verkürzungen zu modellieren (die Figurenbronzen von 1907) und eine selbsterfundene "Stammeskunst" zu schaffen (die hölzernen Totems von 1907).

Die neue Stilisierung war dabei nicht einmal die Hauptsache, vielmehr stellte das Studium einer afrikanischen Reliquiarfigur "Mbulu Ngulu", die im Gemälde <Nu aux bras levés> (23) zitiert wird, eine viel grundsätzlichere Konvention in Frage, nämlich das Verhältnis zwischen Gestalt und Grund in einem Bild. Denn was in diesem Gemälde vorerst als Umraum der Figur oder als Hintergrund zwischen den Gliedmassen verstanden wird, kann auch als solide Form gesehen werden – und war auch genau das bei der genannten Statuette der Südkota aus Gabon.

Le poète
1911
Öl auf Lwd.
131,2×89,5 cm
Peggy Guggenheim Collection, Venedig

Picassos kubistischer Malstil entstand 1909 gerade aus der Ausnützung dieser Doppeldeutigkeit von stereometrisch angelegten Gestalten ("petits cubes"), die sich wie Skulpturteile vom Bildgrund zu lösen scheinen und die doch sowohl durch ihren unvollständigen Umriss als auch mit den an einer Stelle offen gelassenen "Facetten" dem Bildgrund verhaftet bleiben. Das Nebeneinander eines Gemäldes vom Sommer 1909 und der wenige Monate später entstandenen Bronze <Tête de femme (Fernande)> (27 und 28) offenbart, dass hier ein Umbruch stattfand, der – ob Malerei oder Skulptur – grundlegend war. Im Gemälde wird die konventionelle Illusion von perspektivischem Bildraum und körperhaftem Gegenstand darin als Scheinillusion vorgeführt: "Gestalt" und "Grund" sind ja doch beide nichts anderes als Farbpigmente auf Leinwandfläche, wenn die Figur auch noch so handfest und skulptural erscheint. Die Büste mit der parzellierten, getreppten, verwinkelten Oberfläche stellt den Frauenkopf nicht als eine greifbare Masse in den wirklichen Raum, sondern behandelt das modellierte Bildnis als einen virtuellen Körper im sowohl wirklichen als auch imaginären Umraum. Alle die konkaven Nischen und konvexen Kanzeln sind gleichwertig und vertauschbar und sind dreidimensionale Zeichen für plastisches Volumen.

Die Höhepunkte des kubistischen Stils stammen aus den Jahren 1911 und 1912. Kennzeichnend für die Gemälde dieser Zeit ist unter allen andern Scheinillusionen das häufige Auftreten von Spiralen als Element der Transformation (Textabb.). Man braucht nur zwei Tangentenlinien anzulegen, und sofort wird aus einem zweidimensionalen Kringel die Illusion einer dreidimensionalen Röhre (oder einer Geigenschnecke, einer Sessellehne, eines Bistro-Tisches mit Flaschen und Gläsern). Das Spiralen-Signet ist so stark – und wirkte auf andere Künstler bis in die zwanziger Jahre hinein nach –, dass man die Erläuterungen zum "Kub-Ismus" nur unter das Schlüsselwort "Spiral-Ismus" stellen muss, und alles wird ganz einfach. Die perspektivisch ergänzte Spirale gehört zu den Wahrnehmungstäuschern, die in der Malerei Zwei- und Dreidimensionalität miteinander verbinden.

Und in der Skulptur? Da wird ein Körper nicht als Masse, sondern als Volumen aufgefasst, und diesem wird mit Perspektivemitteln eine nur in der malerischen Wahrnehmung vollständige Dreidimensionalität gegeben. Das Kartonmodell <Guitare> von 1912 (29) ist wie ein an der Wand hängendes Bild zu betrachten – nicht wie eine Skulptur und auch nicht wie ein Relief. Dasselbe gilt auch für die nur frontal erfassbaren Stilleben- und Musikinstrument-Konstruktionen von 1913 bis 1916. Andererseits wirken manche Gemälde und "Papiers collés" von 1912 und 1913 wie Pläne für solche Konstruktionen. Sandbeigabe und aufgeklebte Wirklichkeitsschnitzel spielen hin und her zwischen Zwei- und Dreidimensionalität, zwischen dem Imaginären und dem Realen. Die Skulptur ihrerseits eignet sich zum ersten Mal in der Geschichte der Bildhauerei – abgesehen von dekorativer Keramik – ein Thema an, das bisher der Malerei vorbehalten gewesen ist: das Stilleben. Und sie gibt sich mit Picasso die neue Technik des Konstruierens: des Zusammenfügens statt des Modellierens oder Behauens.

27
Fernande
Sommer 1909
Öl auf Lwd.
61,8×42,8 cm

28
Tête de femme (Fernande)
1909
Bronze
40,5×23,5×26 cm

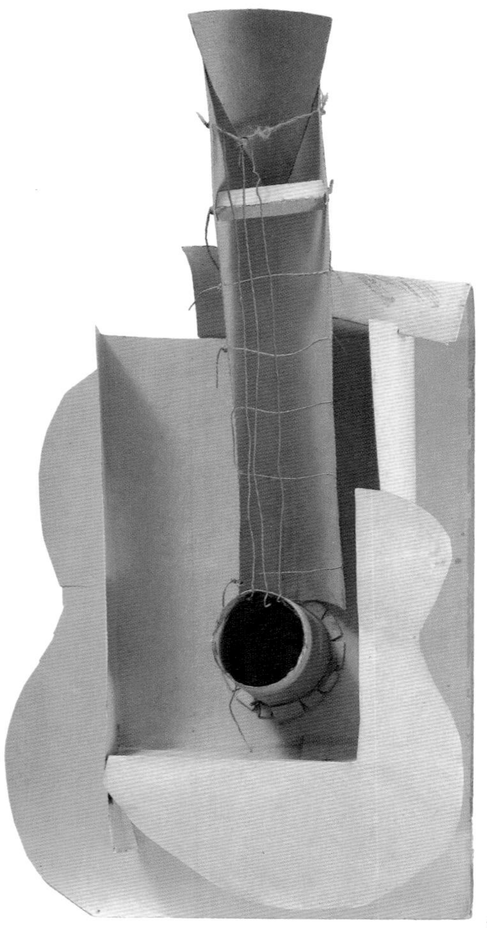

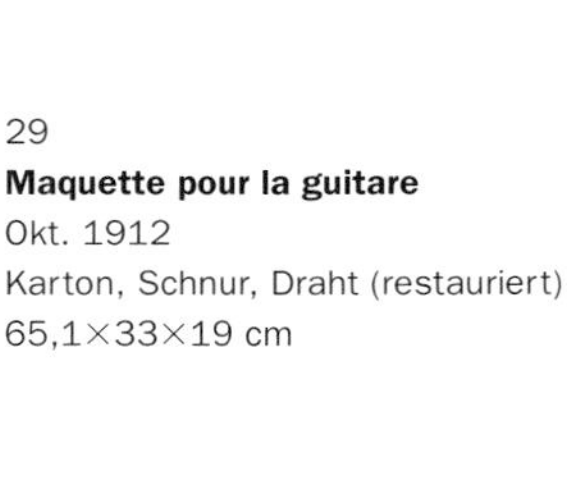

29
Maquette pour la guitare
Okt. 1912
Karton, Schnur, Draht (restauriert)
65,1×33×19 cm

30
Guitare sur une table
Herbst 1912
Collage: Öl, Sand, Kohle auf Lwd.
51,1×61,6 cm

31
Le verre d'absinthe
Frühjahr 1914
Bemalte Bronze
mit silbernem Absinthlöffel
21,6×16,4×8,5 cm

32
Cartes à jouer, verres, bouteille de rhum
(«Vive la France»)
1914–15
Öl u. Sand auf Lwd.
54,2×65,4 cm

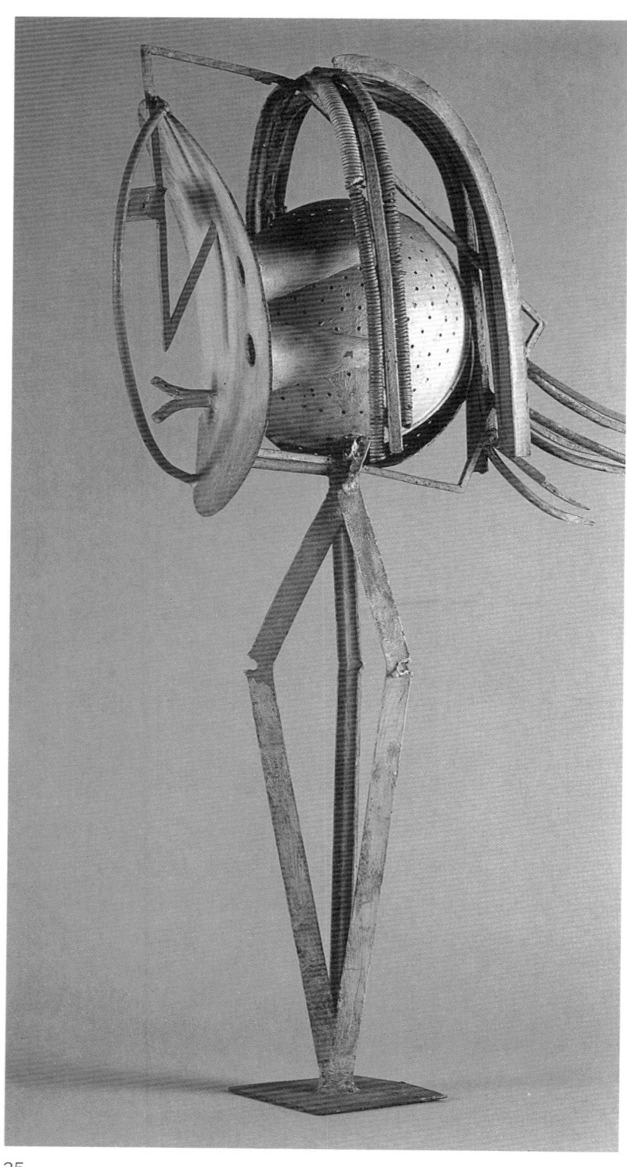

35
Tête de femme
1931
Eisen, Blech, Federn, Sieb, bemalt
100×37×61 cm

36
Femme-fleur (Françoise Gilot)
1946
Öl auf Lwd.
146×89 cm

33
L'atelier du peintre
Winter 1927–28
Öl auf Lwd.
150×231 cm

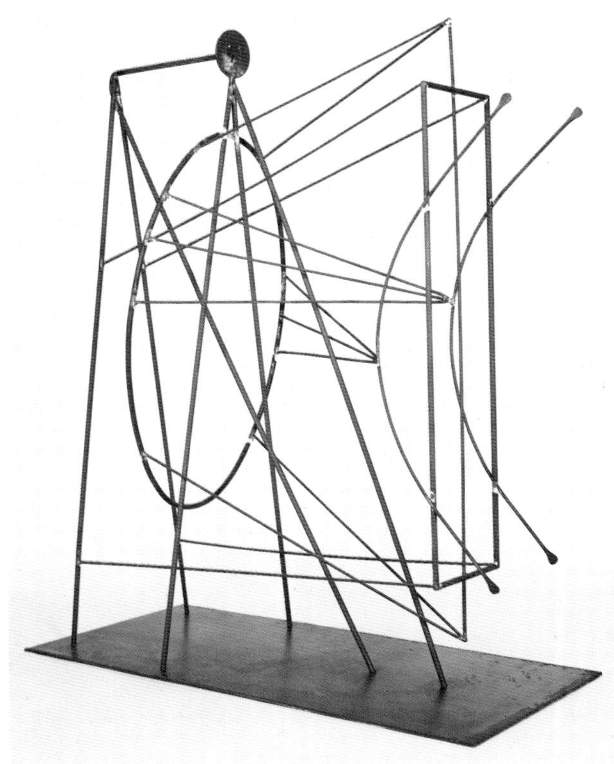

34
Figure (Projet pour Apollinaire)
1928–29
Draht
100×81×37 cm

40
Sculpture d'une tête
1932
Kohle auf Lwd.
92×73 cm

37
Tête de femme
1932
Bronze
71,5×41×33 cm

39
Tête de femme
1932
Bronze
85×37×45,5 cm

38
Femme au fauteuil rouge
1932
Öl auf Lwd.
130×97 cm

41
Femme au chapeau
1961
Öl auf Holz
116×89 cm

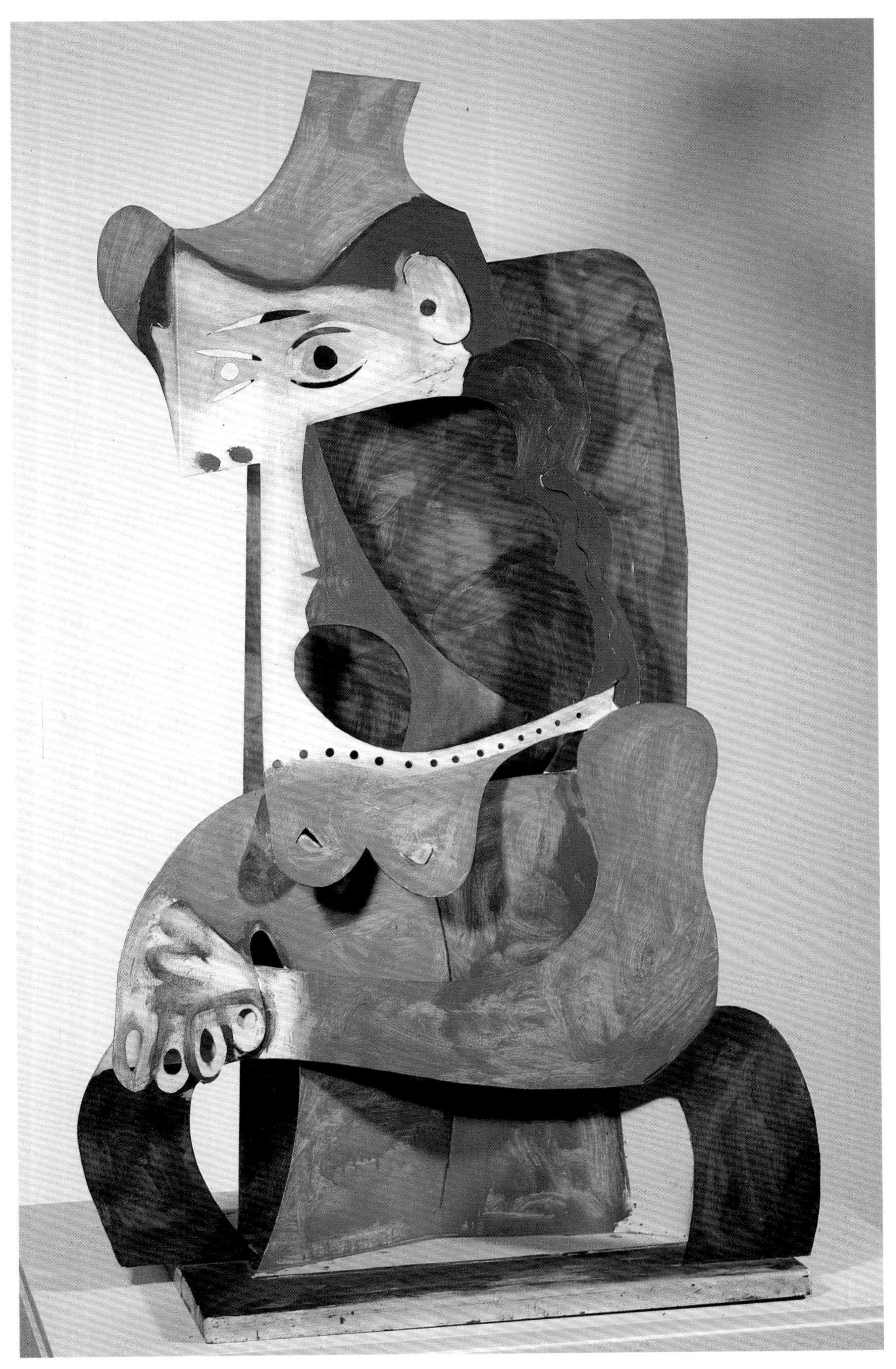

42
Femme au chapeau
1961/63
Gefaltetes Eisenblech,
1963 bemalt
126×73×41 cm

Picassos kubistische Stilkonzepte wurden von 1917 an durch andere Stile ergänzt oder ersetzt. Wie sehr sie gleichermassen sein plastisches Werk und seine Malerei, als sei da kein Unterschied, bestimmt haben, wird angesichts von <Le verre d'absinthe> (31) und einem der gemalten Stilleben vom Sommer 1914 (32) augenfällig. Das Absinthglas steht frei im wirklichen Raum und wird durch einen wirklichen Sieblöffel, auf dem ein bemaltes Zuckerstück aus Bronze liegt, vervollständigt – und doch kann man das Objekt nicht anders denn als einen imaginären Gegenstand, als modellierte Malerei verstehen. Sein ihm entsprechendes Ambiente findet es im Bildraum des genannten Gemäldes, das quasi die Neunerprobe für die *vorher* entstandene Skulptur ist: wenn das Absinthglas dort hineinpasst, dann ist die Transformation gelungen. Und natürlich passt es dort hinein.

1928, 1932, 1961

Wenn im ersten Abschnitt des Kommentars zu den hier ausgestellten Werken Picassos vor-römische iberische Steinreliefs sowie aufgeputzte afrikanische Masken und Figuren zu nennen gewesen sind, die Picasso (und anderen Künstlern) seinerzeit geholfen haben, die europäischen Kunstkonventionen zu durchbrechen, so muss hier nun vorweg Picassos Mitarbeit an Ballett- und Theaterinszenierungen genannt werden, die ihm von 1917 an einen neuen Horizont erschlossen haben. Die Hintergründe seiner Gemälde sind zum ersten Mal seit zehn Jahren wieder geöffnet (und somit die "Gestalt" vom "Grund" gelöst und unterschieden), doch es sind künstliche Bühnenhorizonte, vor denen die Figuren, Requisiten und Kulissen aufgestellt werden. Das Bühnenbild-Prinzip wird für Picassos ganze zweite Lebenshälfte gelten, besonders stark in den Werken der zwanziger und dreissiger Jahre (inklusive <Guernica>!), aber auch in den Assemblagen der fünfziger und in den Kostümgemälden und Faltfiguren der sechziger Jahre; nur die wenigen späten Landschaftsdarstellungen sind davon ausgenommen. Die Technik des Bühnenspektakels ist das geeignete Konzept, um Malerei und Skulptur zu vermengen und in etwas Drittes überzuführen. Denn Bühnenbilder, Figurinen und Requisiten sind ja Scheinwirklichkeiten in einem wirklichen (oft perspektivisch verlängerten), frontalen Bildraum, der vom Zuschauer nur virtuell oder durch die geistige und motorische Identifikation mit dem Bühnenpersonal erlebt wird. Die "Transform"-Ausstellung geht nicht weiter auf die Bühnenbildnerei oder auf die Mitwirkung von Personal in einem Kunstwerk ein, und was Picassos Theaterarbeit betrifft, so kann diese nur dokumentiert, nicht vorgeführt werden – es sei denn, die zusammengestellten Gemälde und Skulpturen würden unter diesem Aspekt gesehen; er ist grundlegend für die Formen und Themen, die Picasso fortan in seiner Malerei und Plastik erfindet.

Die Drahtkonstruktionen von 1928 (34) sind aus Zeichnungen hervorgegangen und sind trotz ihrem dreidimensionalen Volumen eine Art Zeichnung geblieben, indem etwa diagonale Verbindungsstangen als raumvertiefende Perspektivelinien wirken. Die Assemblagen aus Haushaltgeräten (35) sind bösartig skizzierte Maskeraden, während die gemalten Stilleben mit Obstschale oder Krug und Äpfeln höchst sinnliche verkleidete Liebesszenen sind. Damit wird der Schritt zur surrealistischen Metamorphose getan. Er führte Picasso 1932 zu einer massiven Skulptur zurück, in der die plastischen Wölbungen einer <Tête de femme> (37 und 39) zwar als Gesichtsteile vorkommen, aber bildlich als provokante Körperteile zu verstehen sind. Und wieder stehen sich verschwisterte Gemälde und Bronzen zur Seite, wobei diesmal (anders als 1914) die Malerei so tut, als wäre sie Skulptur (38).

Zu Ende der fünfziger Jahre verwirklicht Picasso in dreidimensionalen Maquetten eine neue bildhauerische Technik. Es sind Skulpturen aus rechtwinklig zusammengesteckten Flächen oder aus gefalteten Blechen. Das bildhauerische Spätwerk Picassos ist wieder – wie die kubistischen Konstruktionen – gemäldehaft und schafft Wölbungen und Tiefenerstreckung durch Trompe d'oeil. So in dem 1963 bemalten Exemplar von <Femme au chapeau> aus dem Jahre 1961 (42). Picassos Transformationen haben hier ihr Ziel gefunden: eine Gestalt, die den Leinwandgrund eines vergleichbaren Gemäldes von 1961 (41) verlassen hat, die sich statisch selbst stützt, die Schatten wirft und die doch auch als Skulptur nur eine virtuelle Realität besitzt.

SARAH GOSSA KAISER

III NAUM GABO EL LISSITZKY KASIMIR MALEWITSCH ANTOINE PEVSNER IWAN PUNI ALEXANDER RODTSCHENKO WLADIMIR TATLIN

Photomontage: <Wolkenbügel> von El Lissitzky am Nikitski-Platz in Moskau, 1925 (siehe Kat.nr. 47).

Die Kunst der Gegenwart und insbesondere die Malerei hat auf der ganzen Front gesiegt. Das Bewusstsein hat die Fläche überwunden und ist zur Kunst räumlicher Gestaltung vorgestossen. Das Bildermalen bleibt fortan denen überlassen, die nicht vermocht haben, trotz unermüdlicher Arbeit ihr Bewusstsein von der Fläche zu befreien, deren Bewusstsein flach geblieben ist, weil sie die Fläche nicht überwinden konnten. Durch das räumliche Bewusstsein ist die Malerei zur konstruktiven Gestaltung entwickelt worden.

Anfang des "Suprematistischen Manifests Unowis" vom 2. Mai 1924 von Kasimir Malewitsch, in: Kasimir Malewitsch, Suprematismus, Die gegenstandslose Welt, Köln 1962, S. 283.

Die hier versammelten Werke russischer avantgardistischer Bildkunst – im wesentlichen Arbeiten, die dem Suprematismus und dem Konstruktivismus zuzuordnen sind – können als beispielhaft gelten für eine Ästhetik, deren Interesse sich, im genauen Wortsinn des "Transform"-Gedankens, von der festgefügten "Form" auf das fluktuierende "Trans" verlagert hat, wodurch nicht nur Struktur und Funktion des bildnerischen Werks als solchen, sondern auch das Verhältnis zwischen Bild und Wirklichkeit, zwischen Werk und Autor, zwischen Kunstproduktion und Kunstrezeption, ja zwischen den diversen Künsten insgesamt von Grund auf gewandelt, und das heisst in diesem Fall: *revolutioniert* wurden.

Die Erneuerung, das Neue war nun aber nicht mehr, wie zuvor, primär an das Werk – als Kunst – gebunden, war somit nicht mehr bloss das Kriterium traditionsbildenden Fortschreitens; denn der "grosse Bruch", den die künstlerische Avantgarde seit 1910 zu bewerkstelligen sich anschickte, sollte Neues – in der Kunst, für die Kunst – ermöglichen dadurch, dass einerseits die künstlerischen Produktionsverfahren, andererseits die Wahrnehmungsweisen von Kunst erneuert beziehungsweise von überkommenen Konventionen und Automatismen befreit wurden. „Neu", so lautet die zentrale These aus einer frühen avantgardistischen Programmschrift, „kann heute nicht irgendein beliebiges, in unserer grauen Welt noch niemandem bekanntes Ding sein, sondern nur die *gewandelte Sicht* auf die *Wechselbeziehungen zwischen all den Dingen*, die unter dem Einfluss des gewaltigen und wahrhaft neuen Lebens der Stadt ihr Antlitz schon längst verändert haben."[1]

Damit ist Entscheidendes, für die damalige Zeit auch entscheidend Neues gesagt; die "gewandelte Sicht" ist eine in bezug auf die gewohnten Sehweisen verwandelnde, *verfremdende* Sicht, sie impliziert ein aktiv wahrnehmendes und im Akt der Wahrnehmung das Bild – als Werk – erst eigentlich *hervorbringendes* Sehen, das sich emanzipiert hat von der blossen – bloss wiedererkennenden – Betrachtung dargestellter Gegenständlichkeiten, um statt dessen das bildnerische Verhältnis zwischen verschiedenen, nunmehr autonom gesetzten Gegenständen (oder Materialien) zu ergründen, ohne das Bild nach seinen Realitätsbezügen abzufragen, will sagen – nach einer *hinter* ihm stehenden, ihm also *vorgeordneten* Bedeutung zu fragen. Erst dort, wo das Bild nichts mehr zu bedeuten, aber alles zu sagen hat, gewinnt es seine Würde zurück; sein nie versiegender, stets sich verändernder und sich mehrender Sinn ist der, welcher der Betrachter – indem er es wahrnimmt – ihm verleiht.

Die von der russischen Avantgarde generell angestrebte *Entautomatisierung* der Wahrnehmung im Hinblick auf die "Wechselbeziehungen" zwischen den Dingen im Bild (oder den Wörtern im Text) macht sich nicht zuletzt auch Kasimir Malewitsch zu eigen, wenn er in einer seiner Schriften zur Grundlegung des Suprematismus festhält, dass die neue Bildkunst „nicht die Welt der Dinge, auch nicht ihre äussere Hülle" darstelle, sondern nur „das Zusammenwirken von Erregungen"[2] aktiviere, um daraus ein *absolutes*, von der Wirklichkeit "abgezogenes" Bild- oder Kunst-Ding entstehen zu lassen, welches – statt die externe Welt lediglich zu repräsentieren – sich selbst präsent machen sollte als ein singulärer, der Wirklichkeit zugehöriger, gleichzeitig aber jeglicher Nutzanwendung sich verweigernder *Gegen-Stand*.

Beispielhaft für diese Art von "Gegenständlichkeit" sind namentlich jene widerständigen Objekte, die sich praktischem Gebrauch und hermeneutischem Zugriff gleichermassen entziehen – so etwa die Materialcollagen von Puni (56, 57), die Konterreliefs von Tatlin (60, 61), aber auch Malewitschs Architektonen (50–52), bei denen es sich um eigenständige architektonische *Skulpturen* handelt, und nicht um Modelle, welche in einem andern Medium – dem Medium der Architektur eben – hätten realisiert und einem ausserkünstlerischen Zweck zugeführt werden sollen. Es gibt bei solchen Objekten folglich auch keinen stabilen Wirklichkeitsbezug mehr, keine stabile, durch Konvention gefestigte Beziehung zwischen Signifikant und Signifikat; es gibt nur noch die diskontinuierlichen Wechselbeziehungen innerhalb der Bildwerke selbst – *Sprünge* und *Verschiebungen* zwischen unterschiedlichen, oft gegensätzlichen Materialien (wie Holz / Metall bei Tatlin), Fakturen (wie Malerei / Collage bei Puni) oder Medien (wie Bild/Schrift in der kubofuturistischen Malerei).

„Die Wahrnehmung von Erscheinungen steht", so Malewitsch, „ausserhalb aller Kategorien und Unterscheidungen nach allgemeinen Begriffen. Wir haben nur auf dem Felde der Erregungen Figuren untergebracht, deren Bewegungen und deren Tempo wir nach dem Gesetz der gegenseitigen Wechselbeziehungen messen."[3] Fast gleichzeitig ist bei Albert Einstein (in dessen Darstellung zum Entwicklungsgang der modernen Physik) bezüglich eines ganz anders gearteten "Erregungsfelds" – jedoch in phänomenaler Übereinstimmung mit dem suprematistischen Bild-Feld – das Folgende zu lesen: „Nun kam die hochbedeutsame Abstraktion des elektromagnetischen Feldes. Es bedurfte eines kühnen Gedankensprunges, um zu erkennen, dass nicht das Verhalten von Körpern, sondern das von etwas zwischen ihnen Liegendem, d.h. das Verhalten des Feldes, für die Ordnung und das Verständnis der Vorgänge massgebend sein könne."[4]

Wo freilich Wechselbeziehungen absolut gesetzt und ihrer Eigendynamik überlassen werden, verliert die Welt der Objekte und damit auch der Raum zugunsten der Zeit an Bedeutung; und mehr als dies – die Bedeutung selbst (das Bedeuten) verliert an Bedeutung zugunsten der materiellen Realpräsenz, die im jeweils vorhandenen Werk sich *konkretisiert*. Ermöglicht wird die Freisetzung der Dingwelt – der "Dingaufstand" gehört (nicht anders als der "Wortaufstand") zu den Leitmetaphern der russischen Avantgarde – durch die Aufhebung der Zentralperspektive und die dadurch bedingte Relativierung sowohl der Autor- wie auch der Betrachterposition; die Bildgegenstände werden fragmentiert und nach dem Prinzip Montage neu zusammengefügt, wobei die Gegenstandsproportionen in der Regel stark verzerrt, die Gegenstandsformen bisweilen völlig pulverisiert, das heisst auf ihre krude Materialität zurückgeführt oder aber in konstruktivistischer Manier geometrisiert werden. Der Verzicht auf jeden bildnerischen Mimetismus in bezug auf die Wirklichkeit ist Voraussetzung für jenen (von Malewitsch geforderten) neuen "malerischen Realismus", der mit realistischer Darstellung nichts mehr zu schaffen hat; der aber – entsprechend der russischen Wortbedeutung von "Malerei" *(živopiś)* – als *reale* Lebensregung aufzufassen und einer *realisierten* Lebenskunst gleichzusetzen wäre.

FELIX PHILIPP INGOLD

1 Wladimir Majakowskij, Theater, Kinematograph, Futurismus [russ.]; zitiert nach der russ. Ausg. von: Wladimir Majakowskij, Gesammelte Werke, Moskau 1955, Bd. 1, S. 284; dt. v. F. Ph. Ingold.

2 Kasimir Malewitsch, Suprematismus, Die gegenstandslose Welt, Köln 1962, S. 212 f.

3 A. a. O.

4 Albert Einstein/Leopold Infeld, Die Evolution der Physik, Von Newton bis zur Quantentheorie, Hamburg 1956, S. 194 f.

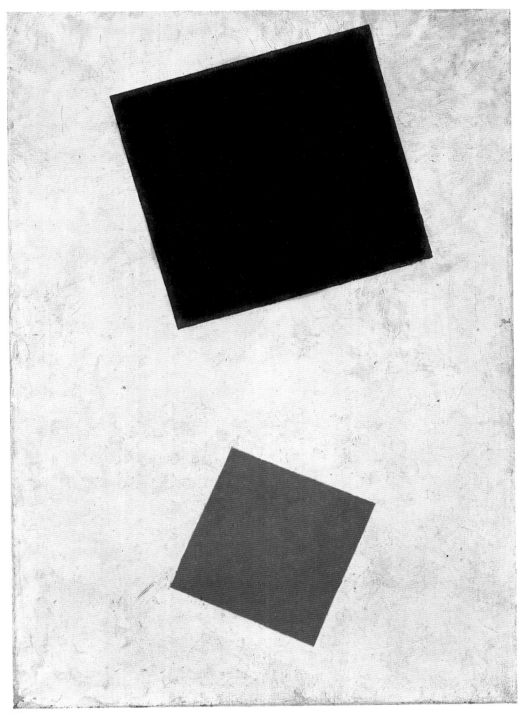

48
Kasimir Malewitsch
Schwarzes Rechteck und rotes Quadrat
um 1915
Öl auf Lwd.
82,7×58,3 cm

49
Kasimir Malewitsch
Dynamischer Suprematismus (Supremus Nr.57)
1916
Öl auf Lwd.
80,3×80,2 cm

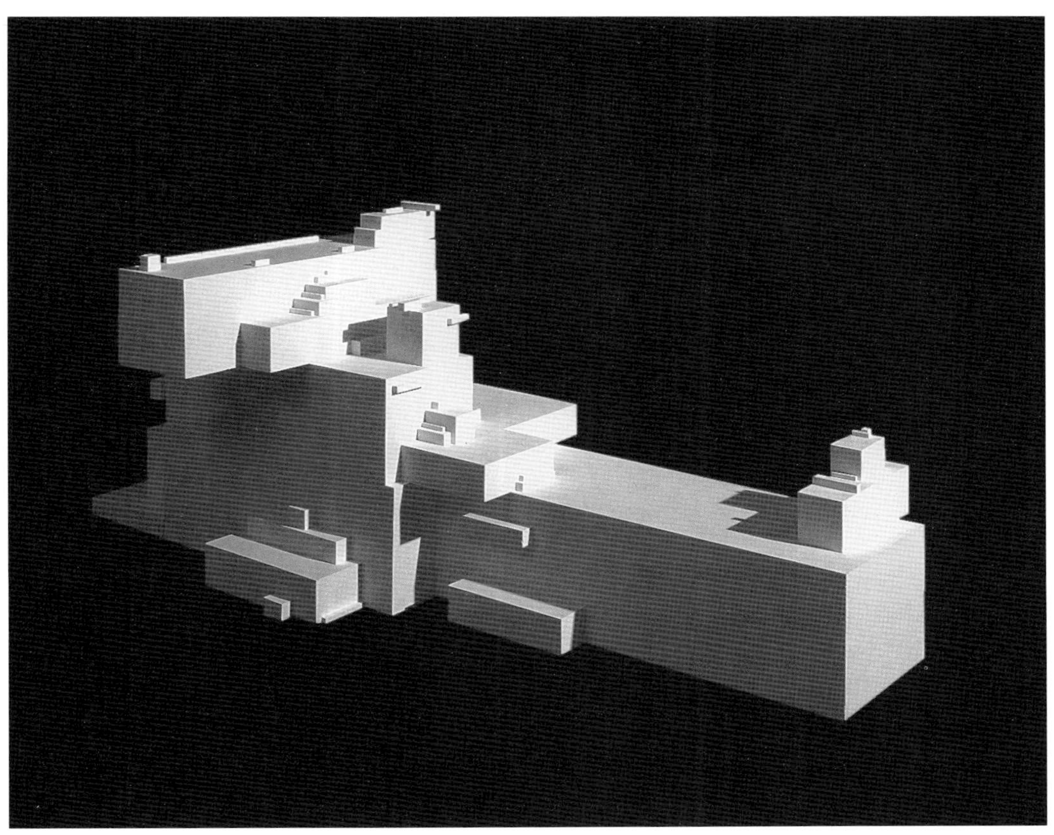

50
Kasimir Malewitsch
Alpha
1923 (Rekonstruktion 1989)
Assemblage: Gips, Glas
33×37×84 cm

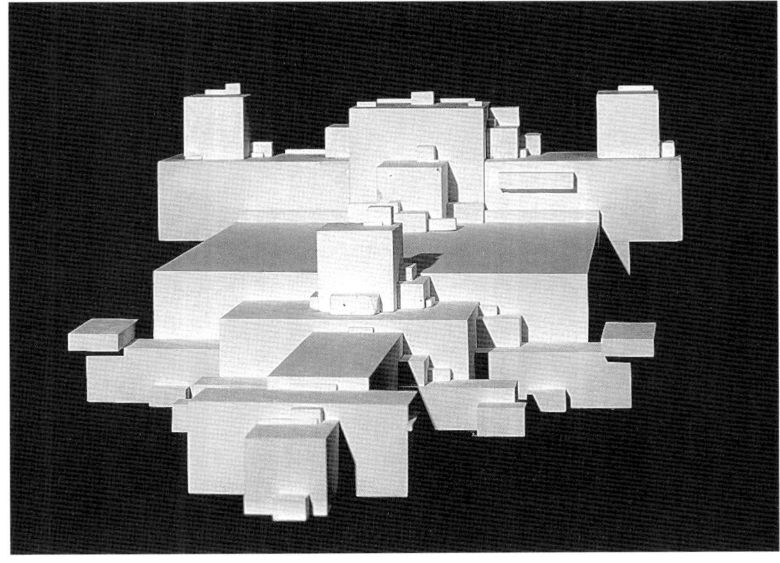

51
Kasimir Malewitsch
Beta
1923 (Rekonstruktion 1989)
Assemblage: Gips
27,3×59,5×99,3 cm

52
Kasimir Malewitsch
Gota
1923 (Rekonstruktion 1989)
Assemblage: Gips
85,2×48×58 cm

56
Iwan Puni
Relief pictural (Sculpture suprématiste)
1915
Holz, Pappe, mit Tempera bemalt
70×46,5×10,5 cm

57
Iwan Puni
Construction Relief
c. 1915–16
Bemaltes Holz und Blech auf Holz
58×46,7×9 cm

61
Wladimir Tatlin
Eckrelief
1915 (Rekonstruktion 1979)
Eisen, Zink, Aluminium
78,8×152,4×76,2 cm

60
Wladimir Tatlin
Winkelrelief
1914/15 (Rekonstruktion 1979 von Martyn Chalk)
Holz, Eisen, Draht
78,5×80×70 cm

62
Wladimir Tatlin
Modell zum Denkmal für die III.Internationale
1920 (Rekonstruktion 1979)
Holz, Metall
H. 420 cm, Sockel H. 80 cm

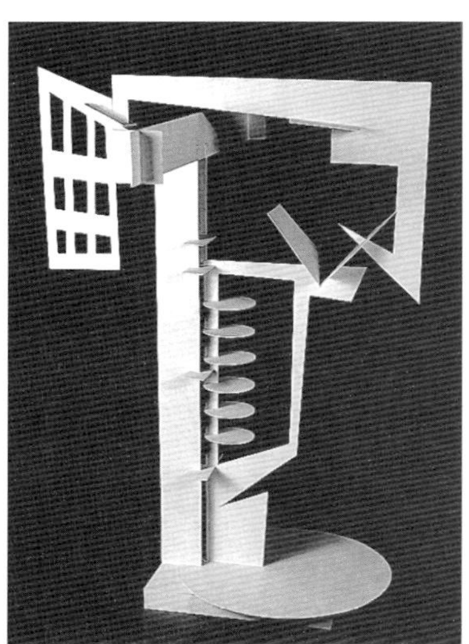

58
Alexander Rodtschenko
Raumkonstruktion Nr.5
1918 (Rekonstruktion 1973)
Aluminium, bemalt
46×39×34 cm

47
El Lissitzky
Wolkenbügel
1923–27 (Modell 1984)
Pappe, Plexiglas, Modellholz
100×70×70 cm

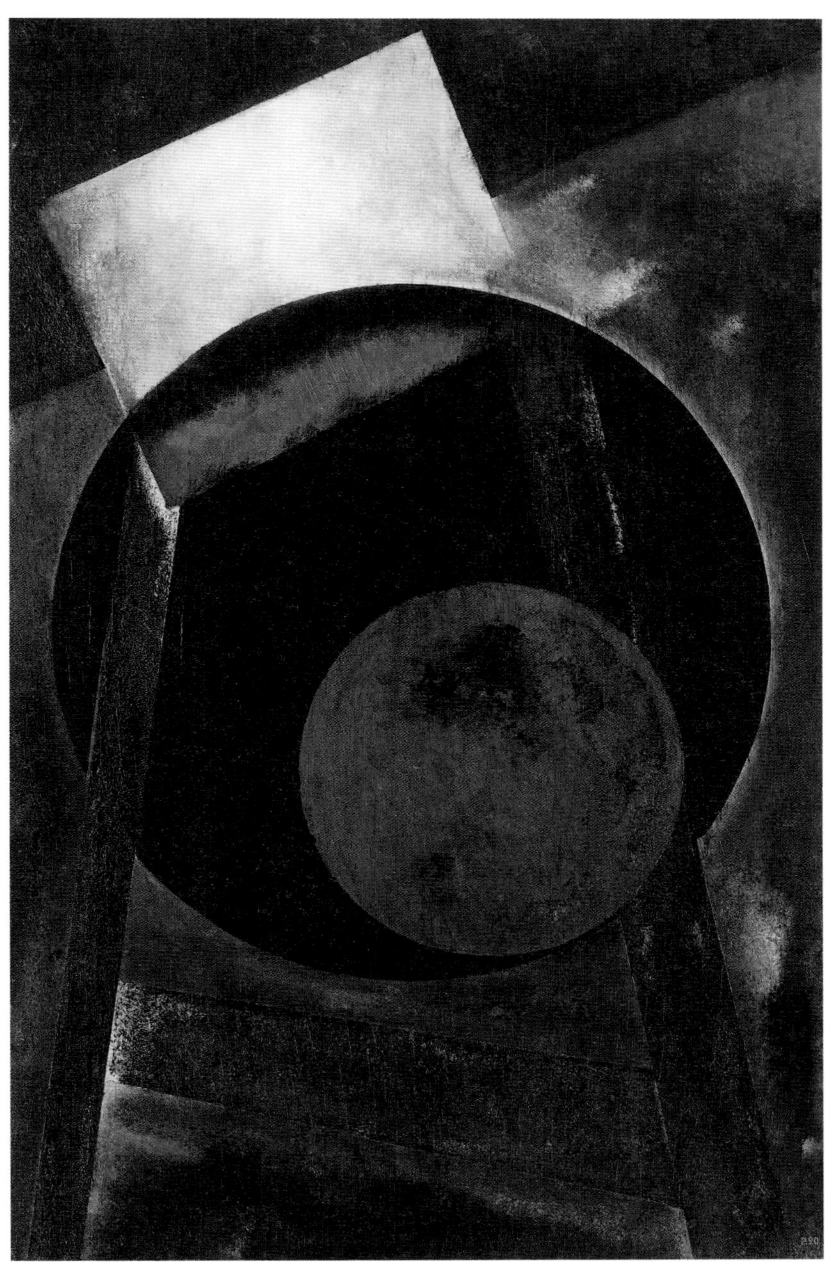

59
Alexander Rodtschenko
Komposition Nr.99
1920
Öl auf Sperrholz
95×60,5 cm

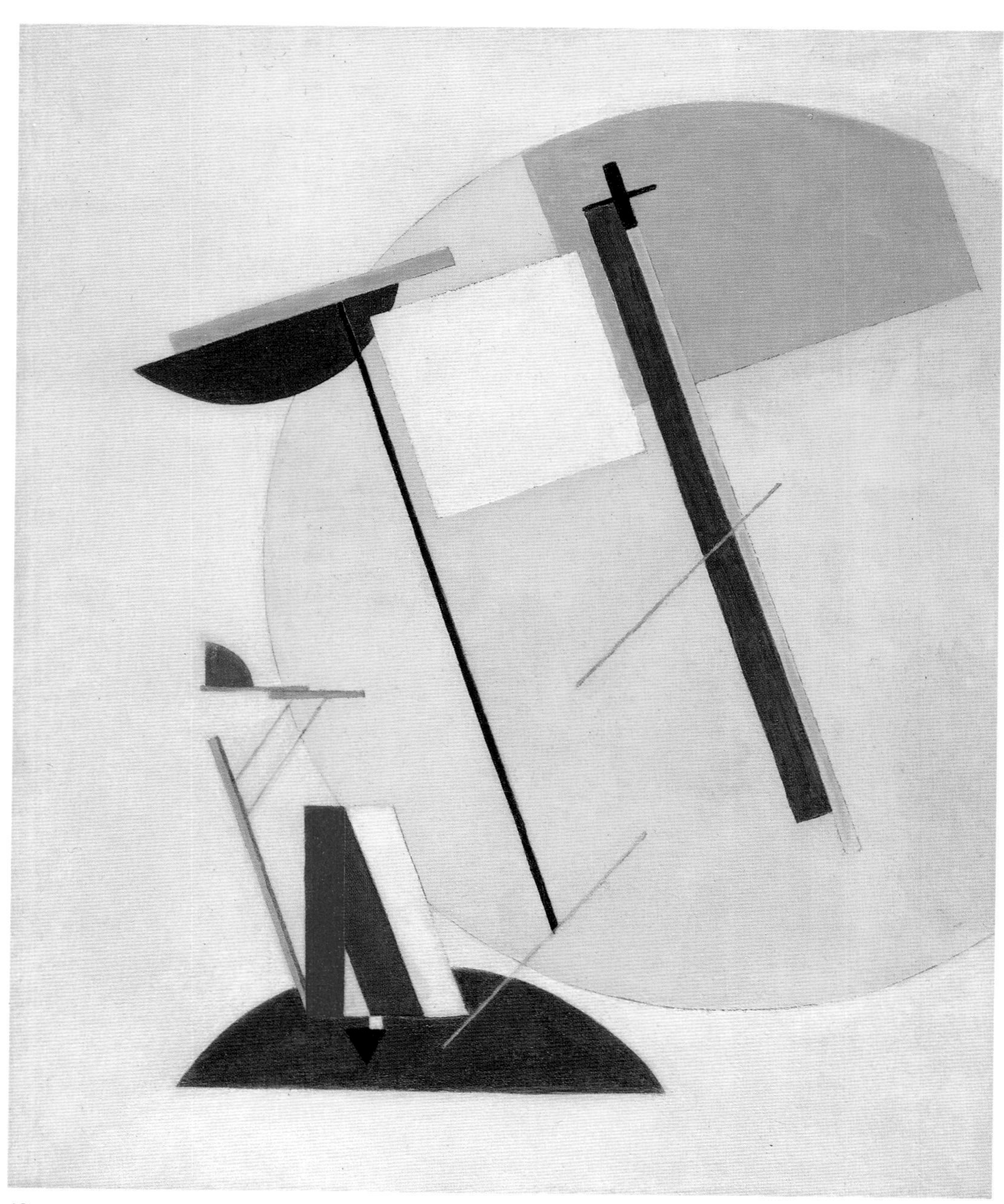

46
El Lissitzky
Proun 3A (Proun 62)
1923
Öl auf Lwd.
71,1×58,4 cm

44
El Lissitzky
Proun 1 D
1919
Öl auf Sperrholz
71,5×96 cm

45
El Lissitzky
Proun 23 N (B 111)
um 1920/21
Tempera, Bleistift, Leimfarbe auf Holz
58×44,5 cm

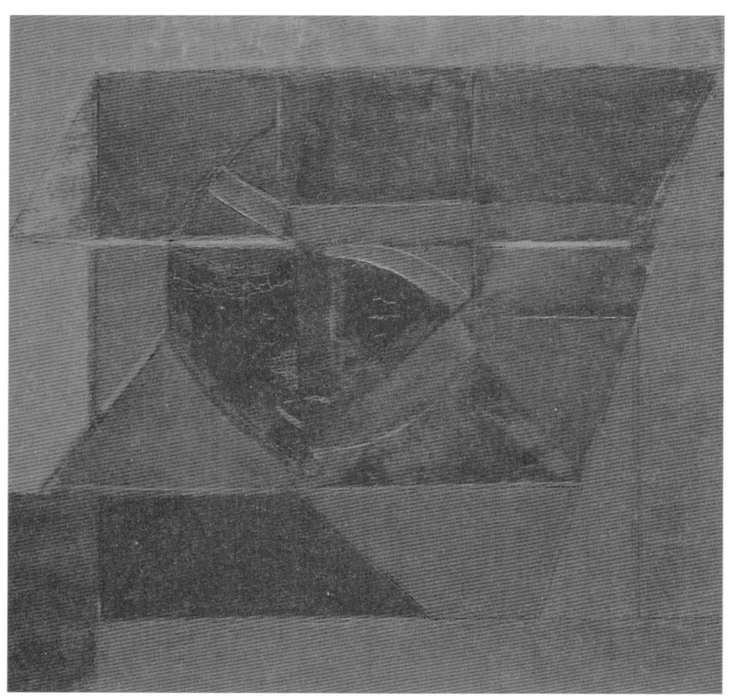

53
Antoine Pevsner
Tête de femme italienne
1915 (?)
Öl auf Lwd.
53×52,5

IV MARCEL DUCHAMP

Duchamp präsentiert seine <Boîte-en-Valise>, New York, August 1942 (siehe Kat.nr. 71).

Ich schuf sie [die Ready-mades] ohne Absicht, ohne jede andere Absicht, als Ideen abzustossen. Jedes Ready-made ist verschieden. Zwischen den zehn oder zwölf Ready-mades findet man keinen gemeinsamen Nenner, ausser dass sie manufakturierte Waren sind. Was das Aufspüren eines Leitgedankens betrifft: nein. Indifferenz; Indifferenz gegenüber dem Geschmack: weder Geschmack im Sinne der fotografischen Reproduktion noch Geschmack im Sinne des gut gemachten Materials. Der gemeinsame Punkt ist die Indifferenz. Ich hätte zwanzig Dinge pro Stunde auswählen können, aber sie hätten schliesslich alle genau gleich ausgesehen. Das wollte ich absolut vermeiden.

Duchamp 1966 im Gespräch mit Otto Hahn, in: Serge Stauffer, Marcel Duchamp, Ready-made, Zürich 1973, S. 50.

Als unbestritten einflussreichste Ein-Mann-Bewegung in der Kunstgeschichte des 20. Jahrhunderts hat Marcel Duchamp das Verhältnis der Kunst zu ihren Bedingungen wurzeltief offengelegt und dabei unsere Vorstellung vom Kunstwerk entscheidend verändert. Einen dem Eindruck nach schweigsamen – und wenn artikuliert, stets kalkuliert kontradiktischen – zurückgezogen tätigen, dabei immerzu umgänglichen Menschen, dem erst sehr spät im Alter der Durchbruch zu jener Omnipräsenz beschert war, die wir nun schon so gewohnt sind, entdecken wir heute mit immer grösserer Deutlichkeit in seiner eigentlichen Schlüsselrolle des Künstlers für Künstler.[1]

In der gleichsam mentalen Materialität seiner Werke manifestiert sich ein radikaler Bruch mit der um die letzte Jahrhundertwende zur blossen Kunstbürokratie verkommenen Einrichtung des ästhetischen Vorurteils. Die Verwirklichung des selbstdenkenden Künstlers wurde Marcel Duchamp zur Voraussetzung für ein Werk, das im Grunde nicht weniger als die Emanzipation der Kunst zum Inhalt hat. In einem kürzlich veröffentlichten Interview aus dem Jahre 1959 erklärt Duchamp rückblickend die Schlüsselpositionen seines Anliegens: *Ikonoklasmus* und *der Nachweis der Unmöglichkeit einer Definition von Kunst*.[2]

Die <Trois stoppages-étalon> (65) von 1913/14, eine Assemblage, die den Zufall zum Mittel hat, verdeutlicht beides: drei exakt einen Meter lange Fäden, die von Duchamp nacheinander aus einem Meter Höhe auf eine preussischblau gestrichene Leinwand fallen gelassen wurden, sind in der Lage, in der sie aufgetroffen sind, fixiert und, nach dem Zuschneiden der Leinwand in drei gleichgrosse Teile, auf Glasplatten montiert worden. Zusätzlich hat Duchamp die von den Fäden beschriebenen Kurven auf drei Holzlatten übertragen. Ordentlich verstaut in einer Holzkiste glaubt man das Handwerkszeug eines unkonventionellen Landvermessers vor Augen zu haben. Duchamps drei Metermassstäbe haben den in Paris deponierten Urmeter zwar zur Voraussetzung, negieren aber dessen Anspruch auf alleinige Gültigkeit, indem sie, der Erfahrung des Zufalls sensibel nachempfunden, *dessen* Willkürlichkeit kritisieren, die, einzig auf einer künstlichen Vereinbarung beruhend, Sinninhalte zu messbaren Grössen reduziert. Mit der Demonstration des Zufalls als Werkmittel hat Duchamp das Interesse am Kunstwerk auf dessen Verhältnis zu seinen Voraussetzungen und den individuellen Entstehungsprozess verschoben. Ikonoklastisch sind die <Trois stoppages-étalon>, insofern sie sich an keine bekannte bildkünstlerische Ausdrucksform anschliessen lassen (dagegen im Sinne eines naturwissenschaftlichen Modells bildhaft sind), sich jedenfalls einer bequemen retinalen Vereinnahmung entziehen. Auf die Unmöglichkeit einer Definition der Kunst weist die Ironisierung einer absoluten Messgrösse eher hin, als dass sie sie ausdrückte. Dennoch lässt sich der Schluss ziehen, dass für Duchamp eine Definition der Kunst nur eine weitaus komplexere sein kann, die gewissermassen den Widerspruch in sich selbst enthält und aushält.

1914, unmittelbar vor Kriegsausbruch, erwarb er in einem Pariser Warenhaus einen massgefertigten Flaschentrockner. <Porte-bouteilles> (66) ist das im eigentlichen Wortsinn erste Ready-made: kein vom Künstler geschaffenes, sondern von ihm ohne jedes ästhetische Vorurteil ausgesuchtes (und darin vom "Objet trouvé" verschiedenes) Alltagsobjekt. Im Ready-made verdichten sich die oben vermittelten Einsichten noch. Die Negation selbst längst mit der Kunst verwachsen geglaubter geistiger (ästhetischer) Wertmassstäbe hat nur scheinbar der künstlerischen Tätigkeit die Basis genommen, tatsächlich aber die Position des Künstlers massiv gestärkt. Robert Rauschenberg, Besitzer einer Replik des <Porte-bouteilles>, hat dies 1961 treffend zum Ausdruck gebracht in einem Telegramm mit dem Wortlaut „This is a portrait of Iris Clert if I say so. – Robert Rauschenberg"[3]. Mit dem Ready-made befreite Duchamp den Künstler vom Zwang, Kunst zu schaffen, ohne ihn jedoch von der Verantwortung um die Kunst zu entlasten. Die daraus erwachsenden Unsicherheiten, Widersprüche, Fehlschläge, aber auch ungeahnten Möglichkeiten beschreiben die angesprochene Emanzipation der Kunst, in der keineswegs der Künstler selbst entscheidet, was sich als Kunst bewähre, sich dieses vielmehr herausbildet aus einem Netz komplexer Wechselbeziehungen mit der Öffentlichkeit. Das Ready-made als auf den (Museums-)Sockel gehobener Alltagsgegenstand versinnbildlicht den fortwährenden Widerspruch (der Definitionen), welcher, positiv betrachtet, die Möglichkeiten kreativer Prozesse bestimmt.

Mit der 1938 begonnenen Herstellung der <Boîte-en-Valise> (71) reagiert Duchamp auf das bereits vom Ready-made thematisierte Verhältnis von Kunst und öffentlichem Wertungsprozess. Nur stehen jetzt nicht mehr Kreativität und Ausdrucksform im Mittelpunkt, sondern die Historizität der Kunst. Mit der Schachtel im Koffer eröffnet Duchamp ein portables Museum, das seine Hauptwerke zum Inhalt hat. Wohl nicht ohne Hintersinn gleichsam den mittelalterlichen Tragaltar säkularisierend unternimmt er die Manipulation und Kritik der eigenen Musealisierung. Das gewohntermassen öffentlich betretbare Museum wird, projiziert durch die Schachtel im Koffer, zu einem rein mentalen Raum in einer gleichsam aus der Zukunft erfahrenen Gegenwart.

Duchamp, der es ausgezeichnet verstanden hat, mit dem Zeitfaktor zu rechnen, wurde 1965 von dem Künstlerkollektiv Aillaud, Arroyo und Recalcati in dem Bilderzyklus <Vivre et laisser mourir ou la mort tragique de Marcel Duchamp> drei Jahre vor seinem natürlichen Tod fiktiv ermordet.[4] Darin sozusagen von sich selbst überholt, erlaubte er sich auf seinem Grabstein in Rouen die Worte einmeisseln zu lassen: D'ailleurs c'est toujours les autres qui meurent.

In der Implantation des Zeitfaktors in einem bisher nicht gekannten Masse und vor allem in der damit verbundenen Relativierung von Gültigkeit lässt sich die Einlösung dessen erblicken, was Duchamp unter Ikonoklasmus und der Undefinierbarkeit von Kunst verstanden und was ihn so bedeutend für andere, spätere Künstler gemacht hat.

STEPHAN E. HAUSER, New York

1 „To thousands of artists, Duchamp is the man who "set them free" to be whatever they wanted to be", zitiert nach dem Press Release zur Ausstellung: Impossible Realities: Marcel Duchamp and the Surrealist Tradition, Norton Simon Museum Pasadena 1991; zur Ausstellung ist kein Katalog erschienen.
2 The Art Newspaper, 15/1992, S. 13. – Das Interview wurde bereits 1975 zugänglich gemacht als Audiokassette des Audio Arts Magazine, Bd. 2, 4/1975.
3 Rauschenberg sandte das Telegramm an Iris Clert anstelle eines versprochenen Porträts zur Ausstellung "Les 41 présentent Iris Clert", die am 15. Mai 1961 in der Pariser Galerie Iris Clert eröffnet wurde; vgl. Ausst.kat.: Robert Rauschenberg, Werke 1950–1980, Staatliche Kunsthalle Berlin und Kunsthalle Düsseldorf 1980, S.24.
4 Siehe dazu: Gerald Gassio-Talabot, Persistent et signent, in: Opus International, 49/1974, S. 98–103.

63
Broyeuse de chocolat no.1
1913
Öl auf Lwd.
62×65 cm

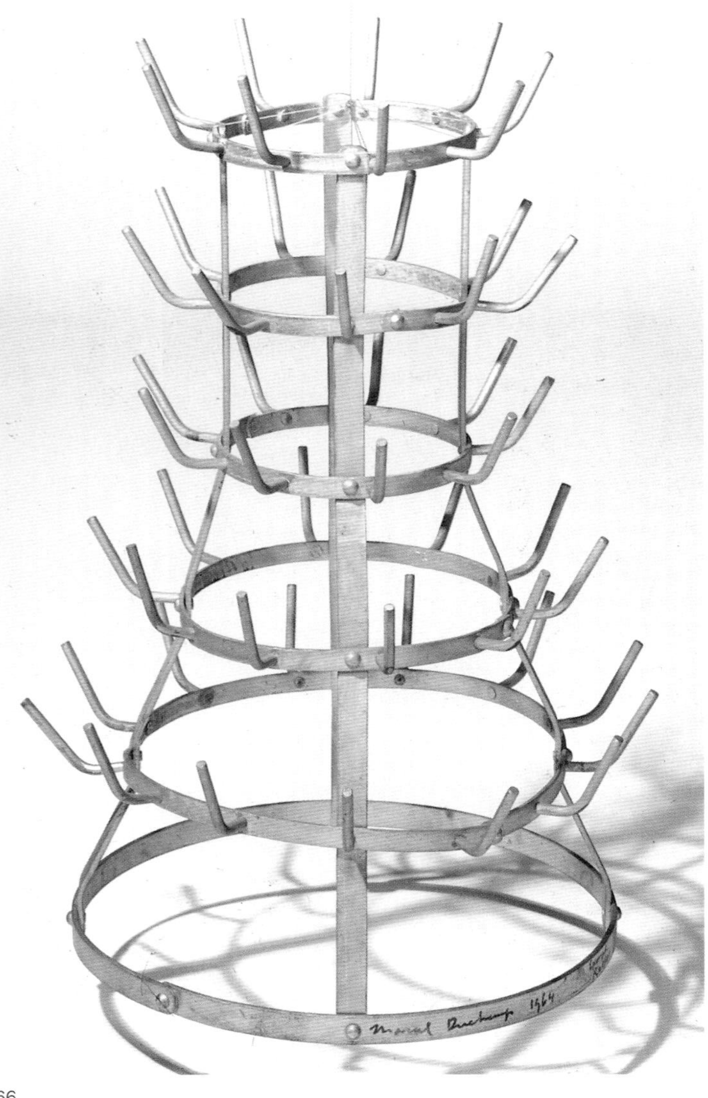

66
Porte-bouteilles
1914 (Replik 1964)
Ready-made:
Flaschentrockner
aus galvanisiertem Eisen
H. 64 cm

68
A bruit secret
1916
Ready-made:
Metall, Schnur
12,9×13×11,4 cm

69
Trébuchet
1917 (Replik 1964)
Ready-made:
Kleiderhaken
aus Holz und Metall
am Boden befestigt
19×100×13 cm

65
Trois stoppages-étalon
1913–14
Assemblage:
3 Fäden auf 3 bemalte Leinwandstreifen
(je 13,3×120 cm) geklebt
jeder Streifen auf eine Glasscheibe montiert
3 Holzlatten, an einer Längsseite
nach der Form
der Fäden geschnitten
alles in Holzkiste
Kiste: 28,2×129,2×22,7 cm

67
Peigne
1916
Ready-made:
Kamm aus Stahl
16,6×3,2 cm

64
Roue de bicyclette
1913 (Replik 1964)
Ready-made:
Fahrradgabel, Rad, Hocker
H. 126,5 cm

71
Boîte-en-Valise
1938/41
Lederkoffer,
der je nach Exemplar
eine unterschiedlich grosse Zahl
von Miniaturrepliken
oder Fotos von Arbeiten
von Duchamp enthält
Koffer: 10×38×41,5 cm

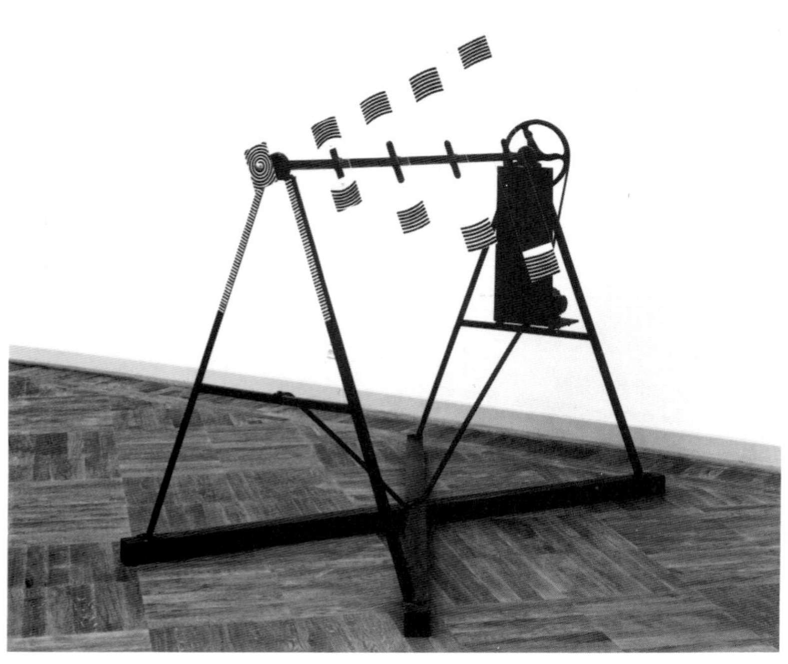

70
Rotative-plaque-verre
1920 (Replik 1961)
Eisen, Plexiglas, Elektromotor
140×185 cm

V ALBERTO GIACOMETTI JOAN MIRO MAN RAY

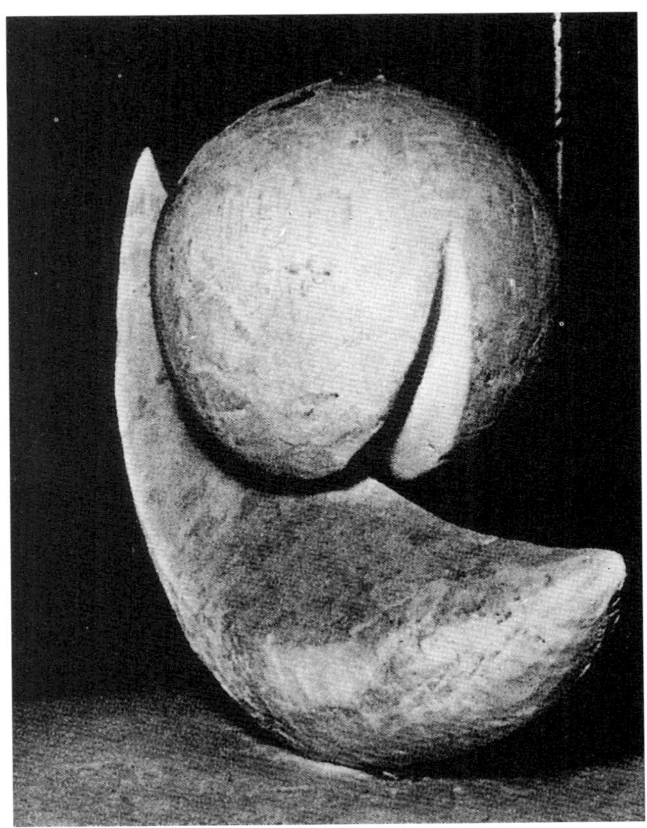

Alberto Giacometti, Boule suspendue, 1930–31 (Kat.nr. 72).

Mit Giacometti – es ist ein pathetischer Moment vergleichbar dem, wenn in alten Romanen die Personen aus ihrem Rahmen treten – nehmen neue Figuren, die dem Kopf und dem Herzen des Menschen entsprungen sind, wenn auch unter unendlich vielen Zweifeln, Gestalt an und bestehen, in der Materialisierung desselben gleissenden Lichtes, das "Heinrich von Ofterdingen" und "Aurelia" durchdringt, erfolgreich die Prüfung der Wirklichkeit.

André Breton, Le surréalisme et la peinture, Paris 1965, S. 73.

Mit dem <Roue de bicyclette> erfindet Marcel Duchamp 1913 das Ready-made, das immer wieder als eine Verneinung der Kunst und ihrer herkömmlichen Gattungen verstanden wurde. Für ihn standen nicht mehr die persönliche Handschrift des Künstlers oder der Stil eines Kunstwerks, sondern der ideelle und kontextuelle Umgang mit der Wirklichkeit sowie die gezielte künstlerische Ironie und Provokation im Vordergrund. 1915 reiste Duchamp in die Vereinigten Staaten, wo er Man Ray begegnete. Ihre gemeinsamen Unternehmungen, die Gründung der "Society of Independent Artists" und der "Société Anonyme" auf Initiative von Katherine S. Dreier sowie die Herausgabe der Zeitschrift "New York Dada", machten sie in bezug auf die Verwendung neuer Medien zu den "transformierenden" Persönlichkeiten der New Yorker Kunstwelt.[1]

Als **Man Ray** 1921 nach Paris reiste, wurde er von den europäischen Avantgarde-Künstlern mit offenen Armen empfangen. Der Dichter Philippe Soupault, der zusammen mit André Breton im Verfahren der automatischen Niederschrift die ersten Werke des literarischen Surrealismus verfasst hatte, lud ihn ein, in der neueröffneten "Librairie Six" auszustellen.[2] Ein Gespräch mit dem Komponisten Eric Satie inspirierte Ray zu dem Werk <Cadeau> (76), das er als Geste der Wertschätzung in die Ausstellung integrierte.[3] Noch während der Eröffnung eilte Man Ray in ein nahegelegenes Geschäft und kaufte ein Bügeleisen, auf dessen Unterseite er eine Reihe von Nägeln klebte. Durch diese Zugabe verlor das Bügeleisen seine ursprüngliche Bestimmung und wurde zum Symbol der Nutzlosigkeit, des Unsinns und gleichzeitig zum Prototypen seiner Objektkunst, einer Kunstform, die sich sowohl von den herkömmlichen Gattungen als auch vom Readymade Duchamps unterscheidet. Nicht die konsequente Verneinung des klassischen Kunstwerks, sondern das Finden und Erfinden eines rätselhaften, poetischen Objekts durch das willkürliche Zusammenführen vertrauter, alltäglicher Gegenstände werden zum schöpferischen Prinzip. Von diesen verblüffenden Kombinationen, von „der zufälligen Begegnung einer Nähmaschine und eines Regenschirms auf einem Operationstisch", hatte der Dichter Lautréamont, den die Surrealisten als Vorbild verehrten, bereits in seinen "Chants de Maldoror" (1868/69) gesprochen.[4]

Kurz darauf, 1922, spalteten sich die Pariser Dadaisten, und es formierte sich eine neue Gruppe um die Dichter André Breton, Louis Aragon und Philippe Soupault. Als Kritiker, Dichter und Essayist wurde André Breton zum bedeutendsten Theoretiker der Surrealisten, deren Ideen er bis zu seinem Tode 1966 leidenschaftlich vertrat. Breton veröffentlichte im Juni 1924 das erste surrealistische Manifest und proklamierte die Revolution des Geistes, "La révolution surréaliste". Wie schon die Dadaisten wandten sich auch die Surrealisten gegen den Rationalismus vergangener Kunstströmungen und postulierten die Sprache der Seele und den automatischen, unverfälschten Schöpfungsakt. Mit Blick auf das surrealistische Objekt warnte Breton vor einer emotionalen Zermürbung durch die uns täglich umgebenden Gegenstände und damit vor jeder Form der Gewohnheit. Dieses "scheussliche Tier" zu jagen, gelingt in seinen Augen einzig dadurch, dass Gegenstände des Alltags willkürlich zusammengeführt, zweckentfremdet und mutiert werden, denn „man entdeckt im verborgenen Wirklichen mehr als im unmittelbar Gegebenen".[5]

1931 stellte Salvador Dalí in einem Beitrag der Zeitschrift "Le surréalisme au service de la révolution" einen "Catalogue général des objets surréalistes" zusammen und sinnierte dazu: „Les objets surréalistes sont dans leur phase presque embryonnaire, mais leur analyse [...] nous donne à prévoir toute la violente fantaisie de leur prochaine vie pré-natale."[6] In der Abteilung "objets à fonctionnement symbolique" führte er Alberto Giacomettis <Boule suspendue> (72) an, ein käfigartiges Metallgestell mit einer beweglichen Konstruktion im Inneren. 1930 zeigte Giacometti diese Plastik in der Galerie von Pierre Loeb in Paris, wo er zusammen mit Hans Arp und Joan Miró ausstellte. In seinem berühmten Brief von 1948 an Pierre Matisse skizzierte er die <Boule suspendue> und beschrieb sie wie folgt: „Une boule fendue suspendue dans une cage et qui peut glisser sur un croissant."[7] Mit dieser Arbeit vollzog Giacometti in seinem Schaffen den Übergang zur mobilen Plastik und zur Objektkunst. Die erotische Symbolwirkung der <Boule suspendue>, aber auch das Moment der Verwundung irritierten das Publikum. Es mochte den voyeuristischen Standpunkt als beklemmend empfinden. Die Surrealisten aber zeigten sich fasziniert. André Breton kaufte das Objekt und besuchte Giacometti in seinem Atelier an der Rue Hippolyte Maindron, um ihn zur Teilnahme an den Aktivitäten seines Zirkels zu bewegen.[8]

1931 zeigte **Alberto Giacometti** in der Galerie Georges Petit neben phallischen Objekten eigenartige Spielbrettkonstruktionen wie <Homme, femme, enfant> (73), die die Bewegung auf eine neue Art integrieren. Rillenartige Vertiefungen legen den Bewegungsraum der einzelnen "Familienmitglieder" fest. Sie verhindern eine wirkliche Begegnung der Figuren, eröffnen jedoch mögliche Konstellationen und ein Feld von Beziehungen. Daraus ergeben sich Assoziationen, wie sie für das menschliche Zusammenleben charakteristisch sind.[9]

Die Themen der menschlichen Existenz, von Leben und Tod, kulminieren in der Brettspielskulptur <On ne joue plus> (74) von 1932: Eine marmorne Totenstadt mit kraterartigen Vertiefungen, Feldbegrenzungen, Gräbern mit geöffneten Sargdeckeln und Gerippen, zwei Wesen und dem spiegelverkehrt eingeritzten, mahnenden Bildtitel. Hinter der relativ einfachen Oberfläche verbergen sich Mysterien und werden das Leben und vor allem der Tod zum unergründlichen, unerforschlichen Spiel, das von Giacomettis ganz persönlichem Erleben geprägt ist. Seine Objekte schöpfen sowohl aus der emotionalen als auch aus der intellektuellen Kraft des Künstlers und sind von einer magischen Poesie durchdrungen.

Bereits 1924 trat der Spanier **Joan Miró** den Surrealisten bei, Ende der zwanziger Jahre durchlebte er, ausgelöst durch das grundsätzliche Infragestellen der Malerei, eine Phase des

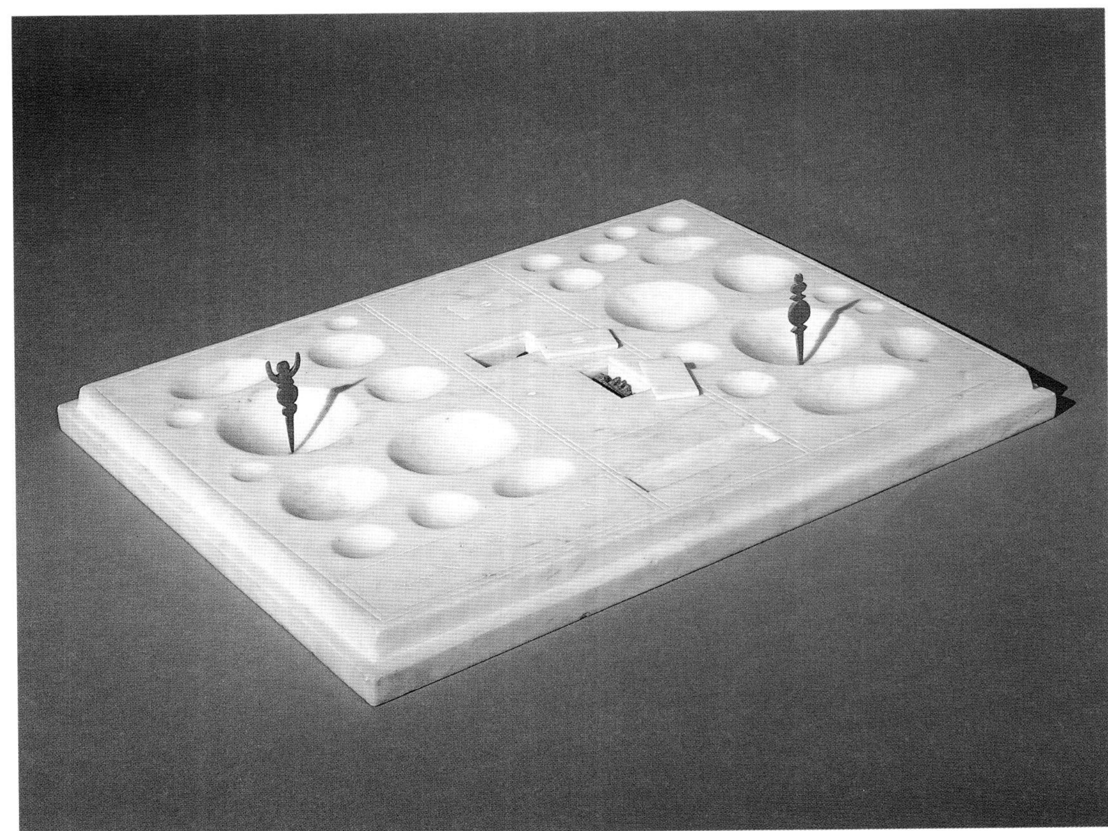

74
Alberto Giacometti
On ne joue plus
1931–32
Marmor, Holz, Bronze
4,1×58×45,2 cm

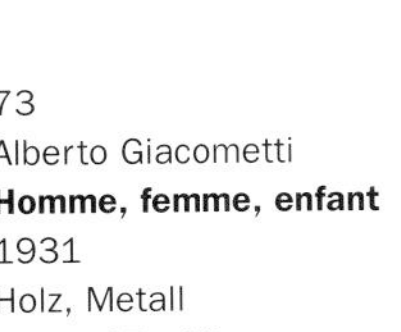

73
Alberto Giacometti
Homme, femme, enfant
1931
Holz, Metall
41,5×37×16 cm

75
Joan Miró
Peinture-objet
1932
Assemblage auf Holz
z.T. bemalt
13,5×20,5×5 cm

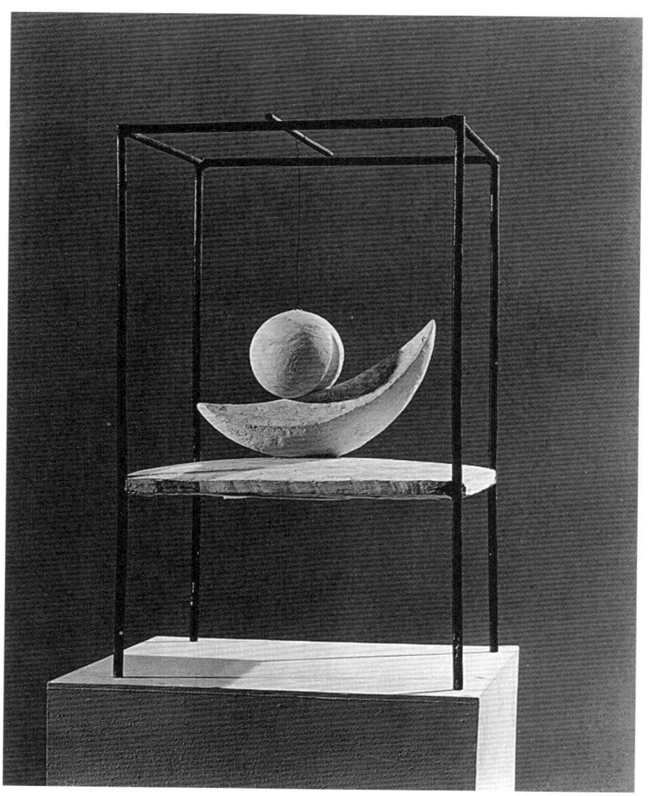

72
Alberto Giacometti
Boule suspendue
1930–31
Gips, Metall
61×36×33,5 cm

Zweifels, eine tiefgreifende künstlerische Krise, in deren Folge er mit einer Reihe sehr kleiner <Sculptures-objets> auf sich aufmerksam machte.[10] Die Assemblage <Peinture-objet> (75) besteht aus einem schwarzen Sockel, auf dem ein weiss gestrichenes Holzbrett montiert ist. Neben Fragmenten einer Uhr, einem bunt bemalten Sandkuchenförmchen, neben Sand und einer kleinen gelochten Sperrholzplatte, malt Miró eine Knochenform in rot, gelb und schwarz sowie einige Striche, die optische Verbindungen herstellen und Assoziationen wecken. Joan Miró relativiert den Funktionscharakter seiner Objets trouvés, indem er sie modifiziert und als Kompositionselemente verwendet. Das banale, unscheinbare Fundstück wandelt sich zum künstlerischen Symbol.

Die Ding-Metamorphosen von Man Ray verbinden Vertrautes mit Verblüffendem und stehen damit in der Tradition von Lautréamont. Durch die aufgeklebten Nägel wird das <Geschenk> an Satie zur ironischen Parodie von Bedrohung und Zerstörung. Alberto Giacometti thematisiert ebenfalls Gewalt, oft in Verbindung mit Sexualität und Tod. Wie kein anderer versteht er es, den erotischen Fetisch zu zelebrieren und Aspekte der Psychoanalyse in seine surrealistischen Werke miteinzubeziehen. Die Werke von Joan Miró verblüffen in ihrer Reinheit und Spontaneität seine Weggenossen immer wieder. Selbst André Breton akzeptierte die Weigerung Mirós, sein Schaffen zu intellektualisieren, und erkannte die im eigentlichen Sinn surrealistische Qualität seiner Objekte.[11]

EVA KELLER

1 Roland Penrose, Man Ray, London 1975, S. 57ff.
2 "Les champs magnétiques" erschienen ab 1919 regelmässig in der dadaistischen Zeitschrift "Litérature", die Breton und Soupault u.a. mit Paul Eluard und Louis Aragon herausgegeben haben.
3 Vgl. Penrose, wie Anm. 1, S. 70f.
4 In Ausst.kat.: Metamorphose des Dinges, Kunsthalle Basel 1972, S. 88.
5 Patrick Waldberg, Der Surrealismus, Köln 1965, S. 82.
6 Salvador Dalí in: Le surréalisme au service de la révolution, Paris 1931, Nr. 3, S. 16f.
7 In Ausst.kat.: Alberto Giacometti, Nationalgalerie Berlin 1987, S. 339.
8 A. a. O., S. 19f.
9 A. a. O., S. 67.
10 Cahiers d'Art, Paris 1931, Nr. 9–10.
11 André Breton, Le surréalisme et la peinture, Paris 1965, S. 70.

76
Man Ray
Cadeau
1921 (Replik 1970)
Eisen
17,5×10×14 cm

VI THEO VAN DOESBURG
PIET MONDRIAN
SOPHIE TAEUBER-ARP
GEORGES VANTONGERLOO

Café Aubette, Strassburg, Festsaal gestaltet von Theo van Doesburg. – 1926 erhielten Theo van Doesburg, Hans Arp und Sophie Taeuber-Arp den Auftrag, die Innenräume des Café Aubette in Strassburg, eines grossen Restaurant- und Nachtclub-Betriebes, neu zu gestalten. Die Arbeit dauerte zwei Jahre. Van Doesburg hatte die Oberaufsicht über die Arbeit.

Die Zeit wird kommen, da wir auf sämtliche Künste, wie wir sie heute kennen, werden verzichten können; denn dann wird die herangereifte Schönheit das greifbare Wirkliche sein. Die Menschheit wird nichts dabei verlieren.

Mondrian in: Michel Seuphor (Hg.), Piet Mondrian, Leben und Werk, Köln 1957, S. 340.

Piet Mondrian gehört, wie auch Kasimir Malewitsch, zu jenen Vertretern der ungegenständlichen Malerei, die – im Unterschied etwa zu Wassily Kandinsky – eine geometrische Bildkonzeption verfolgten. Beide entwickelten ihr Bildvokabular aus dem Kubismus, dessen sogenannte "synthetische" Phase Mondrian ab 1912 bis zum Ausbruch des Zweiten Weltkrieges während seines Pariser Aufenthalts direkt miterlebte. Mondrian erkannte damals, dass die kubistische Bildvorstellung, in der sich die dargestellten Gegenstände frei von ihrer realen Erscheinung in eine Bildwirklichkeit auflösen, einen Grad an Abstraktion erreicht hatte[1], dessen logische Konsequenz in einem völligen Verzicht auf jegliche gegenständliche Bildelemente lag: „Schrittweise wurde ich gewahr, dass der Kubismus die logische Folgerung aus seinen eigenen Entdeckungen nicht annahm. Er entwickelte die Abstraktion nicht zu ihrem letzten Ziel, dem Ausdruck der reinen Realität. Ich fühlte, dass sie nur erreicht werden kann durch reine Gestaltung, und diese darf wesentlich nicht bedingt sein durch subjektives Fühlen und Vorstellen. Ich bemühte mich lange Zeit, diejenigen Besonderheiten von Form und Naturfarbe zu entdecken, welche subjektive Gefühlszustände erwecken und die reine Realität trüben. Hinter den wechselnden natürlichen Formen liegt die unveränderliche reine Realität. Man muss also die natürlichen Formen auf reine unveränderliche Verhältnisse zurückführen."[2]

Mondrian erarbeitete sich die Befreiung vom Gegenständlichen vor allem durch Darstellungen von Bäumen und Meereslandschaften, d.h. in Anlehnung an die Natur, indem er sich auf die formale Gestaltung grundlegender Gegebenheiten konzentrierte, etwa das Wachsen und Ausladen der Äste eines Baumes durch senkrechte und gekrümmte Linien und daraus entstehende Flächenformen, oder die unendliche Weite der Meeresoberfläche durch koordinatenmässige Linienkreuze.[3] Um 1916/17 hatte er seine Bildmittel ganz auf rechteckige Farbflächen und schwarze Linien reduziert, die er nun ohne Gegenstandsbezug über die Bildfläche zu verteilen begann. Dabei stellte er fest, dass auch abstrakte, d.h. ohne gegenständliche Beziehung gestaltete Farbflächen, einen eigenen Formcharakter aufweisen können, der unwillkürlich eine Trennung von Form und Raum bedingt, und damit eine Beziehung mit dem natürlichen Aspekt von Dingen herstellt (79).

Diese Feststellung, die Mondrian als "Mangel an Einheit" empfand, fällt in die Gründungszeit des "De Stijl". Die Begegnung Mondrians mit Theo van Doesburg und Bart van der Leck 1915 bzw. 1916 führte im Oktober 1917 zur Veröffentlichung der ersten Ausgabe der Zeitschrift "De Stijl" unter der Redaktion van Doesburgs und zur Bildung einer gleichnamigen Gruppe, der u.a. auch Georges Vantongerloo und der Architekt J.J.P. Oud angehörten. Ihr gemeinsames Anliegen war, einen „Beitrag zur Entwicklung des neuen ästhetischen Bewusstseins" zu leisten und „das Neue in den plastischen Künsten den modernen Menschen zugänglich [zu] machen. Sobald die Künstler der verschiedenen Kunstzweige das Prinzip ihrer bis auf den Grund reichenden Gleichheit und einer allgemeinen plastischen Sprache erkannt haben, werden sie nicht mehr ängstlich an ihrem Individualismus festhalten."[4] In den folgenden Jahren wird Mondrian regelmässig in der monatlich erscheinenden Zeitschrift seine parallel zur bildnerischen Praxis formulierten theoretischen Überlegungen zur Abstraktion publizieren, die zu jener Zeit stellvertretend für die Anhänger der Gruppe stehen. Ihr bildnerisches Programm lautete: „Die neue Plastik kann also nicht die Form einer natürlichen oder konkreten Darstellung haben, obwohl auch diese in einem gewissen Masse das Allgemeine andeutet oder es jedenfalls in sich birgt. Diese neue Plastik wird sich nicht mit Dingen rüsten können, die die Besonderheit bezeichnen, also mit natürlicher Farbe und Form. Sie muss im Gegenteil in der Abstraktion von aller Form und Farbe ihren Ausdruck finden, das heisst in der geraden Linie und in der genau bestimmten Primärfarbe."[5]

Mondrian gelingt es nun um 1920 durch eine weitere Reduzierung der bildnerischen Mittel auf die Primärfarben Rot, Blau, Gelb, die Nichtfarben Schwarz, Weiss, Grau und eine orthogonale Linienstruktur eine Organisation der Bildfläche zu finden, die ein reines bildnerisches Beziehungsgefüge darstellt. Entscheidend dabei ist, dass es zu keiner symmetrischen Anordnung der Bildmittel kommt, sondern dass die Beziehungen durch ein Gleichgewicht von Gegensätzen erreicht werden (81, 83, 84). Mondrian nennt dies ein "dynamisches Gleichgewicht". Dazu gehören die formalen Gegensätze der horizontalen und vertikalen schwarzen Linien, die durchgehende orthogonale Bildstruktur, wie auch die alleinige Verwendung der Primär- und Nichtfarben. So erscheint eine Farbfläche stets als Kontrast zu den anderen farbigen und nichtfarbigen Flächen. Die Farbflächen sind zwar untrennbar an die schwarze Linienstruktur gebunden, werden von ihr aber weder in den Hintergrund gedrängt noch sonst in irgendeine tiefenräumliche Abhängigkeit gebracht. Im Gegenteil, erst durch die gegeneinander und zueinander gestellten Flächen und Linien wird die Einheit der komplexen Kontrastbeziehungen erreicht.

War in den frühen Bildern Mondrians der Raum noch Hintergrund, so besteht ab den zwanziger Jahren eine völlige Äquivalenz von Form und Raum. Mondrian bezeichnete diesen "plastischen" Umgang mit der Bildfläche selbst als "Nieuwe Beelding" (Neue Gestaltung oder Neoplastizismus).[6] Sein bildnerisches Denken unterscheidet sich darin wesentlich vom Einsatz abstrakter Bildformen bei seinen Kollegen, sowohl der "De Stijl"-Bewegung wie auch der russischen Avantgarde.[7] Mondrians bildnerische Erfahrung mit der Abstraktion hatten ihm einen Weg eröffnet, auf dem er zu einer plastischen Gestaltung von Form und Raum gelangte, die bis dahin so im Medium der Malerei nicht realisiert worden war.

SUSANNE KUDIELKA

1 Vgl. die Abbildungen im Ausst.kat.: Picasso – Braque. Die Geburt des Kubismus, München 1990, Nr. 124, 132, 133. Der Schritt in die Abstraktion wurde von den Kubisten selbst nie vollzogen.
2 Piet Mondrian, Plastic Art and Pure Plastic Art [Aufsätze 1937–1943], New York 1947. Zitiert nach: Walter Hess, Dokumente zum Verständnis der modernen Malerei, Hamburg 1956, S. 100.
3 Vgl. die Abbildungen in: Michel Seuphor, Piet Mondrian, Leben und Werk, Köln 1957, S. 372f und 376f.
4 Vgl. die Einführung in die erste Ausgabe von "De Stijl", zitiert nach: Michel Seuphor, a.a.O., S. 140.
5 A.a.O., S. 142. – 1924 wird van Doesburg die Diagonale als Gestaltungsmittel in seinen sog. "Kontra-Kompositionen" einsetzen, worauf sich Mondrian 1925 von ihm distanziert und sich von der "De Stijl"-Gruppe zurückzieht.
6 Vgl. Piet Mondrian, Le Néo-Plasticisme, L'Effort Moderne, Paris 1920; dt. erschienen als: Die neue Gestaltung (Bauhausbücher 5), München 1925.
7 Vgl. dazu z.B. El Lissitzky, <Proun 1 D>, 1919 (Kat.nr. 44).

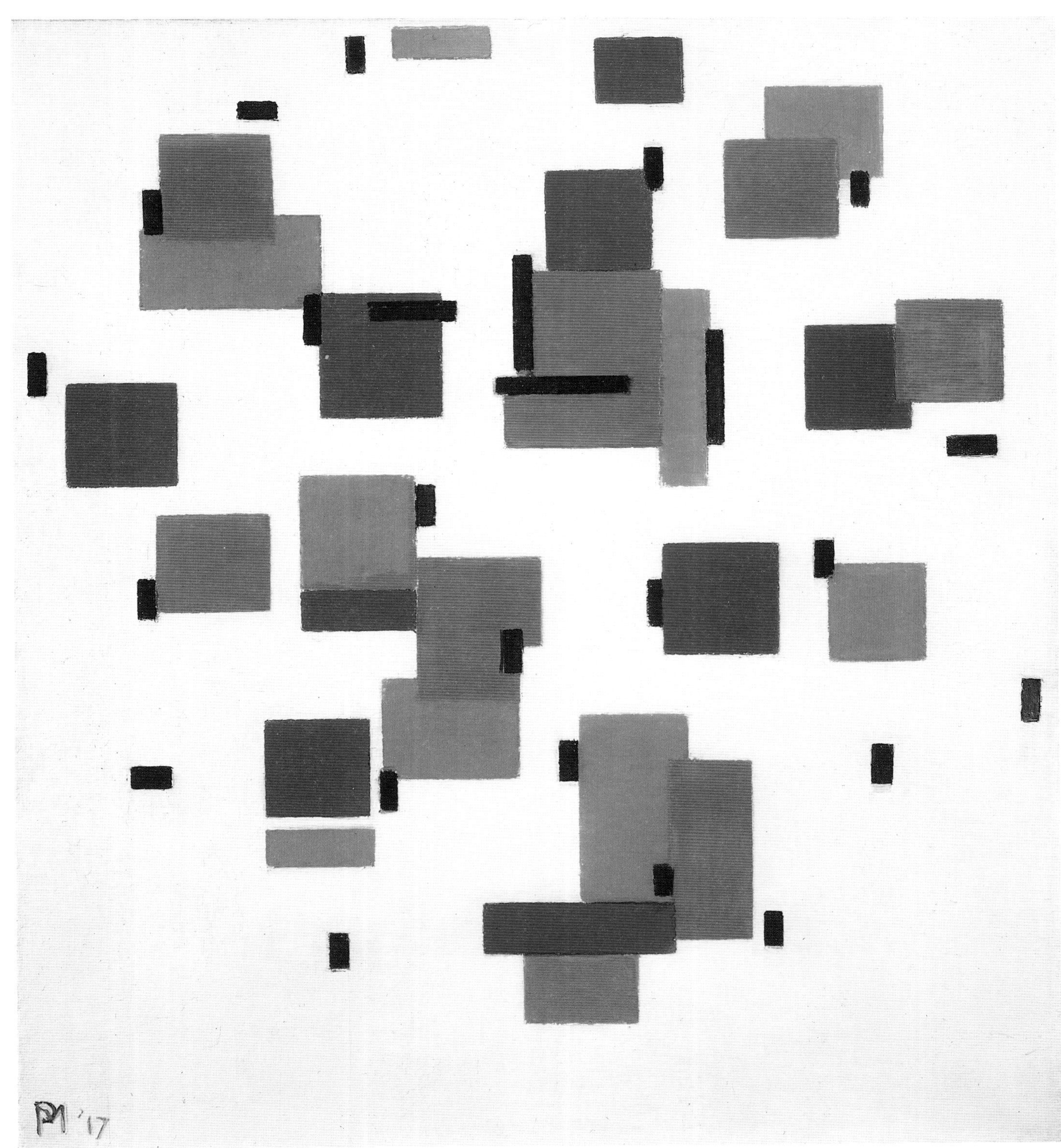

79
Piet Mondrian
Composition in Color B
1917
Öl auf Lwd.
50×44 cm

83
Piet Mondrian
Composition en bleu, jaune et blanc
1936
Öl auf Lwd.
43,5×33,5 cm

81
Piet Mondrian
Composition (avec bleu et jaune)
1932
Öl auf Lwd.
55,5×55,5 cm

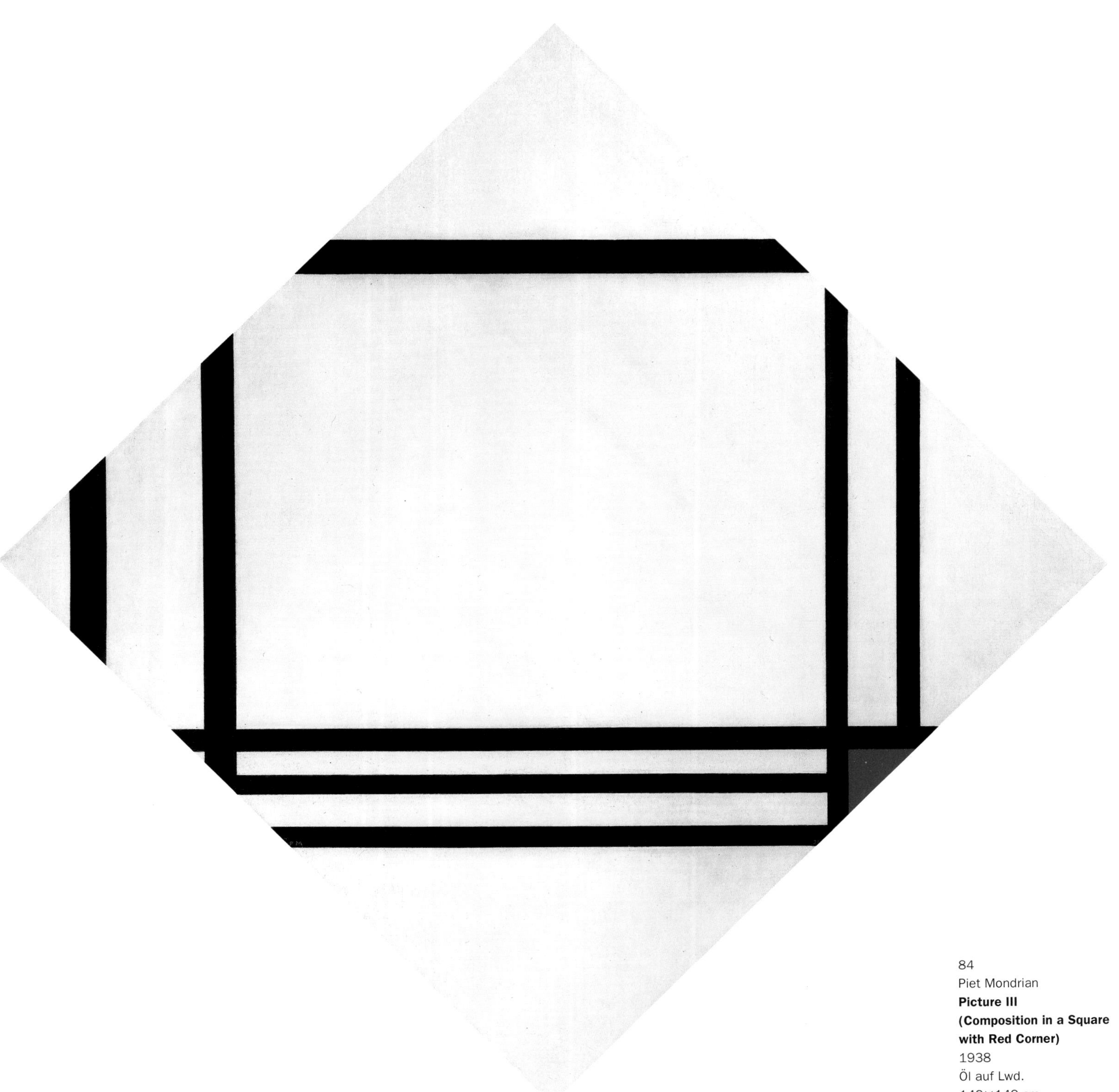

84
Piet Mondrian
Picture III
(Composition in a Square
with Red Corner)
1938
Öl auf Lwd.
149×149 cm

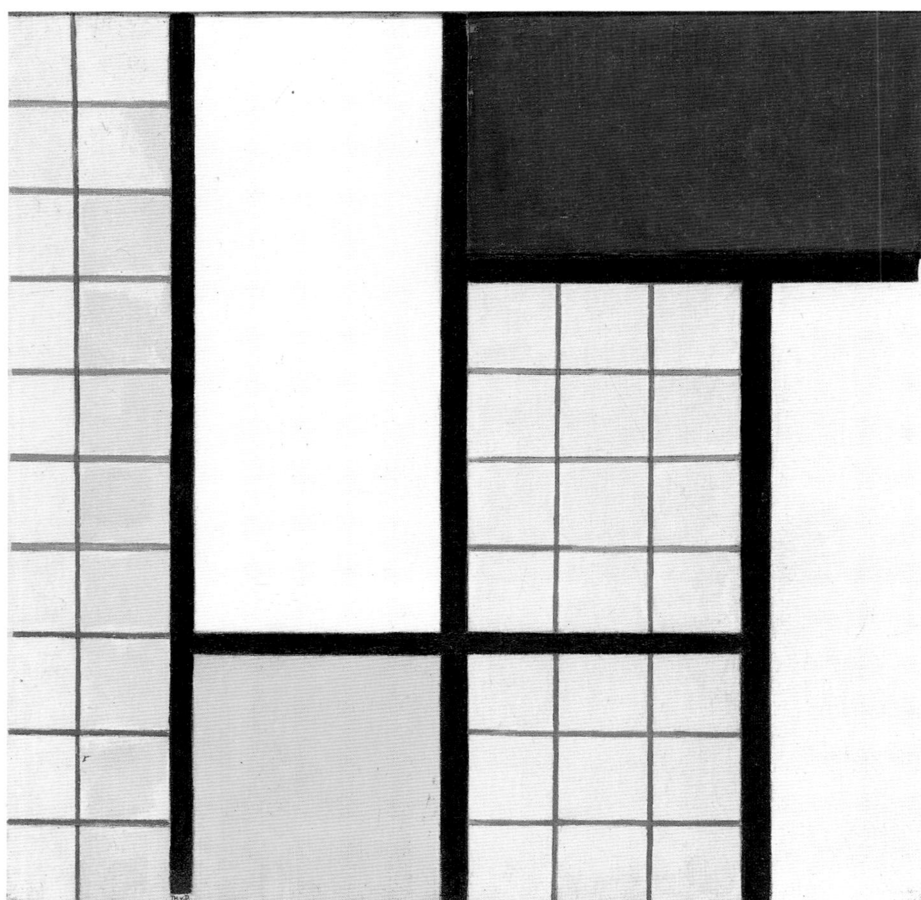

78
Theo van Doesburg
Composition en demi-valeurs
1928
Öl auf Lwd.
50×50 cm

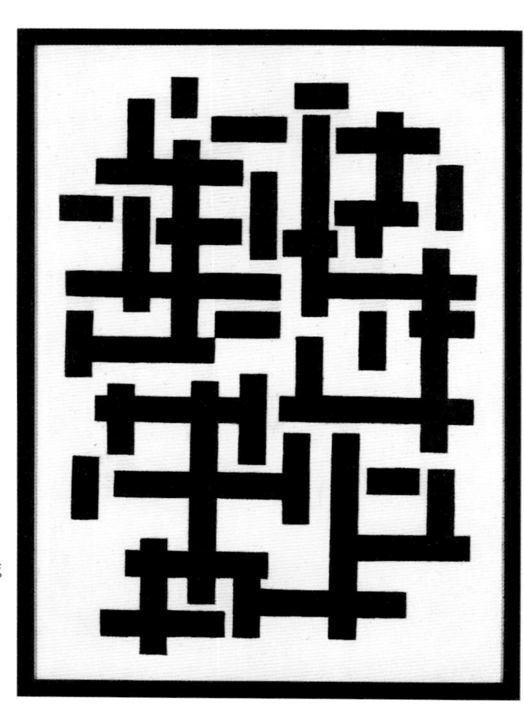

77
Theo van Doesburg
Composition XII
en blanc et noir
1918
Öl auf Lwd.
74,5×54,5 cm

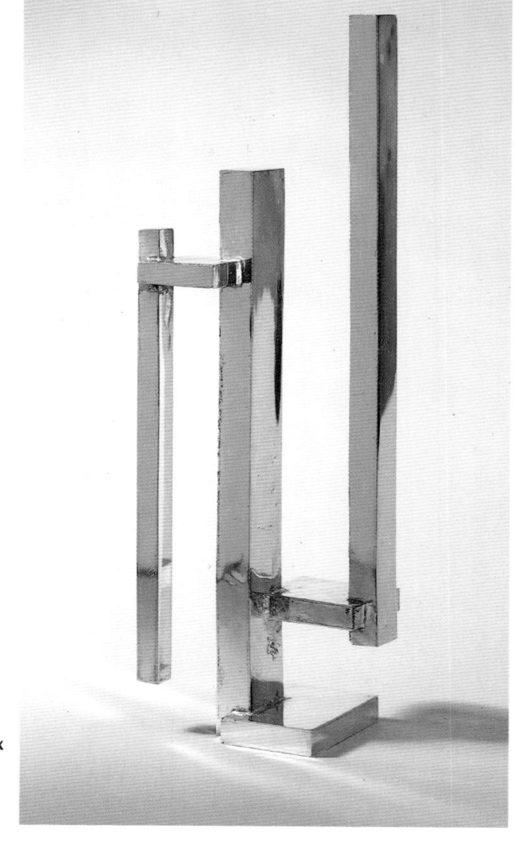

87
Georges Vantongerloo
métal: $Y = ax^3 - bx^2 + cx$
1935
Neusilber
H. 38,5 cm

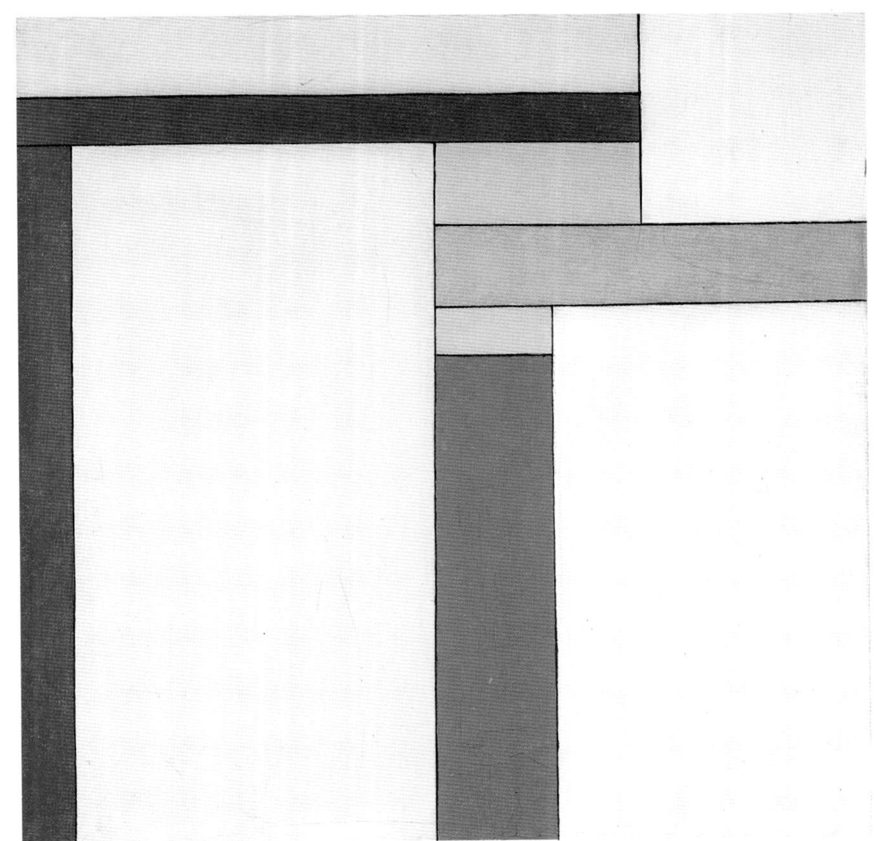

85
Georges Vantongerloo
L^2 = S violet, jaune, vert, rouge
1933
Öl auf Lwd.
46×46 cm

86
Georges Vantongerloo
$\frac{3457}{18}$ $\frac{\text{jaune}}{\text{bleu}}$
1936
Öl auf Sperrholz
66,1×73 cm

89
Sophie Taeuber-Arp
Relief rectangulaire, rectangles découpés, rectangles appliqués et cylindres surgissants
1936/37
Holzrelief, bemalt
50×86,5 cm

VII HANS ARP KURT SCHWITTERS

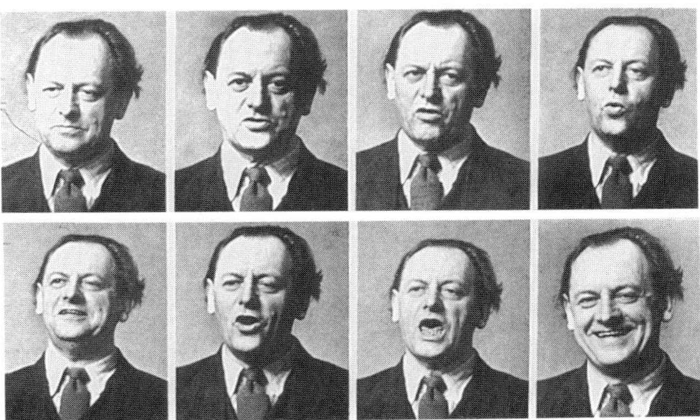

Schwitters beim Rezitieren der <Ursonate>, um 1944. – Schwitters führte die <Ursonate> erstmals 1924 anlässlich einer Bauhaus-Veranstaltung vor. Er arbeitete bis 1932 an der Partitur.

1922–1932 ursonate

einleitung:

Fümms bö wö tää zää Uu,
pögiff,
kwii Ee. 1

Oooooooooooooooooooooooooooooooooo, 6

dll rrrrrr beeeee bö, (A) 5
dll rrrrrr beeeee bö fümms bö,
rrrrrr beeeee bö fümms bö wö,
beeeee bö fümms bö wö tää,
bö fümms bö wö tää zää,
fümms bö wö tää zää Uu:

Partitur von Kurt Schwitters, Einleitung der <Ursonate> (1922–32), in: Friedhelm Lach (Hg.), Kurt Schwitters, Das literarische Werk, Bd.1: Lyrik, Köln 1973, S. 214.

Am 5. Februar 1916 veranstaltete Hugo Ball den ersten "Dada"-Abend im neu eröffneten Cabaret Voltaire an der Spiegelgasse in Zürich, das zum legendären Treffpunkt einer Gruppe im Exil lebender Künstlerinnen und Künstler werden sollte. Hans Arp, Hugo Ball, Emmy Hennings, Marcel Janco, Sophie Taeuber und Tristan Tzara wandten sich gegen akademische Kunstformen, im speziellen gegen die Malerei des Impressionismus, Kubismus und Expressionismus, und erhoben den Unsinn zur Philosophie, zum künstlerischen Prinzip ihrer Bewegung: „Dada heisst im Rumänischen Ja, Ja, im Französischen Hotto- und Steckenpferd. Für das Deutsche ist es ein Signum alberner Naivität und zeugungsfroher Verbundenheit mit dem Kinderwagen."[1]

Das Verwerfen des Tafelbildes und das Bemühen um Abstraktion führte Hans Arp, in Zusammenarbeit mit Sophie Taeuber, 1915 zur Collage- und 1916 zur Relieftechnik. Der Hannoveraner Kurt Schwitters, dessen gattungsübergreifendes Schaffen auf die Vereinigung aller Kunstarten abzielte, hat sich ebenfalls dieser Techniken bedient. Im Kontext von "Transform" interessiert insbesondere die plastische, dinghafte Wirkung der Reliefs von Arp und Schwitters.

Das dichterische und das bildnerische Werk von **Hans Arp** wurde geprägt durch das ironische Infragestellen der eigenen Position und die Nähe zur Natur. Zu seinem und seiner Freunde Tun hat sich der Künstler wie folgt geäussert: „Dada ist ohne Sinn wie die Natur. Dada ist für die Natur und gegen die Kunst. [...] Das Leben ist für den Dadaisten der Sinn der Kunst."[2]

Als erstes dadaistisches Relief überhaupt bezeichnete er seine Arbeit <Dada Relief> von 1916 (90), die aus einer Kombination von mehreren neben- und aufeinandergelegten Holzteilen besteht. Die grob gesägten, bemalten Formen sind sichtbar miteinander verschraubt. Die rahmenlose, unregelmässige Begrenzung des abstrakten Formsystems akzentuiert seinen Objektcharakter. Die Farben sind beschränkt auf Altrosa, Grau und Weiss.Durch die gesprenkelte Kombination von Grau und Weiss steigert sich zudem die stoffliche Qualität einzelner Teile.

Sehr kräftige Farben – blau, grün, orange, gelb, weiss und braun – wählte Hans Arp für das Relief <Planche à œufs> (91). Eingepasst in ein Querformat wiederholt sich ein Grundmuster, das durch die unterschiedliche Bemalung variiert wird. Die menschliche Figur steht im Zentrum des Reliefs, zu dessen Thematik Arp sich 1948 wie folgt geäussert hat: „Das Eierbrett, ein Spott- und Gesellschaftsbild für die oberen Zehntausend, bei welchem die Teilnehmer, vom Scheitel bis zur Sohle mit Eigelb bedeckt, den Kampfplatz verlassen, [...] sollte dem Bürger die Unwirklichkeit seiner Welt, die Nichtigkeit seiner Bestrebungen, selbst seiner so einträglichen Vaterländereien, veranschaulichen."[3]

<Der betrunkene Eierbecher> (92) lautet der Titel eines monochromen Schnurbildes von 1926. Mit Hilfe einer sorgfältig auf den monochrom weissen Bildträger gehefteten Schnur zeichnet Arp die Umrisse eines schief stehenden Eierbechers mit Ei plastisch nach. Die Schnur umreisst Leere, Nicht-Vorhandenes, gibt dieser Leere aber eine präzise Form. Sowohl vom Material als auch vom Inhalt her erfüllt es die dadaistische Losung Hugo Balls: „Ein Minimum von Eindrücken genügt, um aussergewöhnliche Bildformen hervorzurufen."[4]

Hans Arp lebte von 1926 bis 1928 hauptsächlich in Strassburg, seiner Geburtsstadt, und arbeitete zusammen mit Sophie Taeuber-Arp und Theo van Doesburg an der Innenausstattung und Umwandlung eines Palais aus dem 18. Jahrhundert in ein Kabarett-Restaurant, L'Aubette.[5] Für die Aubette, zugleich Meisterwerk abstrakter Kunst und ehrgeiziger Versuch, Malerei und Architektur zu verbinden, entwarf Arp grossflächige Wandmalereien. Als Motiv wählte er u.a. das Oval, weiss auf blauem Grund, zu lesen als "Nabel", der das Leben sowie die menschliche Präsenz versinnbildlicht und der in den zwanziger Jahren ein beliebtes Sujet des Künstlers war. Die Erfahrung mit der Arbeit in der Aubette, insbesondere die Entdeckung des Raumes, beeinflusste fortan sein Schaffen. Für das Holzrelief <Konfiguration>, auch <Nabel, Hemd und Kopf> genannt (93), gilt dies in bezug auf das grosse Format, die Rolle des Hintergrundes, die Farben und die Einfachheit der Formen. Das satte Gelb des Hemdes sowie des Kopfes in Profilansicht und das kräftige Grün des Nabels heben sich stark vom darunterliegenden Blau und Schwarz ab. Wiederum haben gegenständliche Motive Arp zu einer geschlossenen, kompakten Komposition mit plastischen, organischen Formen angeregt.

Auch nach dem Dadaismus bleibt für Hans Arp das Leben Sinn und die Natur Ideal seines künstlerischen Tuns.[6] Mehr und mehr wandelt sich die assoziative, humorvolle Bildsprache seiner frühen Reliefs in eine abstrakte Formensprache. Er versuchte, die Formen und die Gesetzmässigkeiten der Natur darzustellen, indem er nicht die sichtbare Oberfläche wiedergab, sondern durch Abstraktion Natur gestaltete. Die sich wiederholenden, organischen Formen sind nicht mehr nur Mittel, sondern eigentlicher Inhalt der Darstellung; die plastischen Arrangements oder Konstellationen veranschaulichen das Prozesshafte, den konstanten Wandel, dem die Natur unterworfen ist.

Obwohl **Kurt Schwitters** dem Berliner "Sturm" nahestand, in den zwanziger Jahren den Dadaisten und Konstruktivisten und sich 1932 der Gruppe "Abstraction-Création" um Hans Arp anschloss, blieb er zeitlebens ein Einzelgänger, seine Aktivitäten vielfältig und rastlos. Er war Maler, Bildhauer, Graphiker, verfasste Gedichte, Streitschriften und Werbetexte, hielt Vorträge und machte Lesungen. In erster Linie war er aber der Vater von "Merz": „Mein Ziel ist das Merzgesamtkunstwerk, das alle Kunstarten zur künstlerischen Einheit zusammenfasst."[7]

Das <Frühlingsbild>, eine Collage von 1920 (94), gehört in die Anfangszeiten von "Merz". "Merz" ist nicht zufällig entstanden: Schwitters verarbeitete Teile des Schriftzuges aus einer Anzeige der Commerz- und Privatbank (MERZ), „deshalb nannte ich meine Kunst nach dem umfassendsten meiner Bilder, dem Merzbilde"[8]. Auch im <Frühlingsbild> klebte Schwitters Papierfragmente – Zeitungsausschnitte, Fahr- und Eintrittskarten, Fahrpläne, Pralinen- und Kuchenpapier mit Spitzenmuster usw. – auf- und nebeneinander. Die Papierstücke erhalten in ihrer kreisförmigen Anordnung und unterstützt durch die partielle Übermalung die Dynamik futuristischer Arbeiten, die Kraft und Bewegung zweidimensional wiederzugeben suchten. Die Verwendung von Schrift und dekorativen Papierspitzen erinnern selbstverständlich an die Collagen der Kubisten, an Braque und Picasso. Im Unterschied zu jenen arbeitete Schwitters aber mit gebrauchten, nutzlos gewordenen Fragmenten und vergilbtem Zeitungspapier. Damit schuf er eine direkte Verbindung zum Alltag in der Grossstadt, eine Verknüpfung von Kunst und Leben: „Merz bedeutet bekanntlich die Verwendung von gegebenem Alten als Material für das neue Kunstwerk."[9] Selbst den Bildrahmen nagelte er aus verwitterten, ungehobelten Holzlatten zusammen, farblich abge-

91
Hans Arp
La planche à oeufs
um 1922
Holzrelief, bemalt
76,2×96,5×5 cm

90
Hans Arp
Dada Relief
1916
Holzrelief, bemalt u. verschraubt
24,5×18,5×10 cm

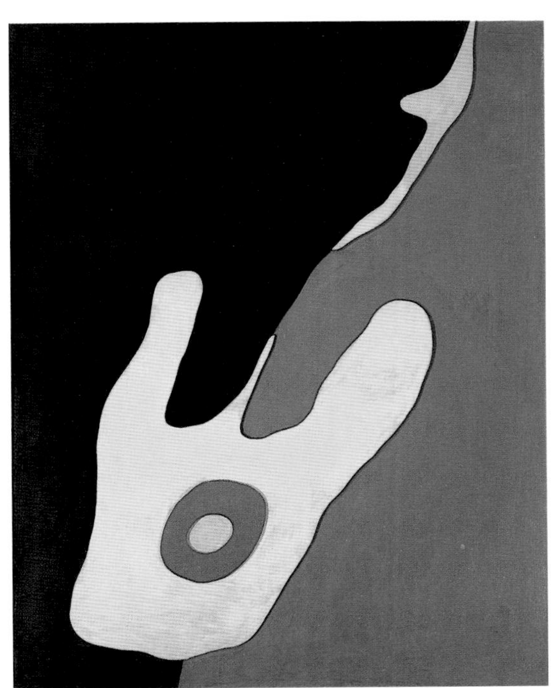

93
Hans Arp
Konfiguration
1927/28
Holzrelief, bemalt
145,5×115,5×3,3 cm

94
Kurt Schwitters
Frühlingsbild
1920
Collage
102,5×84 cm

96
Kurt Schwitters
Lampenbild
(liegender weisser Cylinder)
1932
Verschiedene Materialien auf Sperrholz
53,8×43,1 cm

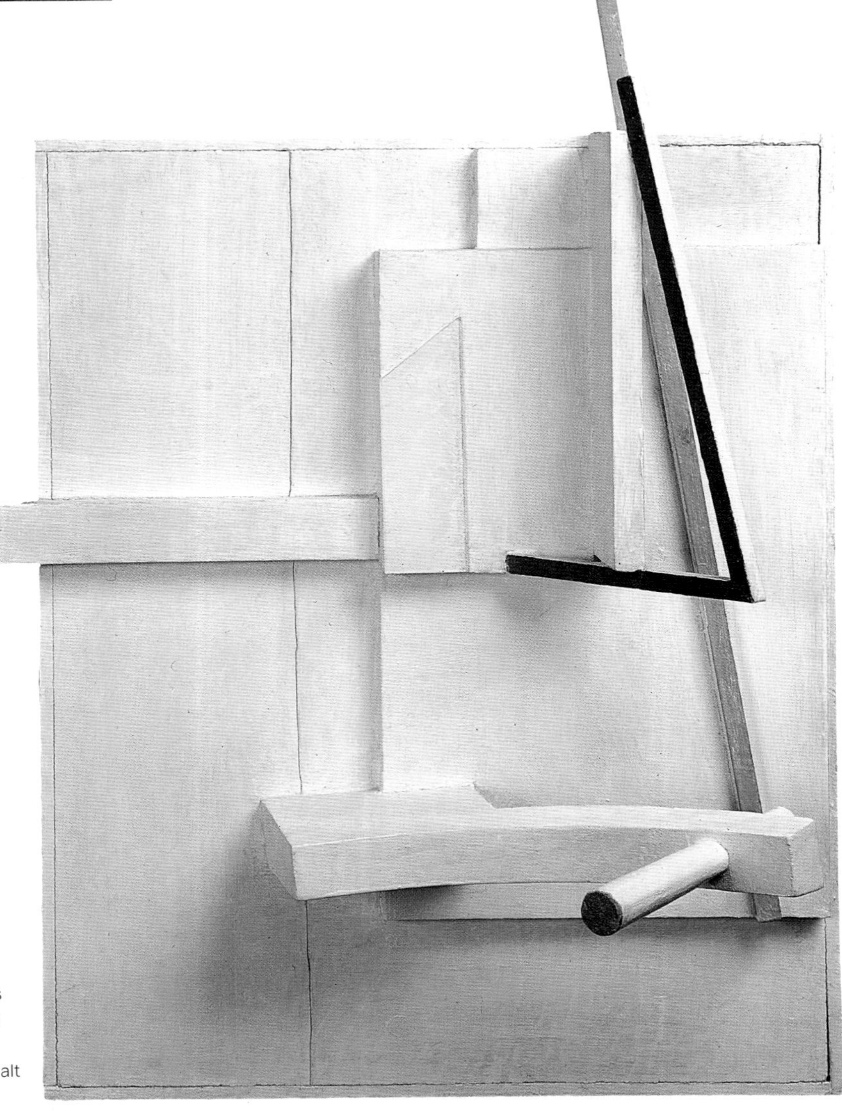

95
Kurt Schwitters
Weisses Relief
1924/27
Holzrelief, bemalt
76,2×59 cm

stimmt erhielt die äussere, schmale Rahmenleiste einen grünen Anstrich.

Vom Herbst 1922 bis zum Frühjahr 1923 unternahm Kurt Schwitters zusammen mit Nelly und Theo van Doesburg eine Vortragsreise, den sogenannten "Holland Feldzug".[10] In dieser Zeit machte er sich nicht nur mit den Theorien des "Stijl", sondern auch mit den Ideen der russischen Konstruktivisten und des Bauhauses vertraut. Der vergleichsweise strenge und klare Aufbau des <Weissen Reliefs> (95) vermag etwas von ihrem Einfluss zu vermitteln. Das Relief setzt sich aus gefundenen, bis auf eine Ausnahme geraden Holzstücken zusammen. Diese Fundstücke wurden auf ein Holzbrett montiert und bemalt. Gegenüber dem dominierenden, puristischen Weiss erzeugen vereinzelte fabige Elemente (ein roter Punkt, eine grau und eine blau gestrichene Kante) Kraft und Spannung. Formal hat das <Weisse Relief> eine Nähe zum <MERZbau>, dem Lebenswerk von Schwitters. An drei Orten begonnen und aus Prinzip unvollendet, entstand ab 1923 aus Abfällen ein "skulpturales Ereignis" (Harald Szeemann). „Sein Haus in Hannover war von oben bis unten von Schächten durchzogen, von künstlichen Spalten durch alle Stockwerke hindurch, von schneckenförmigen Tunnels, die den Keller mit dem Dach verbanden ...", erinnerte sich Hans Arp, dem sich Schwitters zeitlebens sehr verbunden fühlte.[11]

Schwitters' Wunsch, alle Kunstgattungen zu einem einzigen, umfassenden Kunstwerk zu vereinen, Leben und Kunst ineinandergreifen zu lassen, ist zutiefst romantisch. So trug sich beispielsweise auch der Architekt und Maler Karl Friedrich Schinkel (1782–1841) mit dem Gedanken, eine Kathedrale zu bauen, die zugleich religiöses, historisches und lebendiges, d.h. soziales Monument sein sollte.[12]

Hans Arp und Kurt Schwitters haben mit ihrem Werk einen entscheidenden Beitrag zu den vielfältigen, neuen Ausdrucksformen geleistet, die auf der Wechselbeziehung von Skulptur und Malerei aufbauen. In der Gegenüberstellung ihrer Reliefs findet sich, neben formalen und kompositorischen Ähnlichkeiten, eine vergleichbare künstlerische Intention: Die Natur, das Leben ist für beide Künstler Ausgangspunkt ihres Tuns. Arp versucht, mit künstlerischen Mitteln Objekte zu schaffen, in denen Aspekte der Natur gleichnishaft anschaulich werden. Schwitters indessen versucht, im künstlerischen Prozess ein kleines Universum, das Leben als Ganzes gleichnishaft zu realisieren.

EVA KELLER

1 Hugo Ball zitiert in Ausst.kat.: Der Hang zum Gesamtkunstwerk, Kunsthaus Zürich, 1983, S. 312.
2 In Ausst.kat.: Hans Arp, Württembergischer Kunstverein Stuttgart 1986, S. 105.
3 Hans Arp, Die Reliefs, Œuvre-Katalog, hrsg. v. Bernd Mann, Stuttgart 1981, S. 27.
4 Hugo Ball, wie Anm. 1, S. 314.
5 Vgl. Stuttgart 1986, wie Anm. 2, S. 140f.
6 A. a. O., S. 66f.
7 Schwitters in einem Brief an Carola Giedion-Welcker vom 19. August 1947, in: Carola Giedion-Welcker, Schriften 1926–1971, Köln 1973, S. 506f.
8 A. a. O.
9 Zürich 1983, wie Anm. 1, S. 324.
10 In Ausst.kat.: Kurt Schwitters, Sprengel Museum Hannover 1986, S. 166.
11 Zürich 1983, wie Anm. 1, S. 327, und Giedion-Welcker, wie Anm. 7, S. 507.
12 Zürich 1983, wie Anm. 1, S. 155f.

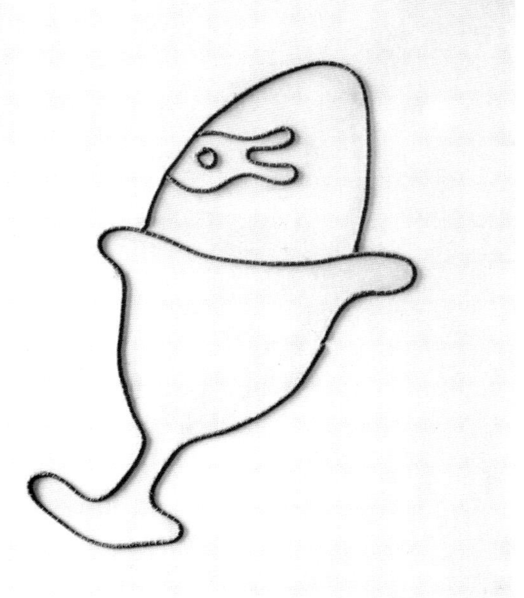

92
Hans Arp
Le coquetier ivre
1926
Schnur auf Lwd., bemalt
65×54 cm

VIII JOAN MIRO ALEXANDER CALDER

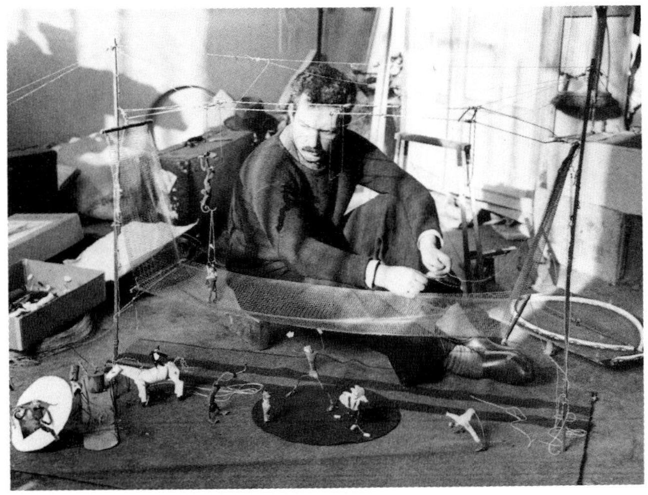

Calder an der Arbeit vor seinem <Circus>, New York 1929.

1919 reist Joan Miró von Barcelona nach Paris; 1926 überquert Alexander Calder den Atlantik, um in die europäische Kunstmetropole zu gelangen. Für beide Künstler wird die Stadt zur zweiten Heimat. 1928 sucht Calder den von ihm bewunderten Katalanen, der sich als Mitglied der Surrealisten bereits einen Namen gemacht hat, in seinem Atelier an der Rue Blomet auf. Aus diesem Zusammentreffen entwickelt sich eine lebenslange Freundschaft, die in den dreissiger Jahren auch zu gemeinsamen Projekten führt. Obwohl sich die beiden Künstler in Charakter und Herkunft stark unterscheiden, obwohl der eine in erster Linie Maler und der andere Plastiker ist, gibt es in ihren Werken verbindende Momente, die eine Gegenüberstellung in einer der Beziehung von Malerei und Skulptur gewidmeten Untersuchung erklären.

Die beiden Gemälde **Mirós** von 1925, ‹Danseuse› und ‹Peinture›, sind in Paris entstanden und gehören zu einer Gruppe von über hundert Bildern, die er zwischen 1925 und 1927 gemalt hat, und die Jacques Dupin "Traummalerei" nennt.[1] Nach einer Reihe von Arbeiten, die sich an den aktuellen Kunstströmungen wie dem Fauvismus, Futurismus und Kubismus orientieren, leitet Miró damit eine Schaffensperiode ein, die sein gesamtes späteres Werk prägen wird.

Das grossformatige Bild mit dem Titel ‹Peinture› (98) setzt sich aus einem hellen, durchscheinenden Quadrat, einem ebensolchen Oval, aus einer gelb punktierten sowie einigen roten und schwarzen Linien zusammen. Der ockerfarbene, etwas fleckige Hintergrund erinnert an eine verwitterte Hausmauer. Nicht ein bestimmtes Erlebnis oder Motiv, sondern das Malen, das Experimentieren mit bzw. das Reduzieren auf wenige Formen und Linien haben den Künstler zu dieser Komposition bewegt. Miró befreit die Linie von ihrer herkömmlichen Funktion. Sie zeichnet nicht mehr die tastbare Grenze, den Umriss eines Gegenstandes nach, sondern schafft als autonomes Gestaltungsmittel neue Raumbezüge.

Über die Entstehung der ‹Danseuse› (97) berichtete Miró, dass der Besuch eines Tanzlokals in Barcelona ihn dazu angeregt hätte.[2] Fasziniert von den Bewegungen der jungen Tänzerin hätte er noch im Lokal den Aufbau der Komposition skizziert, die er in seinem Pariser Atelier ausführte. Vor dem intensiven Blau des Hintergrundes wird in der rechten Bildhälfte die stehende Figur der Tänzerin sichtbar, deren Körper sich auf eine einfache, schwarze und weisse Kreisform für den Kopf und ein rotes Herz für das Becken reduziert. Der Kopf, das Becken und das Geschlecht sind durch schwarze Linien miteinander verbunden, die das Rückgrat sowie einen Arm und ein Bein andeuten. In der linken Bildhälfte erscheinen „la ligne verticale en ascension et les cercles qui décrivent le mouvement".[3] Obgleich Mirós Angaben spärlich sind, gewinnt man durch das Linienspiel einen sehr lebendigen Eindruck von den Bewegungen einer jungen Frau und ihrer Wirkung auf den Künstler.

Die Sommermonate verbrachte Miró jeweils in Montroig, südlich von Barcelona. Auch dieser Ortswechsel zeigt sich in den Arbeiten. Das intensive Erleben der Natur festigt den Aufbau und steigert die Farbigkeit der Bilder. Die organischen Formen, die Intensität der Farben und das kompakte Gefüge der ‹Personnage› (99) zeigen eine Nähe zu den Reliefs von Hans Arp, der in einem benachbarten Atelier an der Rue Tourlaque auf dem Montmartre arbeitete.

1930 – nach einer zweijährigen Krise, in der er seine Malerei in Frage stellte – fand Miró für die Darstellung eines aneinandergeschmiegten Paares zu einem dichten und formschönen Liniengefüge vor weissem, farblosem Hintergrund mit dem Titel ‹Peinture› (100).[4] Der sensible Umgang mit verschiedenen Materialien (Kohle, Gips, Kasein), das Spiel mit dunklen, unterschiedlich strukturierten Flächen und Tupfen und das gezielte, sparsame Setzen der Farbakzente steigern die Lebendigkeit der monumentalen Komposition. Trotz des grossen Formates hat sie die Leichtigkeit einer Zeichnung. Geometrische Formen und strenge Linien fehlen. Einzelne Bildteile wie etwa der feuerspeiende, auf dem Kopf stehende Vogel oder die über den Köpfen schwebenden, wolkigen Gebilde verstärken die imaginative Sprache des Künstlers. Neben der symbolischen Zeichensprache zeigen sich bereits hier wesentliche Elemente jener Handschrift, die sich zum unverwechselbaren Kennzeichen von Mirós Schaffen entwickeln wird.

Die kleinformatige Gouache ‹Composition (Petit univers)› (101) von 1933 erfüllt die Transformationsidee in doppelter Hinsicht; einerseits paraphrasiert Miró das Gemälde ‹Spiel der Najaden› (1886) von Arnold Böcklin, andererseits dient die Gouache als Vorlage für die grosse Bronzeplastik ‹L'oiseau solaire› (103), die Miró 1966 ausführt.[5] Das kleine Universum, in dem die drei Primärfarben Rot, Blau und Gelb dominieren, bevölkern Phantasiewesen. In akrobatischer Verrenkung wirft sich ein delphinartiges Tier einer verblüfften Wasserfee entgegen. Das gelbe Firmament schmücken Mondsicheln, blaue Sterne und ein Feuerball. Ruhepunkt der dynamischen Komposition ist ein etwas schwerfälliges Wesen (ein Walross) mit Schnurrbart, blauem Kopf und roter und schwarzer Flosse.

Obgleich Miró das Böcklinsche Vorbild sehr frei zitiert, fängt er die sinnliche, heitere Atmosphäre genau ein. Im Vordergrund befindet sich anstelle der Felsklippe jenes Walross, das Miró 1944 als Kleinplastik und 1966 als erste Grossplastik überhaupt ausführt. Das schwere Wasserwesen wandelt sich zum Sonnenvogel, der sich als Bronzeguss nicht mehr von einer Welle tragen lässt, sondern mit grossen, staunenden Augen gleichsam schwerelos durch die Lüfte segelt.

Calder, der ein Studium als Maschinenbauingenieur abgeschlossen hat, bevor er 1923 Kurse der Art Students League in New York besuchte, arbeitete von 1925 bis 1930 hauptsächlich an einem mechanischen Miniaturzirkus aus kleinen Draht- und Holzskulpturen (Abb. S. 85). Die Vorführungen, mit denen er seine Künstlerfreunde und Bekannten unterhält, zeugen zunächst vom Einfallsreichtum und der unvergleichlichen Komik des Künstlers. Seine Begegnung mit Piet Mondrian von 1930 bringt eine entscheidende Wende: „Dieser Besuch versetzte mir einen Schock [...]. Obwohl ich das Wort "modern" zuvor schon gehört hatte, war mir der Begriff "abstrakt" doch nie bewusst geworden. Jetzt mit 32 Jahren wollte ich abstrakt malen und arbeiten."[6] Calder schloss sich der Gruppe "Abstraction-Création" an und beteiligte sich 1931 an ihrer Gruppenausstellung in der Galerie Percier in Paris. Unter dem Titel "Volumes, vecteurs, densités, dessins, portraits" zeigte er neben Drahtporträts fragile, dreidimensionale Konstellationen wie ‹Little Ball with Counterweight› (104). Bei diesen frühen abstrakten Plastiken, zu denen ihn der Besuch eines Planetariums angeregt hat, ist Calder hauptsächlich an Körpern von verschiedener Grösse und Dichte, ihrem Raumbezug und ihrer gegenseitigen Anziehung interessiert.[7] Ähnlich wie bei Miró führt bei Calder der Umgang mit der Linie zur zeichenhaften Ausprägung der Werke. Den gebogenen, haardünnen Draht benutzt er, um graphische Struk-

99
Joan Miró
Personnage
1927
Öl auf Lwd.
130×97,5 cm

107
Alexander Calder
Mostly White
1960
Mobile: Metall, bemalt
c. 124,5×236 cm

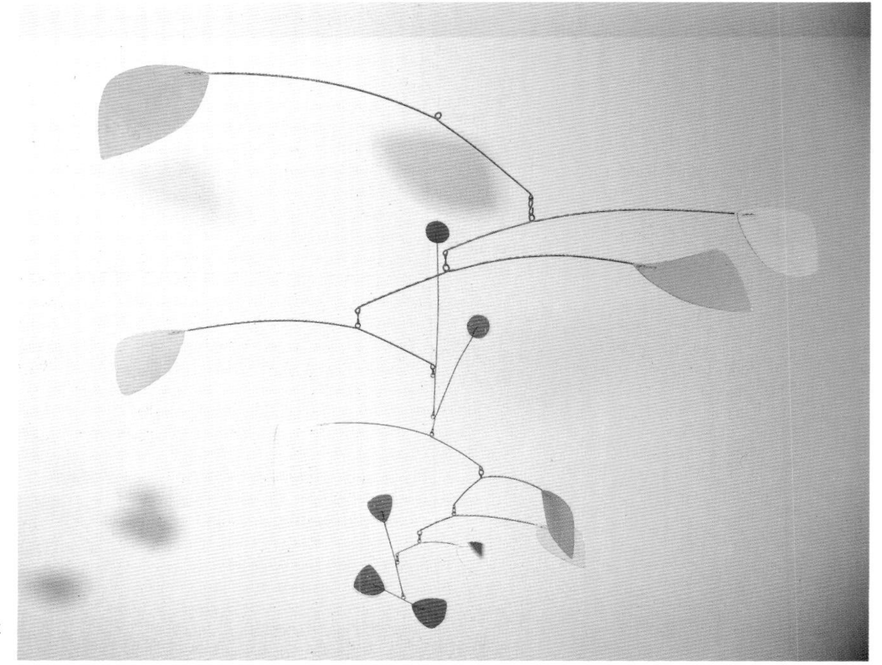

98
Joan Miró
Peinture
1925
Öl auf Lwd.
114×146 cm

97
Joan Miró
Danseuse II
1925
Öl auf Lwd.
115,5×88,5 cm

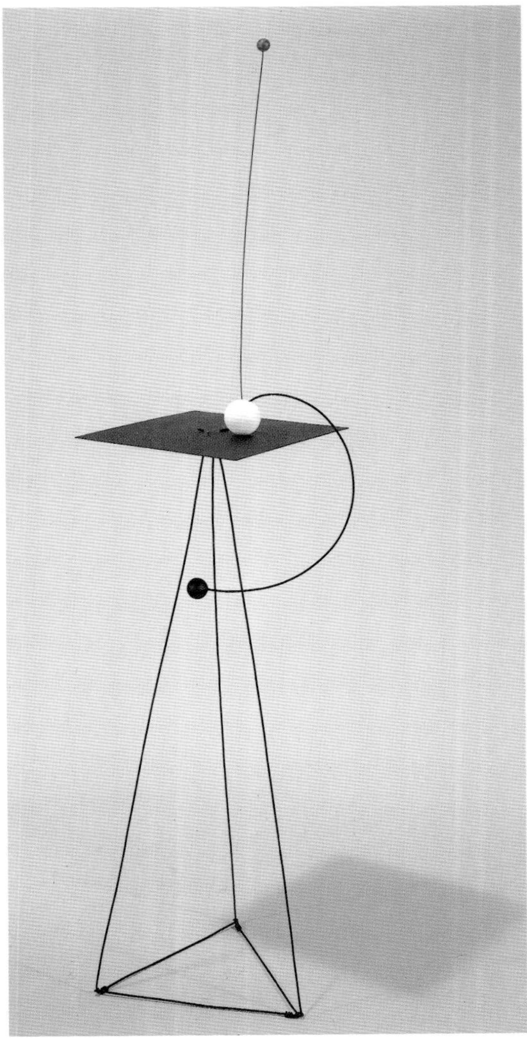

104
Alexander Calder
Little Ball with Counterweight
c. 1930
Metall, Draht, Holz, bemalt
162×31,8×31,8 cm

100
Joan Miró
Peinture
1930
Öl auf Lwd.
230×150 cm

105
Alexander Calder
L'oiseau sur la branche
1949
Holz, Metall, Draht, bemalt
197×200 cm

101
Joan Miró
Composition
(Petit univers)
1933
Gouache auf Karton
39,7×31,5 cm

103
Joan Miró
L'oiseau solaire
1966–78
Bronze
120×180×102 cm

turen vom Zweidimensionalen ins Dreidimensionale zu übertragen und um Bewegung zu suggerieren.

Etwas später, um 1933, führt Calder mit den motorbetriebenen Konstruktionen wirkliche, aktive Bewegung ein. Bereits im dritten Heft der Zeitschrift "Abstraction-Création" von 1934 findet sich die Abbildung eines jener Objekte, die sich frei in der Luft bewegen. Marcel Duchamp hat sie spontan als "Mobiles" bezeichnet.[8] Das Prinzip des Mobiles, dessen Erfindung Calder so populär gemacht hat, ist in der Ausstellung mit der späten Arbeit <Mostly White> (107) repräsentiert. Weisse, gelbe und rote Metallplättchen sind durch Drähte so miteinander verbunden, dass die Einzelteile frei beweglich bleiben; die Aufhängung erfolgt an einem Punkt. Ähnlich einem Lebewesen oder einer Pflanze reagiert die Konstruktion auf einen sanften Wind oder das Nähertreten eines Menschen. Zum Moment des Zufalls tritt dasjenige der Zeit hinzu: der Ablauf lässt sich weder zeitlich begrenzen, noch rhythmisch bestimmen. 1946 resümiert Jean-Paul Sartre in einem Katalogbeitrag über die Mobiles von Calder: „Diese Mobiles, die weder etwas Lebendiges noch etwas Mechanisches sind, die uns immer wieder aufs neue überraschen und dann doch wieder in ihre ursprüngliche Stellung zurückkehren, [...] sind, obwohl Calder nichts nachbilden wollte, dennoch zugleich lyrische Erfindung, technische Verbindung von fast mathematischer Qualität und empfindsame Symbole der Natur."[9]

Calder ist mit zwei weiteren Arbeiten, sogenannten "Mobile-Stabile", in der Ausstellung vertreten: <Le phoque> und <L'oiseau sur la branche> (105), beide von 1949. Die Bezeichnung "Stabile" stammt von Hans Arp und ist als Gegenpol zu "Mobile" gemeint.[10] Anstelle der Aufhängung erfolgt die Fixierung nun auf einer Auflagefläche, die die Bewegungsfreiheit jedoch in keiner Weise einschränkt. Bei <L'oiseau sur la branche> wird der hölzerne Sockel zum Träger der Konstruktion und zu dem im Titel erwähnten Ast, auf dem ein Vogel sitzt.

Bereits in den frühen Werken bedienen sich sowohl Miró als auch Calder einfacher Ausdrucksmittel, um daraus ein künstlerisches Prinzip zu entwickeln. Sie befreien dabei insbesondere die Linie von ihrer Gegenstandsgebundenheit. Ihre Linien evozieren Bewegung und entfalten so Beziehungen im und zum Raum. Durch das freie Jonglieren mit der Linie und ihrer Energie einerseits, des Raumes und der Bewegung andererseits entstehen Werke, die bei den Bildern von Miró eine räumliche Tiefe suggerieren und umgekehrt bei den Konstruktionen von Calder die graphische Dimension betonen. Für beide Künstler bleibt zudem die Natur hauptsächliche Inspirationsquelle. Durch Abstraktion verfremden sie natürliche Gegenstände zu wirklichkeitsfremden, künstlichen Elementen. Doch durch das Bewegungsmoment und ihre Reaktionsfähigkeit erhalten diese abstrakten Elemente umgekehrt Eigenschaften von Lebewesen und Pflanzen. So wie auch die Linien einerseits als abstrakte Darstellung von zwischen einzelnen Punkten und Körpern wirkenden Kräften gelesen werden können und andererseits effektiv die Bewegungen auszulösen und das Drehmoment der einzelnen Elemente zu bestimmen vermögen.

Ihre bildhafte Suche nach Unbeschwertheit und Imagination führen Miró und Calder weit weg von Theorien und Dogmen, wie sie etwa die Surrealisten, insbesondere André Breton gefordert haben. Der Spanier, der als Vertreter der alten Welt aus einer traditionsreichen Malerschule hervorgeht, und der Amerikaner, der als Vertreter der neuen Welt dem Land des Fortschritts und der Technik verpflichtet blieb, verfolgten einen unprätentiösen Weg der Vermittlung zwischen Abstraktion und Natur, Tradition und Avantgarde. In der Freude am Spiel, in einem ausgeprägten Sinn für Humor und Poesie finden sich die amerikanische Sachlichkeit und die katalanische Phantasie.

EVA KELLER

1 Jacques Dupin, Miró, Leben und Werk, Köln 1961, S. 146.
2 Brief von Miró an Herrn S. Rosengart, Luzern, vom 5. August 1980, in Ausst.kat.: Joan Miró, Kunsthaus Zürich 1986/87, Nr. 39.
3 A. a. O.
4 Vgl. Dupin, wie Anm. 1, S. 189; Reinhold Hohl in: Sammlung Beyeler, Anhang zum Katalog der Ausstellung Colección Beyeler in Madrid 1989, S. 62.
5 Hohl, wie Anm. 4.
6 H. Harvard Arnason/Ugo Mulas, Calder, München 1971, S. 21.
7 Ausst.kat.: Alexander Calder, Kunsthaus Zürich 1975, S. 13.
8 Vgl. Arnason, wie Anm. 6, S. 25.
9 A. a. O., S. 45.
10 A. a. O., S. 65.

IX JEAN DUBUFFET ANTONI TAPIES

Jean Dubuffet, Le crapaudeur, 1959 (Kat.nr. 115).

Es gilt festzuhalten, dass diese Arbeiten sich der Assemblagetechnik bedienten. In dieser Beziehung waren sie eine Weiterentwicklung der "Schmetterlingsflügelcollagen", der Lithographien, die aus übereinandergelegten und -geklebten Fragmenten bestanden, und der "Assemblages d'empreintes" (Assemblagen aus Drucksachen). Nachdem ich während zwei Monaten Eisenschlacke verwendet hatte, ging ich zum Schwamm über. Ein Grosshändler für Schwämme in der Rue Monge ermöglichte mir einen Grosseinkauf eines Haufens grotesker unverkäuflicher Schwämme. Was für den Handel Fehler waren, machte sie mir umso wertvoller.

Aus Dubuffets Text "Petites statues de la vie précaire" von 1954, in: Jean Dubuffet, Prospectus et tous écrits suivants, 2 Bde., Paris 1967, Bd.2, S. 98.

Die für den Aufbruch in neue Dimensionen bildnerischen Ausdrucks massgeblichen Künstler akzeptierten schon seit Beginn des 20. Jahrhunderts keine engen Gattungsgrenzen mehr. Prozesse und Materialien emanzipierten sich und erlangten eine bis dahin unbekannte Wertigkeit. Ihre dienende Funktion wurde als obsolet erklärt. Nicht nur das, sie wurden zu bildkonstituierenden Faktoren an sich. Indem die Gattungen an Verbindlichkeit und Konturschärfe einbüssten, bot sich Künstlern die Möglichkeit, Bild und Objekt nicht mehr als Gegensatz aufzufassen und zu praktizieren, sondern sie einander anzugleichen, Transformationen zu wagen. Bildtafeln, die durch ihre Konsistenz des Auftrags zum Relief und damit zum Objekt tendieren, sind dafür ebenso Belege wie im umgekehrten Sinne dreidimensionale Arbeiten, die ihrem Wesen nach mehr Bildern gleichen, als dass sie die Qualität von Skulpturen besitzen. Von der Seite der Auftragssubstanz her haben Jean Dubuffet und Antoni Tàpies den Dialog zwischen Bild und Objekt konsequent genutzt und sind zu überzeugenden Manifestationen gekommen, mit denen sie der Kunst ihrer Zeit wichtige Impulse vermitteln konnten.

Als sich **Dubuffet** 1945 entschloss, die herkömmliche Ölmalerei aufzugeben und seinen Auftrag aus so ungewöhnlichen Substanzen wie Teer, Sand, Asche, Fasern und Kalk mischte, ehe er später harte Krusten aus synthetischen Stoffen gewann, erhalten seine Figuren auf dem Bildgrund ansatzweise Körperpräsenz. Diese akzentuiert der Künstler, indem er Umriss- und Binnenzeichnung in die krustigen Oberflächen gräbt. Das ist ein Mittel, die materiell-objekthafte Dimension des Bildvorwurfs zu unterstreichen. Dubuffet erreicht damit eine enge Korrespondenz zwischen der rohen, archetypisch entwikkelten Figuration und der Art und Weise ihrer von stofflichen Kriterien abhängigen Anlage. Von dieser für Dubuffets Bilder charakteristischen Auffassung her erscheint es nur konsequent, wenn der Maler 1954 erstmals ästhetisch unvorbelastete Materialien wie Schlacke, Schwämme, Holzkohle, ja selbst Rückstände eines ausgebrannten Autos – durch minimale Eingriffe "interpretiert" – als Figuren präsentiert und die Arbeiten ironisch als „Kleine Statuen des unsicheren Lebens" bezeichnet (110, 112, 113, 115).

Vollzieht sich die Verwandlung figürlicher Bildwiedergaben zum Objekt quasi unter Ausschluss formaler Kriterien allein durch das Aufbieten purer Stofflichkeit, so hat Dubuffet während der sechziger Jahre im Kontext seines Werkkomplexes "Hourloupe" ein graphisch artikuliertes Figuren- und Gegenstandsprogramm in einer grossen Anzahl von Beispielen dreidimensional konkretisiert (117), ohne dabei das flächenhaft-malerische Raster der Wiedergaben zurückzunehmen.

Antoni **Tàpies** formulierte während der fünfziger Jahre das Materialbild als zentralen Gegenstand seiner Kunst. Seine Arbeiten erinnern an Mauern. Ihre Oberflächen überzieht eine harte Kruste. Sie basiert auf einem Gemisch aus Marmorstaub und Leim. Um den Wandcharakter seiner Kompositionen hervorzuheben, trägt Tàpies partienweise die Auftragsschicht ab oder prägt Zeichen negativ in sie ein. Damit stimuliert er die Wahrnehmung haptischer Werte und fordert den Betrachter heraus, den Bildvorwurf nicht als Abbild eines vorstellbaren Mauerstückes zu begreifen, sondern als ein konkretes Faktum, das objektiv gesehen zwar die Qualität eines Wandabschnittes besitzt, subjektiv betrachtet jedoch ein Artefakt darstellt, aufgeladen und durchtränkt mit der Erlebnis- und Gedankenwelt seines Urhebers. Setzt der Maler in seinen frühen Materialtafeln zunächst dezidiert auf den Mauercharakter, der durch seine konzentrierte Stofflichkeit gleichnishaft auf die Realität verweist, so geht er bald dazu über, Sichtbares weniger verschlüsselt in seine Kompositionen einzubringen (118). Banale Gegenstände wie Möbel, Utensilien des täglichen Gebrauchs, sowie Architekturelemente und mit zunehmender Entwicklung Zitate menschlicher Körper oder Körperteile beherrschen seine Tafeln. In dem Masse, wie diese Wiedergaben eine reliefhaft-haptische Präsenz auszeichnet, ist der Schritt vorgezeichnet, einzelne Metaphern auch dreidimensional zu formulieren. Konsequenterweise hat Tàpies seit den sechziger Jahren parallel zu seinen Materialbildern Objekte aus abgenutzten Dingen realisiert und schliesslich ab 1983 aus Schamotterde frei im Raum stehende Arbeiten geformt, deren Ikonographie in auffälliger Weise der seiner Bilder gleicht.

ANDREAS FRANZKE

113
Jean Dubuffet
Le folâtre
1954
Eisenschlacke
H. 41 cm

110
Jean Dubuffet
Pleurnichon
1954
Schwamm
H. 43 cm

112
Jean Dubuffet
Vent arrière
1954
Schwamm
H. 22 cm

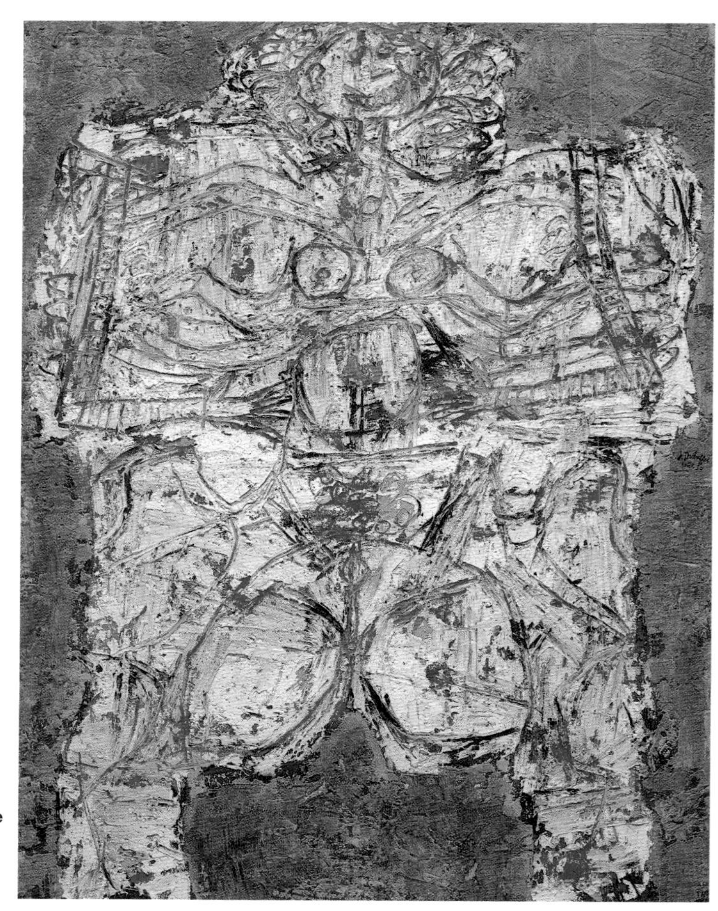

108
Jean Dubuffet
Corps de dame gerbe bariolée
1950
Öl auf Lwd.
116×89 cm

109
Jean Dubuffet
Le voyageur égaré
1950
Öl auf Lwd.
130×195 cm

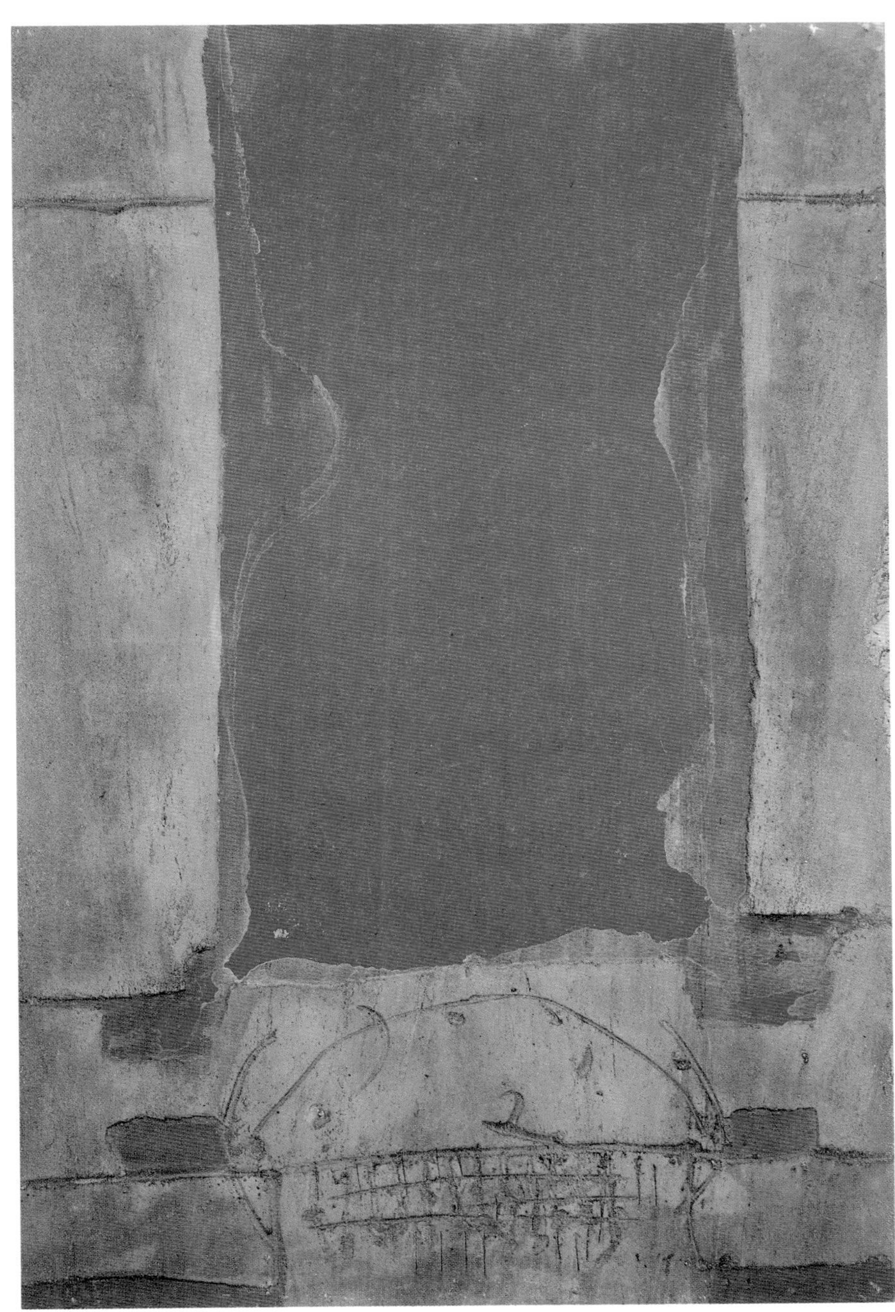

118
Antoni Tàpies
La porte rouge no. LXXV
1957
Mischtechnik auf Lwd.
195×130 cm

117
Jean Dubuffet
L’auditeur I
1967
Polyester, bemalt mit Polyuretan
167×84×46 cm

X EDUARDO CHILLIDA

Peino del viento, 1977 (Windkämme), an der Küste von San Sebastián.

Vor ein paar Jahren stellte ich folgendes fest: Wenn man durch ein Fenster blickt, durch ein romanisches Fenster in einer Kirche etwa, [...] projiziert man die Form des Fensters auf den Aussenbereich, auf den unendlichen Raum draussen. Und dann spürte ich plötzlich, dass diese Raumprojektion, die mit der Form zu tun hat, im Vergleich zum übrigen Raum eine andere Dichte besitzt.

In Ausst.kat.: Chillida, Neuer Berliner Kunstverein 1991, S. 26.

Ob mit Tuschbahnen auf dem Papier markiert, ob aus gerissenen Packpapieren gruppiert oder elementar in Roheisen geschmiedet, aus Stahl gebogen, mit Holz oder Zement "gebaut", in einen Ballen Schamotterde eingeschnitten – immer stehen umschlossene Leere, Spannungen eines unsichtbaren Innenraumes im Mittelpunkt des bildnerischen Anlasses bei Eduardo Chillida. Er bündelt in seinen Arbeiten Energien um einen hochaktiven Wirkungskern. Verblocktem Volumen stehen antagonistisch dynamische Vorstösse in den Umraum entgegen.

In dem Masse, wie der Prozess des Formwerdens unmittelbar anschaulich ist und jedes einzelne Werk prägt, übersteigt in den grossen Arbeiten der Grad des zu mobilisierenden Kraftaufwandes, der erforderlich ist, um die kompakten Stahlelemente in ihre Position zu zwingen, das Vorstellungsvermögen des Betrachters. Damit erreicht der Künstler in unnachahmlicher Weise eine Intensivierung unserer Wahrnehmung vom Plastischen als Resultat konzentrierten gestalterischen Handelns und ein gesteigertes Erlebnis aktivierter Räumlichkeit.

ANDREAS FRANZKE

121
Enclume de rêve no. 10
1962
Eisen auf Holzsockel
Eisenplastik: 43,5×52×38,5 cm,
Sockel: H. 106 cm

122b
Komposition
1957
Collage: Teerpapier mit heissem Eisen angeklebt
21,9×30,1 cm

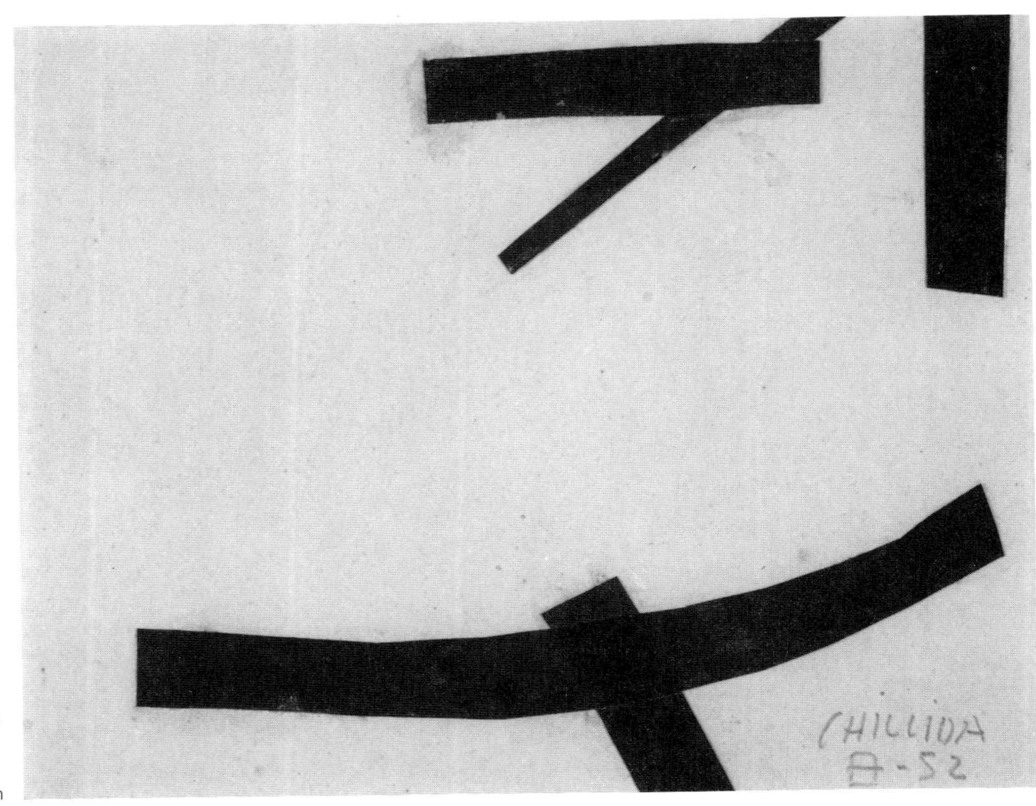

122a
Komposition
1952
Collage
10×13,2 cm

Skulpturenprojekt für das Rheinufer in Basel, in der Nähe des Reverenzgässleins, 1992.

XI LUCIO FONTANA YVES KLEIN PIERO MANZONI

Fontana in seiner Installation <Ambiente spaziale>, Galleria Naviglio, Mailand 1949.

... weder Malerei noch Skulptur, sondern Formen, Farbe und Klang, die sich im Raum entfalten. Farbe als räumliches Element, Klang als zeitliches Element und Bewegung, die sich in Zeit und Raum entfaltet, sind die Grundformen der neuen Kunst, die die vier Dimensionen des Daseins umfasst.

Fontana zitiert in: Guido Balla, Lucio Fontana, Köln 1971, S. 230.

Der Wandel der materiellen Lebensbedingungen im Lauf der Geschichte prägt den Menschen in seinem psychischen Verhalten", schrieb Lucio Fontana unmittelbar nach dem Zweiten Weltkrieg, um sich eine Zukunft mit künstlichen Formen, wunderbaren Regenbogen und Leuchtschriften am Himmel vorzustellen.[1] Doch erst in den späten fünfziger Jahren begannen seine 1946 im "Manifiesto blanco" formulierten Prognosen und Schlüsse von Italien aus nach Deutschland, Frankreich und in die Niederlande zu wirken. Vor allem die Zero-Künstler Otto Piene und Heinz Mack erblickten in Fontana ihren Gleichgesinnten, der die Kunstgattungen Malerei und Plastik zu verschmelzen half und ihre räumliche Expansion versprach. Yves Klein schätzte Fontana als Alternativfigur zur vorherrschenden informellen Malerei, hielt sich bei gemeinsamen Äusserungen jedoch zurück. Der junge Piero Manzoni konnte sich mit beider Hilfe, von Fontanas "Concetti spaziali" und von Kleins "Monochromien" aus, seinen Weg zu gänzlich unüblichen künstlerischen Medien und konzeptuellen Fragestellungen bahnen.

Fontanas Transformationsabsichten waren stets von einem Hang zum Design geprägt. Durch die langjährige Abwesenheit aus Europa konnte er an die italienische Vorkriegsmoderne scheinbar direkt anknüpfen, ohne das Scheitern der grossen Projekte und Utopien noch während der zwanziger Jahre zu bedenken. Mit den ab 1950 formulierten "Buchi" ("Löcher"), mit dem Pinselstil und anderen Werkzeugen perforierte Leinwände, und den sich 1958 anschliessenden "Tagli" ("Schnitte"), mit dem Messer aufgeschlitzte monochrome Bilder, erreichte sein bereits 1946 formulierter "Spazialismo" eine Anschaulichkeit, die in weiten Teilen Europas als Durchbruch in die dritte Dimension verstanden wurde. Aus der Arbeit mit Ton kamen 1959 und 1960 noch eine Reihe von Skulpturen namens "Nature" hinzu, aufgeschlitzte Kugeln, mit denen Fontana die Leere des Raumes evozieren wollte.

Yves Klein, der Fontana wie die meisten jüngeren Künstler erst in den späten fünfziger Jahren kennenlernte, hatte seine künstlerische Tätigkeit 1955 mit "Monochromien" begründet, die die von Ingres und Delacroix her überlieferte Konkurrenz zwischen der Linie und der Farbe zugunsten einer radikalen Form von Zweidimensionalität entscheiden sollten. Die erste Ausstellung von "Monochromien" 1957 in Deutschland war als Ansammlung von "Vorschlägen" gedacht, sich in einen pigmenthaften, wie Farbpuder erscheinenden ultramarinblauen Ton zu vertiefen, der für Klein eine „Umwandlung der menschlichen Sensibilität in eine Fuktion des Weltalls" versprach.[2] Kleins Botschaft einer "immateriellen" Weltwahrnehmung, die 1958 in Paris durch eine Ausstellung mit dem Titel "Le vide" ("Die Leere") übermittelt wurde, ergab eines der produktivsten Missverständnisse in der europäischen Nachkriegskunstgeschichte überhaupt. Während er selbst den Grundvorstellungen der Rosenkreuzerlehre folgte und seine Werkphasen nach der "Monochromie" wie Schritte zu einer "Einweihung" vorbereitete, sah eine grosse Zahl von Zero-Künstlern damit eine erste Form von raumbezogener, expansiver Weltkunst entstehen.[3]

Die ab 1957 entwickelten "Anthropometrien" mit Aktmodellen, die sich in blauer Farbe tränkten, um mit ihrem Körper die Leinwand zu imprägnieren, die anschliessenden "Schwammreliefs", "Kosmogonien" und "Planetarischen Reliefs" bezogen sich methodisch auch auf die Buchinhalte bei Gaston Bachelard, insbesondere das 1943 erschienene "L'air et les songes", in dem stellenweise von "luftigen" Reorganisationsplänen für den Planeten die Rede war.[4] Der Schwamm galt bei Bachelard wie bei den Rosenkreuzern als Gleichnis für die Erde, die noch mit Materie behaftet war.

Piero Manzoni, dessen weisse "Achrome" aus Baumwollstoff und Jute als Widerhall der blauen "Monochromien" geplant waren, teilte Kleins Transformationsabsichten wie ein Schüler. Von 1958 an war er zwischen Mailand, Paris, dem Rheinland und den Niederlanden unterwegs, um junge Kollegen zur Mitarbeit an seiner Zeitschrift "Il Gesto" zu bewegen und mit holländischen Künstlern eine eigene Zero-Ausstellung vorzubereiten. Von 1959 an malte er gerade Linien ("Linee") auf weisses Papier und rollte sie in Pappröhrchen zusammen. In der Zeitschrift "Zero" äusserte er, dass dieses Vorhaben zum Abschluss gelangen würde, sobald die Gesamtlänge der Linien den Erdumfang erreicht hätte.[5] Parallel dazu entstanden seine "Corpi d'aria", und er bot seinen Atem zum Kauf an. Im dänischen Herning, wo er im Sommer 1960 ausstellen wollte, vollendete er schliesslich das Pendant zur erdumfassenden Plastik aus Linien: <Socle du monde>. Er besteht aus einem eisernen Quader und trägt eine auf dem Kopf stehende Inschrift. Manzoni hat diese Transformationsmassnahme "Hommage an Galilei" genannt.

Die visuellen Veränderungen, die von der Kunst Fontanas, Kleins und Manzonis ausgingen, bestanden vorrangig in einer Objektivierung ihrer Bildgegenstände, zu der massgeblich die Einfarbigkeit der Werke beitrug. Alle drei Künstler eroberten sich diese Veränderung über eine Kritik an der willkürlichen, subjektiven "Malkultur" nach dem Zweiten Weltkrieg. Sie sollte einer unpersönlichen, stärker dem Zivilisationsfortschritt verpflichteten Kunstauffassung weichen.

THOMAS KELLEIN

1 Vgl. Textdokumente bei: Guido Balla, Lucio Fontana, Köln 1971, S. 185, 198.
2 Pierre Restany, Yves Klein le monochrome, Paris 1974, S. 81f.
3 Vgl. Thomas Kellein, Sputnik-Schock und Mondlandung, Künstlerische Grossprojekte von Yves Klein zu Christo, Stuttgart 1989, S. 47–50.
4 Gaston Bachelard, L'air et les songes , Essai sur l'imagination du mouvement, Paris 1943, S. 198f.
5 Vgl. Zero, Piene und Mack, Köln 1973 (Reprint), S. 212.

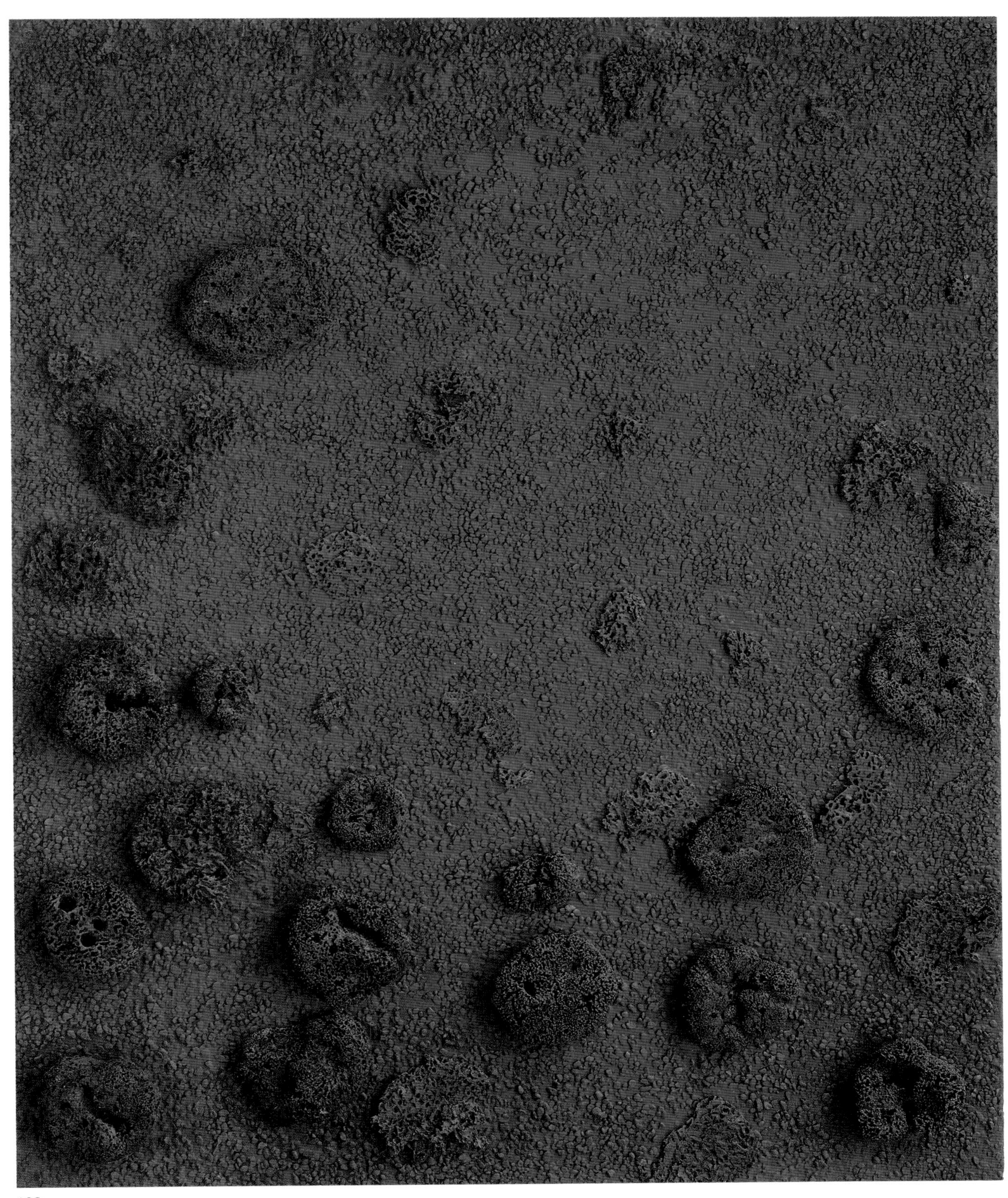

128
Yves Klein
RE 21 (bleu)
1960
Blaues Schwammrelief
198×163 cm

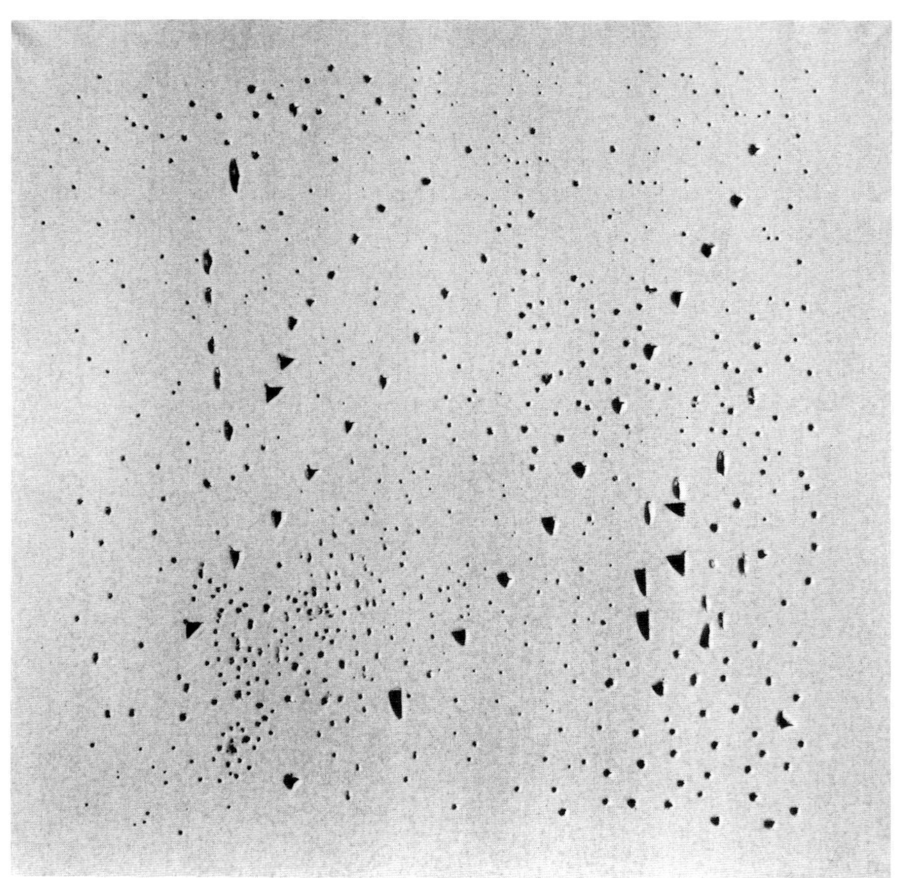

123
Lucio Fontana
Concetto spaziale
1949/50
Ungrundierte Lwd.
112×109 cm

126
Lucio Fontana
Concetto spaziale. Natura
1959–60 (59–60 N 17)
Bronze
∅ 55 cm

127
Lucio Fontana
Concetto spaziale. Natura
1959–60 (59–60 N 32)
Bronze
∅ 75 cm

125
Lucio Fontana
Concetto spaziale. Natura
1959–60 (59–60 N 8)
Bronze
70×85 cm

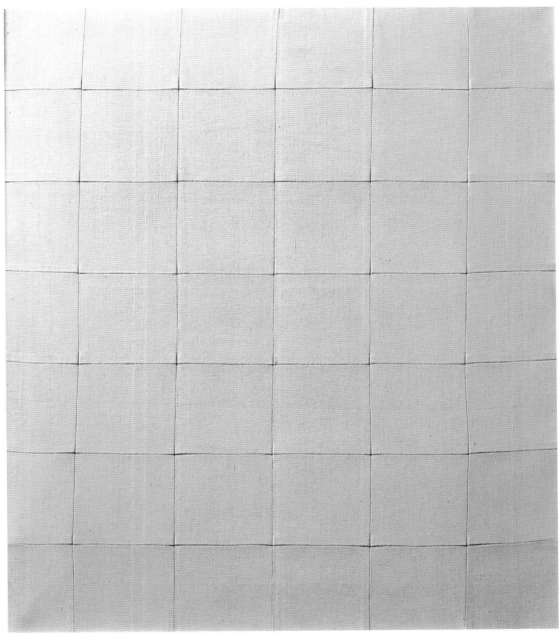

130
Piero Manzoni
Achrome
1960
Genähter Stoff, leicht grundiert
80×60 cm

XII ALBERTO GIACOMETTI

Giacometti malt Annette im Atelier in Paris, um 1960.

Sie fragen mich, welches meine künstlerischen Absichten bei der Darstellung des Menschen sind. Ich weiss nicht genau, wie ich diese Frage beantworten soll.

Seit jeher waren die Skulptur und die Malerei oder die Zeichnung für mich Mittel, um mir Klarheit zu verschaffen darüber, wie ich die äussere Wirklichkeit sehe, und besonders auch wie ich ein Gesicht und das menschliche Wesen als ganzes sehe, oder einfacher ausgedrückt wie ich Meinesgleichen sehe und vor allem die, die mir aus diesem oder jenem Grund am nächsten sind.

Die Wirklichkeit war für mich nie ein Vorwand, um Kunstwerke zu schaffen, die Kunst hingegen ein unentbehrliches Mittel, um mir über das, was ich sehe, klar zu werden. Ich habe also eine ganz traditionelle Auffassung von Kunst. […]

Ich weiss also, dass es mir ganz unmöglich ist, zum Beispiel einen Kopf zu modellieren, zu malen oder zu zeichnen, so wie ich ihn sehe, und doch ist es das Einzige, was ich zu tun versuche. Alles, was ich je werde erreichen können, wird nie mehr als ein schwaches Abbild von dem sein, was ich sehe, und mein Erfolg wird immer kleiner sein als mein Misserfolg oder vielleicht wird er ihm die Waage halten.

Antwort auf eine Frage von Peter Selz, in Ausst.kat.: New Images of Man, The Museum of Modern Art, New York 1959, S. 68; franz. in: Michel Leiris / Jacques Dupin (Hg.), Alberto Giacometti, Ecrits, Paris 1990, S. 84.

Als Giacometti im Juni 1962 anlässlich der Biennale-Ausstellung in Venedig den vom Präsidium des italienischen Ministerrates ausgesetzten Preis für einen ausländischen Bildhauer erhielt (als ausländischer Maler wurde damals Alfred Manessier ausgezeichnet), war er es nur halb zufrieden. Er hatte in seinen beiden Sälen im italienischen Pavillon quasi ebensoviele Gemälde (40) wie Skulpturen (42) ausgestellt (dazu über ein Dutzend Zeichnungen), alles Werke aus den letzten Jahren, und wollte gleichermassen als Maler wie als Bildhauer preisgekrönt werden. Unzufrieden soll er (so erzählt James Lord in der Biographie, deutsche Ausgabe 1987) die Urkunde nach der Giardini-Zeremonie auf seinem Gartenstuhl liegengelassen haben, und so entging ihm, dass die von Georg Schmidt präsidierte internationale Jury „den Preis ausdrücklich für das Gesamtwerk Giacomettis, Plastik und Malerei" verliehen hatte (wie Georg Schmidt in der Basler National-Zeitung von 15. Juli 1962 post festum betonte). Photographien der vom Künstler selbst eingerichteten Ausstellungsräume belegen, dass er die auf Sockeln gruppierten Büsten und Figuren und die ihnen an den Wänden benachbarten Bildnis- und Aktgemälde als gleichwertige Evokationen der dargestellten Menschen präsentierte.

Nach der Epoche der Konstruktionen und Monolithe (1925–1935) ist Giacomettis Kunst gerade dadurch zu ihrem "typischen" Stil gekommen, dass er die bildhauerischen Arbeiten mit den Augen eines Malers oder Zeichners anging – deshalb zuerst (1938–1945) die perspektivisch entrückten winzigen Büsten auf den als Repoussoirs eingesetzten "zu grossen" Sockeln, und deshalb dann von 1947 an die wie Zeichnungen oder Zeichen im Raum stehenden Stabgestalten. Giacomettis "typischer" Malstil aber ist dadurch gekennzeichnet, dass der Künstler auf den Leinwänden malerische Raumgehäuse schuf, in denen die porträtierten Personen als ektoplastische oder gespiegelte Körper erscheinen (Werke von 1947 bis 1959), während sie im Spätwerk (1960–1965) als eine kernhafte, materielle Präsenz wirken.

Das sind nun nicht Interpretationen des Menschenbildes, sondern stilistische Mittel, um die vom Künstler gesehene Realität in ein künstlerisches Dokument zu verwandeln – gleichviel, ob als Skulptur oder als Gemälde. Sie sind aber viel mehr als nur Protokolle der Wahrnehmung, denn immer handelt es sich um einen lebendigen, einmaligen, hier und jetzt vorhandenen Menschen, der nicht nur das Objekt des Künstlers ist, sondern auch das Subjekt seines Blickwechsels mit dem Künstler – und damit Subjekt seiner eigenen Existenz. Dies darzustellen gehörte zur Aufgabe Giacomettis, und ihre über Bildhauer- und Malerarbeit hinausgehende Erfüllung ist es, die den Betrachter vor jedes Werk bannt.

Das Primat in Giacomettis Kunst hat das Zeichnen. Nicht, dass seine Zeichnungen (mit Bleistift oder Kugelschreiber auf Papier) seine wichtigsten Werke wären – sie sind es nicht. Vielmehr war ihm das Zeichnen die Schulung, um für das Gesehene malerische und plastische Zeichen zu finden. Die Unverwechselbarkeit seiner Zeichnungen, Gemälde und Skulpturen beweist, wie sehr ihm dies gelungen ist. Und nun schaue man besonders die späten Büsten und Bildnisse von ganz nah an, um zu sehen, dass es die gleichen Kerben und Haken sind, die im Modellierton und auf der Leinwand Gesichtszüge darstellen und vor allem das Blicken wiedergeben. Die Kraft der Bronzen und Gemälde ist die gleiche, weil beide gleichermassen eine immaterielle, aber zwingende Präsenz schaffen.

NATHAN NADOLNY

140
Grand nu
1962
Öl auf Lwd.
174,5×69,5 cm

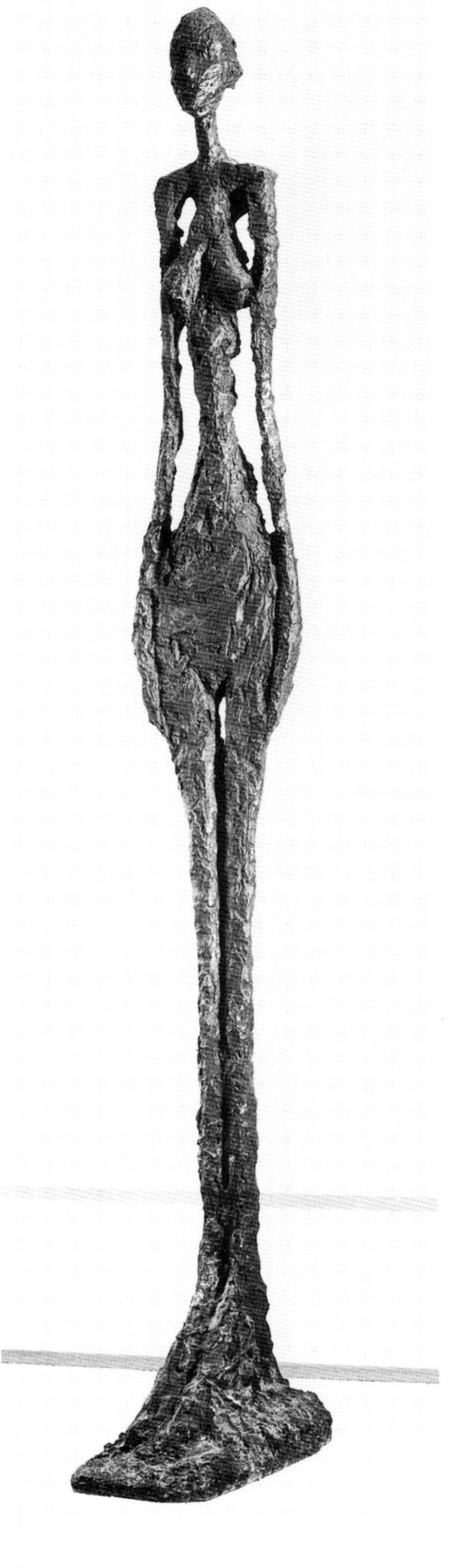

139
Grande femme IV
1960
Bronze
H. 276 cm

132
Place
1948–49
Bronze
21×63,5×44 cm

133
Composition avec trois figures et une tête
1950
Bronze, bemalt
56,5×56×42 cm

134
La place
1951
Öl auf Lwd.
61×50 cm

135
Homme debout
1952
Öl auf Lwd.
72,5×29,8 cm

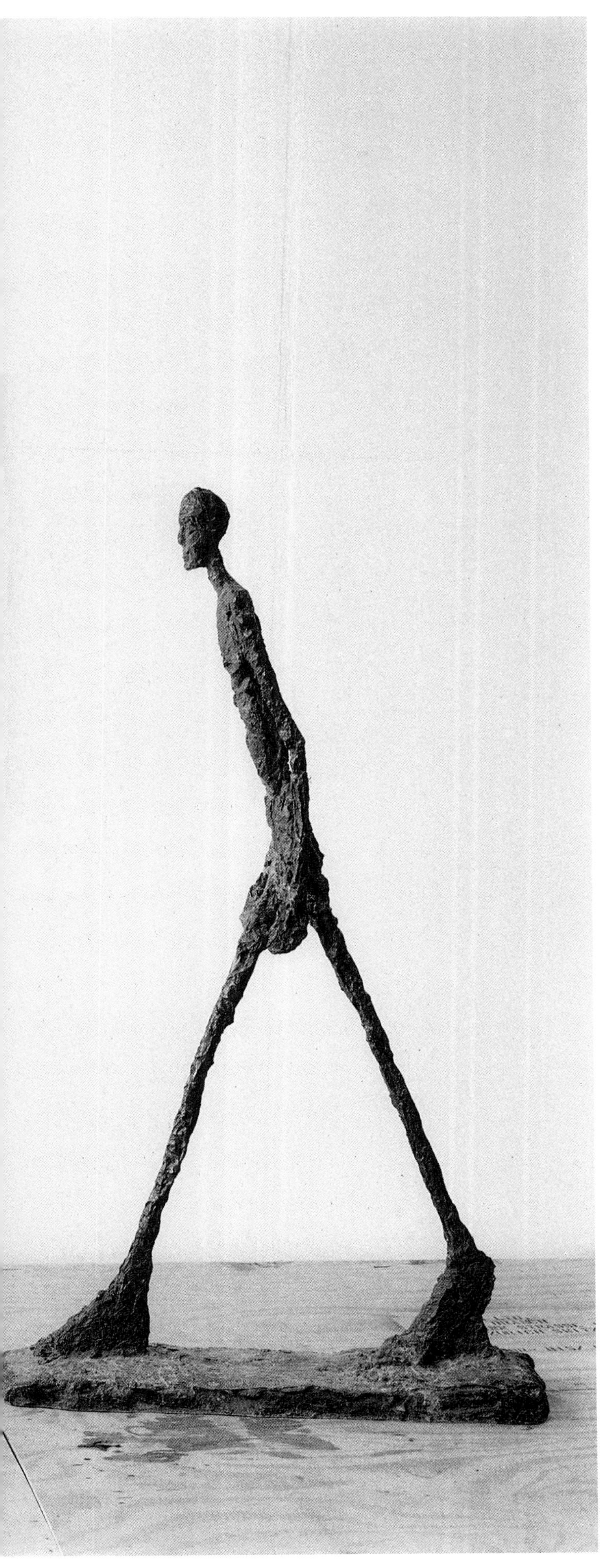

136
Grande tête
1960
Bronze
H. 95 cm

139
Grande femme IV
1960
Bronze
H. 276 cm

138
Grande femme III
1960
Bronze
H. 235 cm

137
L'Homme qui marche II
1960
Bronze
H. 187 cm

XIII GEORG BASELITZ

Atelier in Derneburg, 1990.

Die "Tapete" [die mit Zeichnungen vollgehängte Wand] bildete eine Art Volumen in Bezug zu den Skulpturen. Es war wie Atem für sie. Es sah wie schwirrender Staub im Gegenlicht der Sonne aus. Die Zeichnungen gaben den Skulpturen auch eine gewisse Intimität, sie bewahrten sie vor Pathos – ich mag heroische Installationen nicht. Umgekehrt nahmen die gelben Skulpturenköpfe den schwarz-weissen Zeichnungen die Kälte, sie strahlten mit ihrer Sinnlichkeit auf die Zeichnungsblöcke aus.

Baselitz im Gespräch mit Dieter Koepplin an Ostern 1992
(siehe S. 118 u. 122).

Die dreizehn bemalten Holzskulpturen von Georg Baselitz mit dem Gruppentitel <Dresdner Frauen> – überdimensionierte Büsten, Kugelköpfe auf Pfostenhälsen, geschaffen in der Zeit von Oktober 1989 bis Juni 1990 in Derneburg – liegen, so scheint es, auf einer bestimmten, im Werk des Künstlers anspruchsvollen Linie: Sie führt von der Bildergruppe der <Pandämonium-Füsse> von 1960 / 63[1] und den <Idolen> von 1964[2] zu der breiten Vielbilderwand des <Strassenbildes> von 1979/80[3] (gefolgt u.a. von den <Orangenessern> und <Trinkern> von 1981)[4], schliesslich zu dem zwanzigteiligen, 1989 gemalten und holzgeschnitten-gehobelten Werk mit dem Titel <45>, der ebenso wie der Titel <Dresdner Frauen> die prägende Realität des Herkommens – Dresden um 1945 – signalisiert[5].

Alle diese Werkgruppen verdichten sich in Zusammenschlüssen. Zugleich sollen die einzelnen Bilder oder Skulpturen in sich bestehen, sollen allein sich behaupten können. Baselitz schwebte nie ein serielles System und nie ein "Environment" vor. Serielle Bezogenheit strebte er am allerwenigsten mit den Skulpturen, den <Dresdner Frauen> an. Auch tat er das nicht mit den zahlreichen Zeichnungen, die er im Januar 1990 in seinem italienischen Atelier als eine Art "tätiger Meditation", wie er es nennt, zwar rasch, aber in einer bewusst gesuchten Ruhe realisiert hat, als die meisten <Dresdner Frauen> schon mehr oder weniger vollendet waren. Zurückgekehrt aus Italien, hing er in Derneburg die Zeichnungen als eine grosse "Tapete" hinter den Skulpturen auf; Gleiches geschieht nun in der Basler "Transfom"-Ausstellung.

Die Reihung der <Dresdner Frauen> auf ihren Sockeln ist in der Abfolge ebensowenig festgelegt wie die Hängung der zwanzig <45>-Tafeln oder die Anordnung der Zeichnungen vom Januar 1990, deren zentrales Kopfmotiv von <45> übernommen ist. Es wurde verbunden mit diesen endlos fortsetzbaren Flecken, die „so vieles offen lassen, dass ich das bis zur Erschöpfung weitertrieb. Aber ich wollte es ruhig und mit Disziplin tun, obwohl diese schwirrende Bewegtheit, der positiv-negative Wechsel, dieses dauernde Schwanken, Schaukeln und Springen die Grundform bildete. Darin ist der Frauenkopf wie ein Trugbild eingeschlossen, ein ständig neu eingesetztes Kopfzeichen, das sich zur Bildmitte hin zusammenzieht, verengt. Variation ist das nicht. Bei jeder Zeichnung fing ich von vorne an und ging damit zu Ende, im Prinzip wie bei jedem Bild und wie bei jeder Skulptur. Da ist keine Entwicklung vom einen zum andern. Es wird kein über das Einzelne hinausführendes Ziel verfolgt bei diesen gegen zweihundert Zeichnungen, wo ich tatsächlich ein Prinzip ausbeuten wollte, bis es nicht mehr ging, aber in möglichster Kontrolliertheit und ruhiger Kontinuität. Normalerweise arbeite ich ja mit vielen Brüchen und schnellen Übergängen. Mir kommt dies oft irgendwie unmoralisch oder unseriös vor."[6]

Diese zahlreichen Zeichnungen – „Du kannst aber auch eine einzige herausnehmen, das ganze Programm steckt in jeder einzelnen" – benutzte Baselitz, als er sie aus Italien nach Derneburg brachte und mit den fast fertigen <Dresdner Frauen> konfrontierte, als einen Hintergrund für die Skulpturen. Er chrakterisiert ihn so: „Die "Tapete" bildete eine Art Volumen im Bezug zu den Skulpturen. Es war wie Atem für sie. Es sah wie schwirrender Staub im Gegenlicht der Sonne aus. Die Zeichnungen gaben den Skulpturen auch eine gewisse Intimität, sie bewahrten sie vor Pathos – ich mag heroische Installationen nicht. Umgekehrt nahmen die gelben Skulpturenköpfe den schwarz-weissen Zeichnungen die Kälte, sie strahlten mit ihrer Sinnlichkeit auf die Zeichnungsblöcke aus."[7] Auf die "sinnliche" Gelbfärbung der Skulpturen werden wir zurückkommen.

Blöcke von Bildern und Zeichnungen sind Engführungen, Ballungen. Baselitz versteht sie aber nicht als fixierte Systeme. Von <45> sprechend: „Wenn du solche Gruppen hängst, kannst du einmal lesen von links nach rechts oder umgekehrt, von oben nach unten oder von unten nach oben, oder diagonal – also es lässt sich kein System ableiten. Es ist eine Hängung, die zu tun hat nur mit der Ruhe oder der Aufgeregtheit an der Wand."[8] Baselitz verdeutlichte: „Ich bin kein konzeptueller Künstler", keiner, der mit Serien-Abläufen und vorbestimmten Präsentationsräumen rechnen will. Extrem kann vom einzelnen Werk gesagt werden: „Die Tatsache, dass es da ist und gemacht ist, reicht für die Existenz, und es muss nicht einmal sichtbar sein, geschweige denn einen bestimmten Umraum haben."[9] Ausstellen kann bei Baselitz darum nur heissen: die Existenz des einzelnen Werkes rundum zur Geltung bringen, bei Engführung ohne Verschmelzungs- und Systematisierungstendenz. Aneinandergerückte Bilder oder Zeichnungsblätter müssen sich dann – diese paradoxale Spannung ist angestrebt – umso stärker als Einzeldinge behaupten.

Nebeneinandergestellte Skulpturen wie die <Dresdner Frauen>, deren gemeinsamer Büsten-Typus und gemeinsame gelbe Färbung den Zusammenschluss ergeben, stehen je einzeln auf einem Sockel – einem klar gegliederten, durch Baselitz gestalteten Holzsockel mit steinerner Deckplatte, die die Skulptur trägt. Eine eindeutige, das Werk isolierende Situation: „The potato on the pedestal."[10] Die "Kartoffel", die Kugelgestalt, ist hier jedesmal ein behauenes Stück Holzstamm, mit Axt, Stecheisen und Kettensäge zu einem "Kopf" gearbeitet, der sich über dem "Hals"-Pfeiler wölbt und der mit der Säge zeichnerisch durchfurcht wurde. Die Übermalung mit gelber Farbe vereinheitlicht die Erscheinung der elf Köpfe. Sie bringt sie zu scharfem Leuchten. „Vielleicht hätte ich die Köpfe in die gelbe Farbe eintauchen sollen", meint Baselitz. „Ich wollte die Skulpturen in ihren Kontrasten neutralisieren, sie weicher machen. Ohne diese Färbung sähen die Holzskulpturen scharfkantiger und tiefer in den Schatten aus, kontrastreicher, expressiver. Expressivität wollte ich zurückbinden."[11] Bearbeitung mit Axt und Säge: plastisches Gestalten hiess für Baselitz Verletzung in jedem Stadium, eine Arbeit im Grunde immer „gegen dieses Stück Holz"[12].

Die gelbe Färbung – „Kadmiumgelb hell – eine teure Farbe, in meinen frühen Jahren konnte ich sie mir nicht leisten, so sind die Gelbgründe in meinen Bildern von 1964 / 65 relativ stumpf"[13] – ist keine pinselzeichnerische Markierung wie bei den älteren Holzskulpturen von Baselitz (oder etwa bei den Gipsskulpturen von Alberto Giacometti), sondern ein Überzug. Technisch ist dies etwas, das Baselitz in seinen früheren Skulpturen nur zu Beginn der plastischen Arbeit, nicht zum Schluss wie hier, gemacht hat, allerdings nicht mit heller, sondern mit schwarzer Farbe: denn so „hat die Skulptur keinen Schatten, keine Plastizität, und beim Arbeiten kann ich besser sehen, was geschieht"[14]. Das scharfe Gelb der <Dresdner Frauen> intensiviert die Erscheinungshaftigkeit des plastischen Objekts. Dieses, obschon massiv gegenwärtig, bekommt, könnte man sagen, eine "malerische" Erscheinung, was man aber mit Baselitz' Worten präzisieren kann: Sie bekommt „etwas Geisterhaftes. Ein bisschen von Strindbergs Kissen-Geistern. Wenn du jemanden in ein Leintuch steckst, dass er als Geist sich gebärde: so etwas interessiert

Atelieraufnahme
(für die Zeichnungen siehe Kat.nr. 152, für die Skulpturen Kat.nr. 141–151a).

150
Dresdner Frauen – Die Elbe
1990 (6.VI.90) (GBP 34/00)
Esche, mit Tempera gelb bemalt
154×65×67 cm

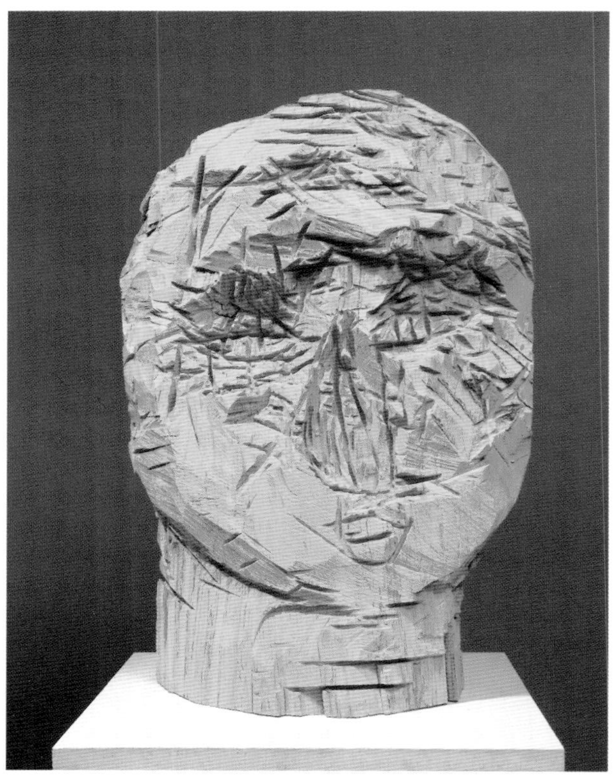

143
Dresdner Frauen – Daneben Elster
1989 (10.XII.89) (GBP 24/00)
Rotbuche, mit Tempera gelb bemalt
91×67,5×32,5 cm

148
Dresdner Frauen – Die Lachende
1990 (20.IV.90) (GBP 31/00)
Ahorn, mit Tempera gelb bemalt
123×69,5 cm

145
Dresdner Frauen – Die Kranke aus Radebeul
1990 (30.I.90) (GBP 27/00)
Esche, mit Tempera gelb bemalt
112×63×20 cm

mich als eine Erscheinungsweise dieser Skulpturen. Bei der gelben Färbung denke ich im übrigen am ehesten an Kindersonnen, diese Spielzeuge, und an eine gewisse Hitze."[15]

Auch in der Malerei von Baselitz, vor allem in Bildern der achtziger Jahre, transportiert die kadmiumgelbe Farbe, die nun häufiger auftrat als in früheren Jahren, den Charakter des Geisterhaften, des Schreckhaften oder der Trunkenheit.[16] Der abgeknickte "Heckel"-Kopf auf <Nachtessen in Dresden> von 1983, die frontalen Figuren und vor allem der losgelöst "herumgeisternde Munch-Kopf" in <Brückechor> von 1983 gehören zu dieser gelben Geisterfamilie, dann auch der "Ralf"-Kopf auf <Die Nacht> von 1985 und das <Selbstporträt Desaster> von 1987.[17] Aber auch schon im <Kranken Orientalen> von 1959 ist geisterhaftes Aufleuchten angelegt, und selbst die <P. D. – Füsse> von 1963 treten wie Leuchtkörper (rot, weiss und gelb) aus dem trüb-dunklen Grund hervor.[18] Eine Grundform und ein Grundcharakter in der Erscheinungsweise der Baselitzschen Kunst zeigt sich rückblickend.

Diese Kunst ist aber nicht einfach nur phantastisch, sondern hat, bei aller hochgehaltenen "Willkür der Erfindung", eine reale Basis. Der Titel <Dresdner Frauen> und die Untertitel bestätigen einen wesentlichen inhaltlichen Hintergrund im allgemeinsten, eigentlich selbstverständlichen Sinne, gemäss Baselitz' Äusserung zu <45>: „Bilder kommen nicht von nirgendwo, sondern die kommen immer von irgendwo. Jeder, der etwas tut, ob er nun ein Lied singt oder die Geige spielt oder was auch immer tut, der macht das ja nicht ohne solchen Hintergrund. Er kann es gar nicht ohne "Inhalt" machen."[19] Die ganze Kunst von Baselitz besitzt eine Eigenart, ja Penetranz nicht zuletzt deswegen, weil dieser Künstler als 1938 geborener Deutscher "nach 45" sein Herkommen nicht wie ein als nunmehr unpassend empfundenes Kleid abgelegt, sondern mit diesem Gehalt wirklich gearbeitet hat, freilich nicht in beschränkter Weise, sondern im globalen Kontext von allem, was neugierig gesehen wurde, als Gegebenheit und als Vision. Auch die <Dresdner Frauen> kommen "von irgendwo". Ihr Gruppentitel und ihre Untertitel (<Der Soldat>, <Hanka>, <Die Wendin>, <Die Kranke aus Radebeul> [bei Dresden], <Die Russin>, <Besuch aus Prag>, <Die Elbe> usw.) verheimlichen es nicht, wenngleich Baselitz diese Titel den Werken selbstverständlich erst nachträglich verpasst hat. Und er konnte mit einigem Recht sagen (bei anderer Gelegenheit): „Wenn Sie so wollen, sind Titel beliebig", die Figuren sind „ganz weit entfernt von der Realität, sie sind erfunden. Man arbeitet eigentlich an Erfindungen".[20]

Ist es abwegig, es so zu sehen, dass diese <Dresdner Frauen> mit ihrer Gelbfärbung nicht nur aktiv leuchten, sondern dadurch auch wie angeblendet erscheinen, die Färbung quasi erleidend? Und kann man nicht finden, hinter der "verletzenden" skulpturalen Arbeit stehe eine tiefe Erfahrung, eine ganz generelle Passionserfahrung, die nun allerdings keineswegs auf die Kindererlebnisse von 1944/45 und danach zu reduzieren wäre? Gestaltwerdung kann sich des Erleidens nicht entziehen (und da gibt es nichts zu jammern – keine Sentimentalität). Das empfanden auch der Schriftsteller Antonin Artaud und der Maler Edvard Munch, die für Baselitz als gestaltende Künstler – keineswegs einfach nur als leidende Menschen – wichtig wurden.[21] Wenn Baselitz 1983/84 Gestalten der christlichen Passions-Bilder (um Bilder geht es: nicht um blosse Illustrationen, sondern um Bild-Erfindungen, wie Baselitz betont) als Elemente seiner Malerei benutzte, das hiess verwandelte und zunächst, gemäss konstanter "Neutralisierungs"-Praxis seit 1969, auf den Kopf stellte, so hatte dies nichts mit christlicher Konfession zu tun.[22] Aber dies schloss doch nicht ein besonderes Interesse für Passionsbilder der älteren Zeit, auch nicht eine Sympathie mit der Erfahrung aus, dass Gestaltung generell von Erleiden nicht zu trennen ist.

Seine Holzskulpturen hält Baselitz für noch "erfundener" und noch weniger abbildend als die Gemälde, für noch "modellhafter" im Sinne der elementaren "Erfindung" von etwas, das steht – auf den Füssen, auf einem Sockel. Die Neutralisierungstechnik der Umkehrung des Motivs kam hier nicht in Frage. „Bildhauerei hat mit Malerei überhaupt nichts zu tun", meinte Baselitz[23], der beides, dazu die Zeichnung und die Druckgraphik, in offensichtlich befruchtendem Wechsel betreibt (nie gleichzeitig). Die malerische Grandezza der Bilder aus den achtziger Jahren profitierte vom Anstoss durch die – oftmals "misslingende" – Arbeit an der Holzskulptur. Beides, Malerei und Skulptur, gab Mut zu technisch und künstlerisch noch weiteren Unternehmungen wie etwa zu den bemalten und gravierten Holzplatten von <45> oder zu dem riesigen "Vorhang", der mit farbigen, zugeschnittenen und eigenhändig auf Nessel aufgenähten Filzstücken 1987 realisiert wurde und dem alten Thema <Anna selbdritt> galt.

DIETER KOEPPLIN

1 Andreas Franzke, Georg Baselitz, München 1988, Abb. 28–37; Ausst.kat.: Georg Baselitz, Der Weg der Erfindung, Städtische Galerie im Städelschen Kunstinstitut, Frankfurt a.M. 1988, Abb. S. 120f.; Ausst.kat.: Georg Baselitz, Kunsthaus Zürich und Städtische Kunsthalle, Düsseldorf 1990, Abb. S. 34–43.
2 Franzke, wie Anm. 1, Abb. 40–42; Ausst.kat. Frankfurt a.M., wie Anm. 1, Abb. S. 137ff.
3 Ausst. kat.: Georg Baselitz, Biennale di Venezia 1980; Ausst. kat.: Georg Baselitz / Gerhard Richter, Kunsthalle Düsseldorf 1981; Ausst.kat. Zürich / Düsseldorf, wie Anm. 1, Abb. S. 102f.; Franzke, wie Anm. 1, Abb. 132; Dieter Koepplin / Franz Meyer / Siegfried Gohr / Felix Baumann, Georg Baselitz, 45, Stuttgart 1991, S. 9, 13ff. – <Kleines Strassenbild> in 28 Teilen von je 70× 50 cm, 1979 / 80, in Ausst.kat.: Georg Baselitz, Retrospektive 1964–1991, Kunsthalle der Hypo-Kulturstiftung München 1992, Nr. 22 (Abb.).
4 Franzke, wie Anm. 1, Abb. 138ff.
5 Ausst.kat. Zürich/Düsseldorf, wie Anm. 1, S. 185ff. (Franz Meyer); Koepplin/ Meyer/Gohr/Baumann, wie Anm. 3.
6 Aus einem Gespräch mit dem Künstler an Ostern 1992. – Vgl. Baselitz in: Koepplin/Meyer/Gohr/Baumann, wie Anm. 3, S. 11.
7 Wie Anm. 6.
8 Koepplin / Meyer / Gohr / Baumann, wie Anm. 3, S. 31.
9 A. a. O.
10 Ausst.kat.: Georg Baselitz, The Women of Dresden (Text von Thomas McEvelley), The Pace Gallery, New York 1990, S. 12.
11 Gespräch Ostern 1992.
12 Ausst.kat.: Baselitz, Sculptures, capc, Musée d'Art Contemporain de Bordeaux 1983, S. 18. (Gespräch Baselitz mit Jean-Louis Froment u. Jean-Marc Poinsot); dt. im Ausst.kat.: Georg Baselitz, Skulpturen und Zeichnungen 1979–1987, Kestner-Gesellschaft, Hannover 1987, S. 51.
13 Wie Anm. 11; Franzke, wie Anm. 1, Abb. 50 u. 51.
14 Ausst.kat. Bordeaux, wie Anm. 12, S. 22; Ausst. kat. Hannover, wie Anm. 12, S. 55.
15 Wie Anm. 11.
16 Bsp.e in Franzke, wie Anm. 1, Abb. 137 (1980), 141ff. (1981/82).
17 A.a.O., Abb. 168, 171, 185, 206. – Zum "Geist von Munch" im <Brückechor>: Gespräch mit Baselitz im Ausst.kat.: Edvard Munch, Kustmuseum Basel 1985, S. 166; Kunst-Bulletin des Schweizerischen Kunstvereins, 7–8 / 1985, S. 16–19; Ausst.kat.: Georg Baselitz, Zeichnungen und druckgraphische Werke aus dem Kupferstichkabinett Basel, Kunstmuseum Basel 1989, S. 83 u. Anm. 3.
18 Franzke, wie Anm. 1, Abb. 1 u. 28ff.
19 Koepplin / Meyer / Gohr / Baumann, wie Anm. 5, S. 19.
20 Werner Krüger / Wolfgang Pehnt, Documenta-Documente, Künstler im Gespräch, Köln 1984, S. 18 u. 13f.
21 Vgl. Ausst.kat.: Georg Baselitz, Zeichnungen 1958–1983, Kunstmuseum Basel / Van Abbemuseum Eindhoven 1984, S. 131ff.
22 A.a.O., S. 141f. – Vgl. auch: Parkett 11 / 1986, S. 46; Franzke, wie Anm. 1, S. 195 (über den <Abgarkopf> und die entsprechende christliche Legende).
23 Krüger / Pehnt, wie Anm. 20, S. 19.

XIV JASPER JOHNS
CLAES OLDENBURG
ROBERT RAUSCHENBERG
JEAN TINGUELY

Claes Oldenburg, The Store, 1961, Plakat.

Ich bin für eine Kunst, die politisch-erotisch-mystisch ist, die etwas anderes tut, als in einem Museum auf ihrem Arsch zu sitzen. Ich bin für eine Kunst, die aufwächst, und nicht weiss, dass sie Kunst ist; eine Kunst, die die Chance hat, am Nullpunkt zu beginnen.

Ich bin für eine Kunst, die sich auf den alltäglichen Mist einlässt und doch siegreich bleibt.

Ich bin für eine Kunst, die das Menschliche nachahmt, das, wenn notwendig, komisch ist, oder gewalttätig, oder was immer nötig ist.

Ich bin für eine Kunst, die ihre Form den Linien des Lebens selbst entnimmt, die sich krümmt und ausdehnt und ansammelt und spuckt und tropft und schwer ist und rauh und stumpf und süss und dumm wie das Leben selbst.

Ich bin für einen Künstler, der verschwindet und in einer weissen Mütze wiedererscheint und Schilder oder Flure malt.

Ich bin für eine Kunst, die aus dem Kamin kommt wie schwarzes Haar und sich am Himmel verteilt. ....

Anfang aus: Claes Oldenburg, I am for an art ..., in: Claes Oldenburg/ E. Williams, Store Days, New York 1967; dt. in: Laszlo Glozer, Westkunst, Zeitgenössische Kunst seit 1939, Köln 1981, S. 263–267.

154
Jasper Johns
Grey Target
1957
Enkaustik auf Lwd.
30,5×30,5 cm

157
Jean Tinguely
Le soulier de Madame Lacasse
1960
Holzpult, Fahrradräder, Eisen- und Stahlstangen und Drähte, Schuh, Gummigurten, Elektromotor
160×200×110 cm

Mit dem abstrakten Expressionismus beginnt für das Kunstwerk eine neue Phase der Transformation. Das Gestisch-Impulsive der Gestaltung, beispielsweise bei de Kooning und Pollock, hatte zu einer offenen Form geführt, die sich auch ins Dreidimensionale umsetzen liess. Gleichzeitig ergab sich aus dem Allover von Pollock, wo das Gemalte als Gesamtform wirkt und sich vom Referenzsystem des Trägers löst, wo ferner der Betrachter teilhat am Energieprozess des Produktionsvorgangs, eine Herausforderung besonderer Art. Weitere Anreger sind seit Anfang der fünfziger Jahre John Cage und Marcel Duchamp.

Eine erste Antwort auf solche Herausforderung gab **Robert Rauschenberg** mit seinen "Combine Paintings" seit 1954. Hier verbindet sich der als Prozess nachvollziehbare Malakt mit collagierten Bilddokumenten, verschiedenartigen Materialien und Objekten, die dem Betrachter die Vorstellung vermitteln, er sei in einen Handlungsbezug eingebunden. Im etwas späteren Werk <Dylaby> (156) entfaltet sich das Aktionsgefüge der Montage mit noch grösserer Souveränität; das Segeltuch, das den Grund abgibt, löst sich zudem rechts vom Metallrahmen und staut sich in ausgreifender S-Kurve am Boden.

Rauschenbergs offene Form lebt vom inneren Zusammenhang einzelner Akte bildnerischer Vergegenwärtigung. Ein bedeutender Schritt über diese Position hinaus gelang **Jasper Johns** mit <Flag> von 1958 (159) oder <Grey Target> von 1957 (154), wo das Vorstellungsbild die Gesamtform, die nun zur Bildform wird, unmittelbar suggeriert. Eine ähnliche synthetische Funktion erfüllt die das Vorstellungsbild minutiös rekonstruierende Skulptur der Bierdosen in <Painted Bronze> von 1960–64 (153). Bei den Bildern erlaubt die Vorwegnahme der Gesamtform ein freies oder bewusst systematisches Operieren beim eigentlichen Malakt, das alle Grundmöglichkeiten der Malerei exploriert. Einen etwas anderen Sinn hat das Verfahren bei den Skulpturen: hier erlaubt die Annäherung an das Objektbild die Künstlichkeit der Kunst pointierter zum Bewusstsein zu bringen und die Frage nach ihrer Funktion bei der Erkenntnis der Wirklichkeit neu zu stellen.

Von ganz anderer Art ist das Verhältnis zum tatsächlichen Alltagsobjekt beim <Soft Washstand> (155) von **Claus Oldenburg**. Solche Objekte haben zwar ebenfalls den Sinn, der Wahrnehmung als tragende, suggestiv vermittelte Gesamtform zu dienen. Nur ist es Oldenburg, ursprünglich Maler, gelungen, den imaginären Charakter des Gemalten im Dreidimensionalen neu zur Geltung zu bringen. Die Verfremdung durch das Grössenmass und die Verwandlung in ein weiches Knautschobjekt, das die haptische Erfahrung herausfordert, entsprechen diesem imaginären Charakter und verwandeln die triebfixierte Alltagserfahrung des Warenkonsums in einen erotisch-freien, poetisch-märchenhaften Umgang mit den Dingen.

Auch **Tinguelys** Schrott-Maschinen (157) kann man als Übersetzung von Malerei, nämlich Pollocks "Pouring" und "Dripping" verstehen. Ihre freie Kinetik entspricht dem Prozesshaften des "Action Painting", ihre archaische Phantastik seiner "wilden" Subjektivität. Nur geschieht hier alles in Realzeit: das clowneske Spiel (mit dem Fundstück aus dem Hinterhof des Nachbarn im Impasse Ronsin) wird zum Ereignis, das den Betrachter schockartig überfällt.

FRANZ MEYER

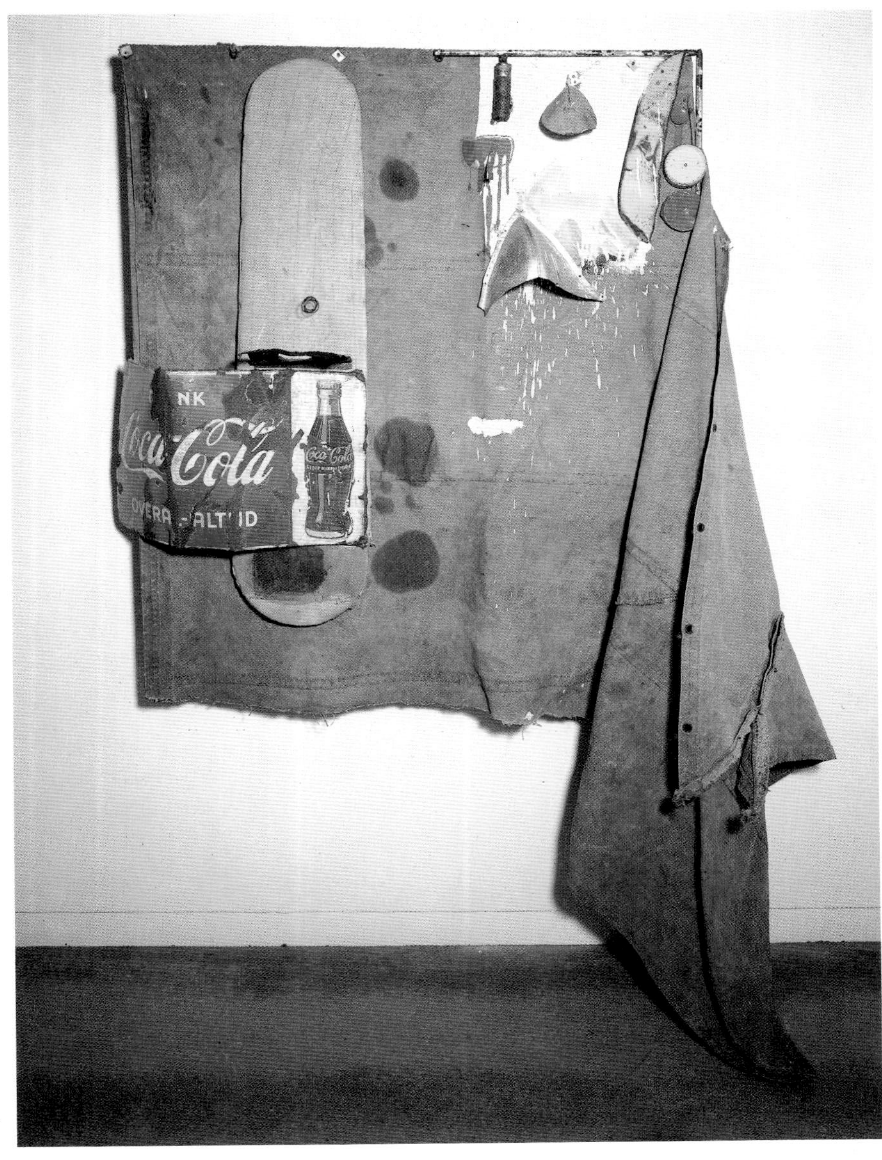

156
Robert Rauschenberg
Dylaby
1962
Combine Painting:
Öl, Metall, Stoff, Holz auf Lwd.
278×221×38 cm

153
Jasper Johns
Painted Bronze («Ale Cans»)
1960–64
Bronze, bemalt
14×20,3×12 cm

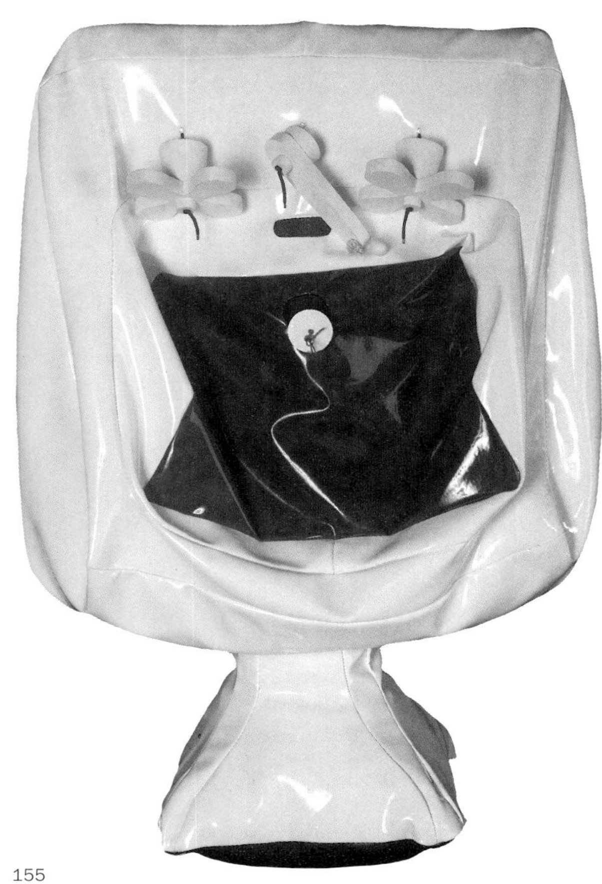

155
Claes Oldenburg
Soft Washstand
1966
Vinyl gefüllt mit Kapok, Holz,
bemalt mit Liquitex, auf Chromstahlgestell
137×106×57 cm

XV JASPER JOHNS DONALD JUDD SOL LEWITT BARNETT NEWMAN FRANK STELLA

Jasper Johns, Flag, 1958 (Kat.nr. 159).

Die Hälfte oder mehr der besten neuen Arbeiten der letzten Jahre ist weder Malerei noch Skulptur. Normalerweise sind sie dem einen oder anderen mehr oder weniger verwandt. [...]

Malerei und Skulptur sind zu erstarrten Formen geworden. Ein guter Teil ihrer Bedeutung ist nicht glaubhaft. Wenn man drei Dimensionen benutzt, benutzt man keine gegebene Form. [...]

Drei Dimensionen sind wirklicher Raum. Das befreit vom Problem des Illusionismus und des nur bezeichneten Raums – Raum in und um Markierungen und Farben –, ist Befreiung von einem der hervorstechendsten Relikte europäischer Kunst, einem, gegen das am meisten vorzubringen ist. Die zahlreichen Begrenzungen des Bildes bestehen nicht mehr. Eine Arbeit kann so stark sein, wie nur vorstellbar. Tatsächlicher Raum ist wirklich aussagestärker und spezifischer als Farbe auf einer flachen Ebene. Ganz offensichtlich kann in drei Dimensionen alles jede nur denkbare Form annehmen – regelmässig oder unregelmässig – und jede nur denkbare Beziehung zu Wand, Boden, Decke, Räume oder Aussenwelt, zu nichts oder zu allem, haben. Jedes Material kann so, wie es ist, oder bemalt verwendet werden. [...]

Auszüge aus dem Text "Specific Objects" von Donald Judd. Judd bezieht sich mit seinem Konzept des "Specific Object" auf Werke wie die von Stella und Flavin sowie auf seine eigenen, während die Arbeiten von Newman und Johns Vorformen dazu darstellen. Der Text erschien erstmals in: Contemporary Sculpture, Arts Yearbook, 8/1965; dt. in: Gerd de Vries (Hg.), Über Kunst, Künstlertexte zum veränderten Kunstverständnis nach 1965, Köln 1974, S. 120–135.

Parallel zu den "Concetti spaziali", den "Monochromien" und den "Achromes" bei Fontana, Klein und Manzoni in Europa kündigte sich mit den dreiundzwanzig "Black Paintings" von **Frank Stella** eine spezifische New Yorker Transformationsleistung an. Stellas "Schwarze Bilder", Grossformate mit rechteckigen oder rautenförmigen Figuren, sind aus gleichbreiten, ungefähr sieben Zentimeter messenden Streifen aufgebaut, die ohne Begrenzung oder formale Verankerung gleichmässig von der Mitte bis zum Bildrand aufgetragen sind. Alle Streifenformationen der "Black Paintings" fallen symmetrisch aus, so dass ihre labyrinthische, von innen nach aussen führende Struktur als ein vordergründiges Muster erscheint. <Tuxedo Junction> von 1960 (164) zum Beispiel zeigt eine rautenförmige, sich scheinbar über den Bildrand hinaus fortsetzende Streifenformation, die sich in der Vertikalen zweimal wiederholt. Die schwarze Emailfarbe lässt hier wie bei den anderen "Black Paintings" gleichmässig feine Leinwandstreifen stehen, so dass die Farbe weder als dunkle Fläche noch in irgendeiner perspektivischen Gestalt erscheint. Mit diesen Mitteln hat Stella eine kunstgeschichtlich einzigartige Brisanz erzeugt, da sich das Bild als zweidimensionaler, unräumlicher Gegenstand in Szene setzt. „What you see is what you see", heisst die oftzitierte Formel zu diesen Resultaten[1], und Stella hat später hinzugefügt: „I work away from the flat surface but I still don't want to be three dimensional."[2]

Stellas "Shaped Canvases" (165), die sich direkt aus den Streifenformationen der "Black Paintings" herleiten, folgen jenen Mustern und räumen der Streifenfolge in Hinblick auf die Bildgrenzen Priorität ein. Von hier aus ist das Feld auch für dreidimensionale Ausformulierungen frei, wie sie von Anbeginn, mit einem anderen Ausgangspunkt vor allem **Donald Judd** untersucht. Judds grundlegender Aufsatz über die "Spezifischen Objekte" von 1965 stellte eingangs apodiktisch fest: „Die Hälfte oder mehr der besten neuen Arbeiten der letzten Jahre ist weder Malerei noch Skulptur."[3] Er selbst stellte 1962 erstmals reliefartige, meist kadmiumrote Werke zusammen, die als zweidimensionale Plastiken gelten können, insofern eine Figur auf dem Bild nicht mehr gemalt, sondern als Material oder Gegenstand in einer bestimmten Farbe eingesetzt erscheint. Im Folgejahr kamen die einem Pflug ähnlichen, oben und unten gewölbten Aluminiumplastiken hinzu, deren Frontalitätswirkung die Bilder Stellas übertraf. In der Mitte des Werkes von 1962 aus dem Basler Museum für Gegenwartskunst (160) befindet sich eine rote Zone, die motivisch nicht mehr lesbar ist. An den Rändern stösst man auf schieres Metall.

Aus den Frühwerken entwickelte Judd einen weiter forschenden Skeptizismus, der das Kunstwerk als eine Grenzformulierung zwischen nichtfigurativen Objekten und modellhaften Behältern versteht und massgeblich durch Ausschlussentscheidungen zu neuen Resultaten und ihren Abwandlungen gelangt. Judd bevorzugt ab 1963 Kisten, deren Gestalt, Material und Farbigkeit den Anschein erwecken, dass sie nichts anderes als sich selbst zum Thema haben.[4] Die Werke wirken seitdem unteilbar, als einzige Form und als ein Ganzes, oder, wenn sie in mehreren Teilen auftreten, nicht komponiert, sondern aus gleichartigen Elementen zusammengesetzt (161).

Die Vorbildfigur für Stella und Judd hiess vor allem **Barnett Newman**. Er hatte die Verflachung und Objektivierung des Bildgegenstands mit dem kadmiumroten <Vir Heroicus Sublimis> von 1951 eingeleitet und wurde während der gesamten sechziger Jahre für die Massstabssetzung mit seinen "Big Canvases" bewundert. Judd schrieb 1964, in einem Text, der dann später als Nachruf auf Newman veröffentlicht wurde: „It's not rash to say that Newman is the best painter in this country".[5] Auch für Stellas Arbeit ist belangvoll, dass erst die mauerartigen, nur durch wenige Vertikalstreifen als "Bilder" erkennbaren Werke Newmans die dezidierte Oberflächlichkeit der amerikanischen Kunst ermöglichten. <Anna's Light> (163), das Spätwerk des 1970 verstorbenen Künstlers, verkörpert Newmans radikalsten Schritt. Es zeigt auf der Leinwand nur noch ein farbiges Rechteck und keine weitere, Orientierung stiftende Figur. Wie immer bei Newman spielen die Proportionen der Flächenfarbe im Vergleich zu den verbleibenden, in diesem Fall weissen, Partien eine zentrale Rolle. Links zeigt das Bild eine nur sieben Zentimeter breite Vertikale, rechts misst die weisse Partie mit fünfzig Zentimetern Breite bereits sieben Mal so viel. Die orangerote, leuchtende Fläche, das eigentliche "Bild" wiederum, mulitipliziert dieses Mass elf Mal. So stiftet das Werk die von Newman intendierte Orientierungslosigkeit, indem es selbst die Farbe, <Anna's Light>, als scheinbar unermesslich grosse Multiplikation einer gegebenen Einheit ausweist.

In den fünfziger Jahren arbeitete der Amerikaner **Sol LeWitt** als Graphiker, u.a. für den Architekten I. M. Pei. Mitte der sechziger Jahre entstanden seine ersten auf geometrisch determinierten Volumen basierenden Skulpturen als serielle Arbeiten, deren einfache, reine Form sie als Objekte der Minimal Art auszeichnen. Gleichzeitg veröffentlichte LeWitt die elementaren "Paragraphs on Conceptual Art" (in der Zeitschrift "Artforum", Juni 1967) und "Sentences on Conceptual Art" (in der Mai-Nummer 1969 von "Art-Language"). Sein graphisches Werk baut auf dem Prinzip der "Linien in vier Richtungen – Vertikale, Horizontale und beide Diagonalen" auf (162a), das er erstmals 1968 als Wandzeichnung in der Paula Cooper Gallery in New York ausgeführt hat. Sequenzen aus dieser Arbeit wählte LeWitt auch für seine Installation in der Kunsthalle Basel im Rahmen der Ausstellung "Transform". Mit Bleistift direkt auf die Wand aufgetragen, transformieren sie den Raum in eine dreidimensionale Zeichnung.

THOMAS KELLEIN

1 Bruce Glaser, Questions to Stella and Judd, in: Art News, Bd. 65, 5/1966.
2 In Ausst.kat.: Frank Stella, Black Paintings 1958–1960, Cones and Pillars 1984–1987, Staatsgalerie Stuttgart 1988/89, S. 75, Anm. 20.
3 Donald Judd, Specific Objects, in: Contemporary Sculpture, Arts Yearbook, VIII/1965.
4 Vgl. Judds Text über Lee Bontecou, zitiert bei: Barbara Haskell, Donald Judd, New York/London 1988, S. 33.
5 Judd in: Studio International, Febr. 1970, S. 67–69.

63
arnett Newman
nna's Light
968
cryl auf rauher Lwd.
76×611 cm

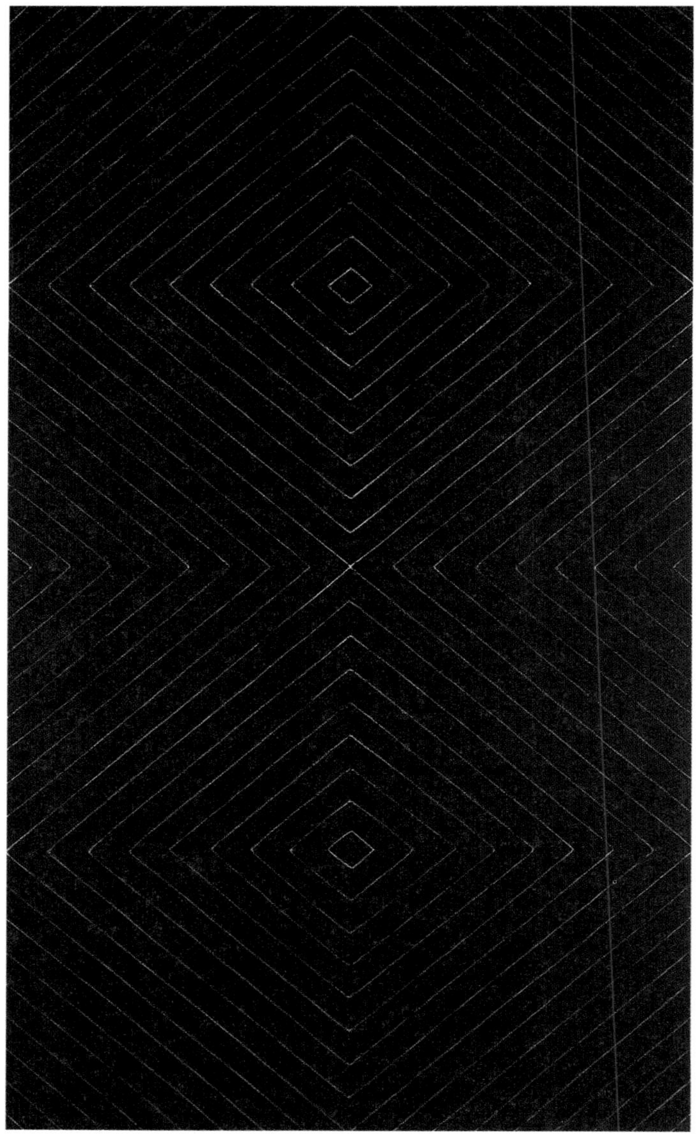

164
Frank Stella
Tuxedo Junction
1960
Email auf Lwd.
310×185 cm

165
Frank Stella
Empress of India
1965
Metallpulver in Polymerlösung auf Lwd.
195,6×548,6 cm

160
Donald Judd
Ohne Titel
1962
Gerilltes, mit kadmiumroter Ölfarbe bemaltes Sperrholz,
oben u. unten mit galvanisiertem Blech beschlagen
193×244,5×30 cm

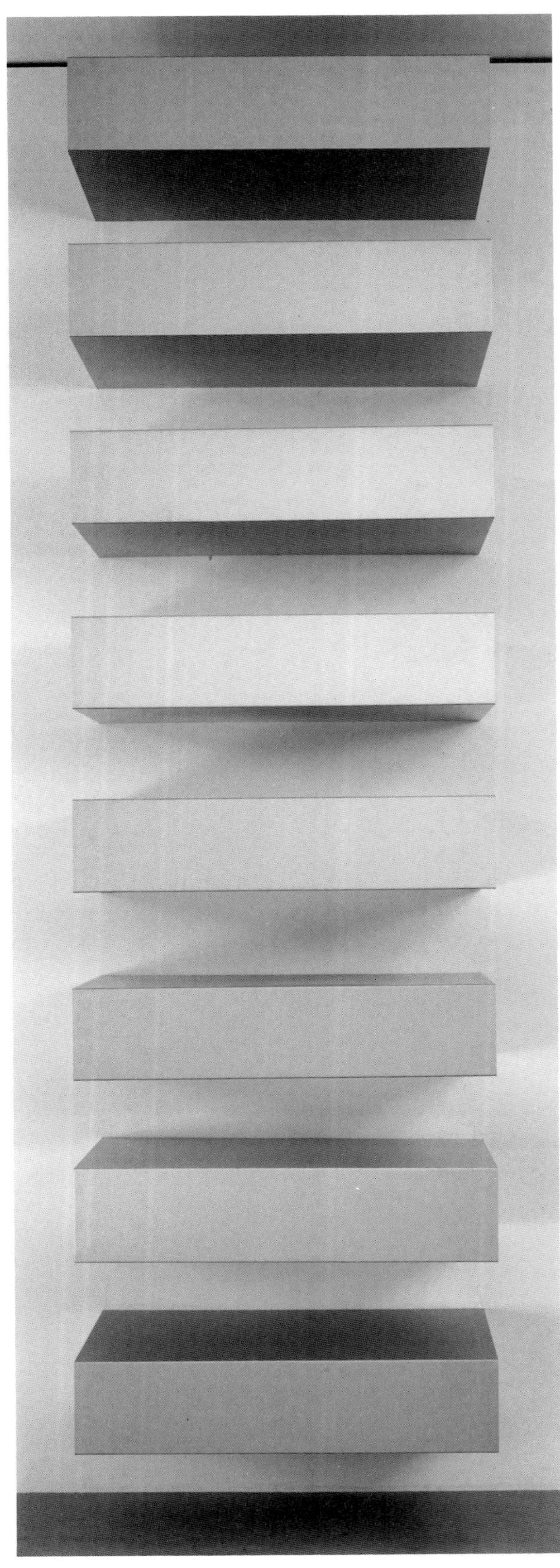

161
Donald Judd
Stacks
1970
Aluminium, 10 Tle
je 23×101,5×79 cm
Installation im Museum für Gegenwartskunst, Basel,
mit 8 von 10 Teilen.

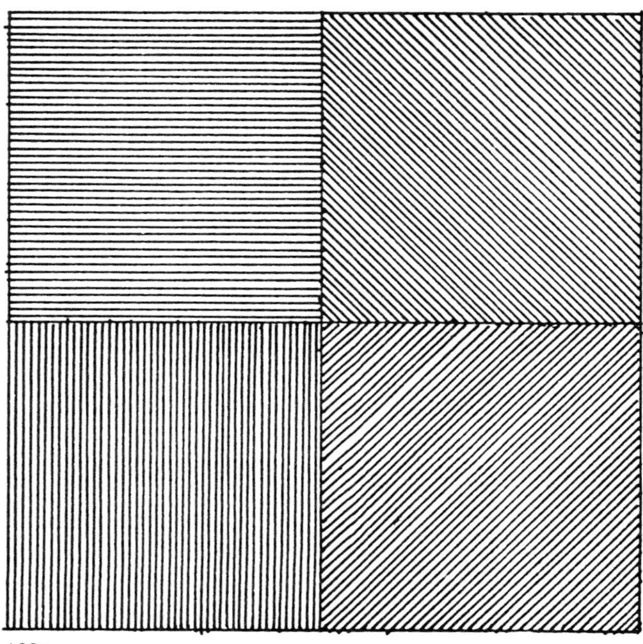

162a
Sol LeWitt
Wandzeichnung Nr.4
April 1969
Bleistift

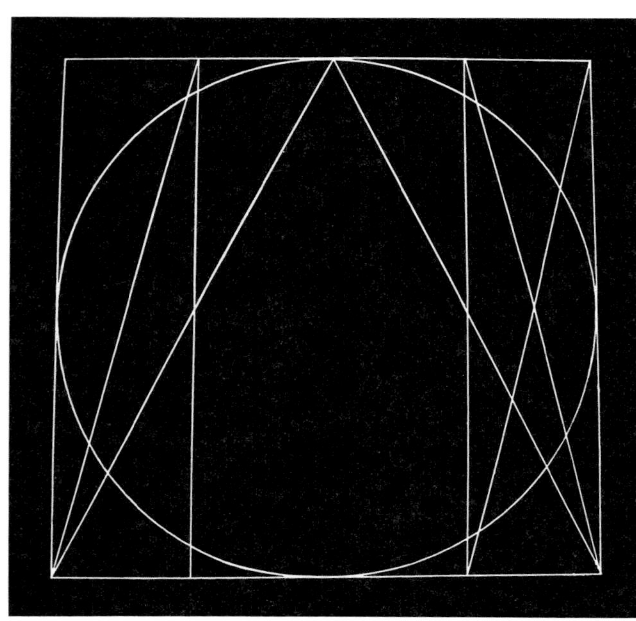

162c
Sol LeWitt
Wandzeichnung Nr.295
Oktober 1976
Weisser Farbstift auf schwarze Wand

XVI ELLSWORTH KELLY

June, St. Maarten 1974, 1991; Postkarte, bearbeitet, aus: Ellsworth Kelly, A Caldendar for 1992, Anthony d'Offay, London 1991.

Darum geht es in meinen Bildern: Ich nehme die ganze Wand und male darauf eine oder mehrere Farben und die weisse Wand wird ein Teil der ganzen Arbeit.

Eine der wichtigsten Entwicklungen in der Geschichte der Abstraktion war der Kampf des Künstlers, die Form von Beschreibung und Materialität zu befreien. Fragmentierung und Konzentration auf eine Einzelform sind für mich zwei Möglichkeiten, die Form ihres repräsentativen Inhaltes zu entleeren und sie in einen neuen Raum zu projizieren.

Zitate aus: Ellsworth Kelly talks with Paul Commings, in: Drawing (Int. Review), Bd. 13, 3/1991, S. 61, und aus: Fragmentation and the Single Form by Ellsworth Kelly, Museum of Modern Art, New York 1990 (The Artist's Choice Series).

167
Yellow Piece
1966
Acryl auf Lwd.
190,5×190,5 cm

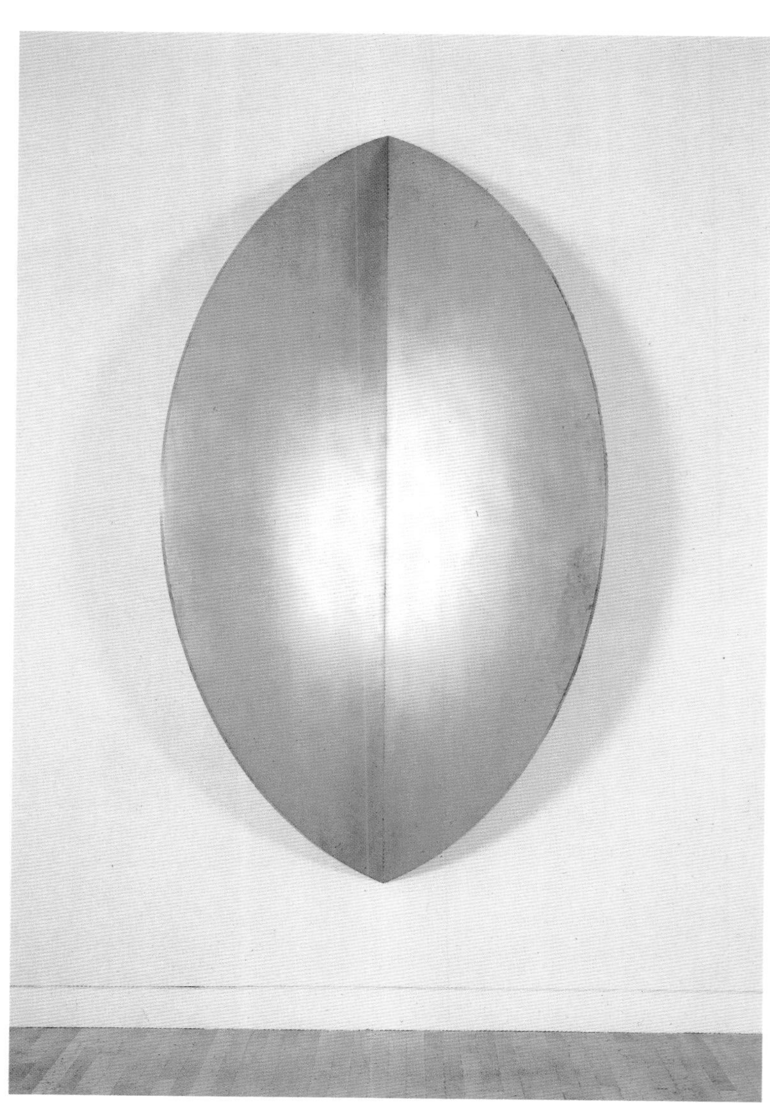

168
Ohne Titel
1988
Bronze
256×136×53 cm

166
Red Blue Green Yellow
1965
2 Tle; oberer Tl: Öl auf Lwd.,
unterer Tl: Öl auf Lwd. auf Hartfaserplatte
222×137×222 cm

Ellsworth Kelly gehört zu den originären Figuren der amerikanischen Nachkriegskunst. Sein künstlerisches Konzept ist völlig eigenständig, mit nichts zu verrechnen, was sich in jener Zeit ausgebildet hatte: nicht mit dem amerikanischen abstrakten Expressionismus, auch nicht mit den darauffolgenden Konsequenzen, wie sie der junge Stella oder Judd gezogen haben, nicht mit "optischer" oder Farbfeld-Malerei. Man hat Kelly, wegen seiner Jahre in Paris (1948–54) und der damals geknüpften Beziehungen zur europäischen Kultur, auch zu zeitgenössischen Künstlern, gelegentlich als einen "europäischen" Amerikaner zu kennzeichnen versucht. Darin steckte ein leiser Vorbehalt, er sei hinter den radikalen künstlerischen Konsequenzen zurückgeblieben, wie sie jenseits des Atlantiks sonst gezogen worden waren. Das Stichwort "Shaped Canvas" verbindet ihn andererseits wieder mit dem amerikanischen Kontext, vor allem der sechziger Jahre. Man sollte sich freilich klarmachen, dass die offene Bildform allein noch keine Gemeinsamkeiten garantiert. Tatsächlich sind Stellas oder Nolands Bildobjekte einem völlig anderen bildnerischen Denken verpflichtet.

Die drei ausgestellten Werke Kellys repräsentieren seine entwickelte künstlerische Position. Sie basiert auf einer Entscheidung oder Entdeckung, die auf die fünfziger Jahre zurückgeht. An <Yellow Piece> (167) kann man sie am schnellsten nachvollziehen. Wir sehen eine Form, die zwischen Geometrischem und Organischem schwankt. Oft gewinnt Kelly diese Umrisse aus realen visuellen Gegebenheiten, die er via Photographie auf ihre Strukturen hin analysiert. Eine solche visuelle Struktur ist dann weniger *erfunden* oder konstruiert als *gefunden*. Entscheidend aber ist die völlige Identität von Farbe und Form. Das Gelb ist in sich ohne jede Schwebung, ohne jeden Anhaltspunkt, der gestattete, im flächigen Grund Einzelbeobachtungen zu machen und damit Figur und Grund als jenes Gefüge wiederzuerkennen, welches aller (auch der abstraktesten) Malerei zugrundeliegt.

In der Tat scheidet Kelly den Grund aus dem Bild völlig aus. Dessen Stelle übernimmt jetzt die Wand. Für den Betrachter hat dies u.a. zur Folge, dass er den Raum des Bildes selbst betreten kann. In der Geschichte der bildenden Kunst markiert dies eine ganz unerhörte Transformation, bedeutet es neue Erfahrungsmöglichkeiten. Wenn die Wand des Raumes, den wir als Betrachter mit dem Bild teilen, zugleich Bildgrund ist, bewegen wir uns gleichsam innerhalb des Rahmens. Gemälde waren bis dahin, gegenständlich oder abstrakt, ausgegrenzte Felder, lediglich vom Blick erreichbar, definiert durch den Kontrast von Innen und Aussen. Eine Absurdität, sie wirklich betreten zu wollen. Jetzt dagegen bewegen wir uns mitten im Raum der Fiktion, die Fiktion wiederum öffnet sich zum Betrachter hin.

<Red Blue Green Yellow> (166) treibt diese Erkundung des Raumes durch die Farbe weiter. Die Bodenfläche ist in die farbigen Beziehungen einbezogen, die Rahmung des roten Wandfeldes durch Blau und Grün korrespondiert mit der gelben Bodenfläche. Beide zusammen manifestieren ein Bild im Stadium des Übergangs.

Hatte schon der junge Kelly seine zweideutigen Werke gelegentlich mit dem Begriff des "Reliefs" gekennzeichnet, – wozu ihm ihr ebenes und objektartiges Erscheinungsbild Anlass gab – so nimmt die titellose Arbeit von 1988 (aus Bronze, 168) diesen Aspekt verstärkt wieder auf. Die geteilte Mandorlenform erinnert an Relief und Objekt zugleich – beides schafft eine bildkräftige Wirkung. Kelly arbeitet hier mit der Farbigkeit des natürlichen Materials (auch mit dessen Patina). Mehr als bei anderen Werken entsteht eine Binnensphäre. Ein auratischer Lichthof erscheint im Zentrum.

In seinen Pariser Jahren hatte Kelly Brancusi in seinem Atelier kennen- und bewundern gelernt. Manche Anstösse sind von ihm ausgegangen. Das vorliegende Werk erinnert besonders stark an Brancusis Spiritualität. Die kristalline Klarheit, welche Kellys Bilder insgesamt auszeichnet, gewinnt hier zusätzlich Qualitäten. Sie sind schwer zu umschreiben: eine Art Sublimation gehört dazu, Anonymität und ein geheimnisvoller Wechsel von Gegenwart und unerreichbarer Distanz.

GOTTFRIED BOEHM

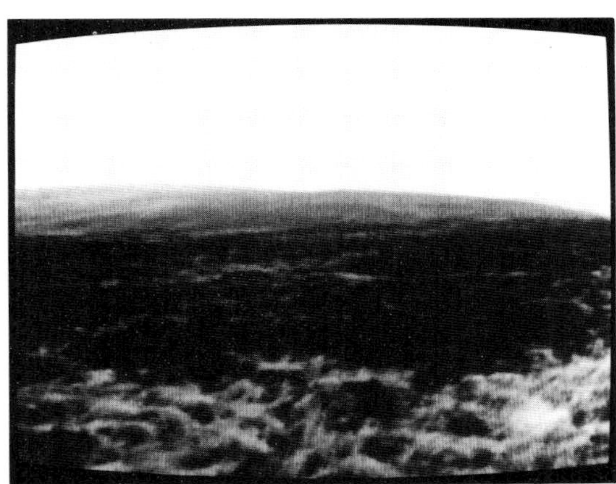

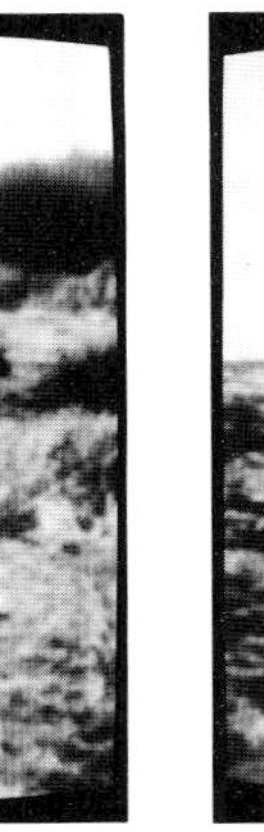

Richard Long
Walking a Straight 10 Mile Line Forward and Back Shooting Every Half Mile,
in: <Land Art>
Eine gerade, 10 Meilen lange Strecke hin und zurückgehend, nach jeder halben Meile filmend
Dartmoor / England, Januar 1969;
s / w, 6 Min.
Der Film beginnt mit einem 360-Grad-Horizontalschwenk nach rechts am Ausgangspunkt der Wanderung; es folgt eine geographische Skizze, die erkennen lässt, wo die Wanderung stattfindet. 19 langsam ineinander geblendete Zoomaufnahmen in Marschrichtung "durchwandern" die Landschaft bis zu einem Wendepunkt: jede halbe Meile erfolgt eine neue Einstellung. Der Betrachter kann von einem Punkt zum anderen folgen. Am Wendepunkt erscheint: "Back", dann folgen 20 Einstellungen in entgegengesetzter Richtung. Der Ton registriert nur Schritt- und Atemgeräusche. Zum Ende blendet in den letzten Sekunden bereits das Geräusch von Meereswellen in die Landschaft ein und leitet so zum nächsten Beitrag über.

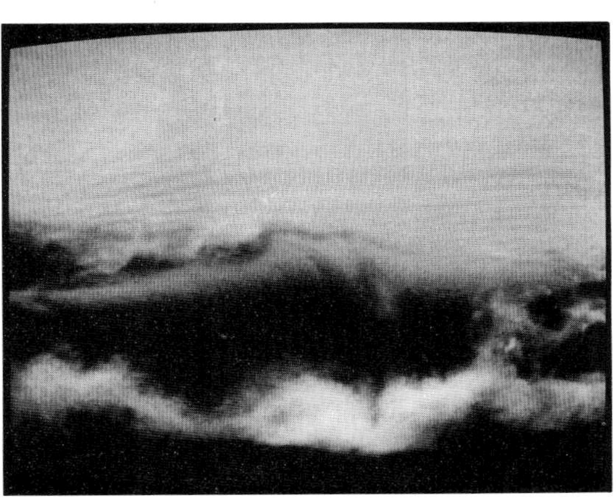

Barry Flanagan
A Hole in the Sea, in: <Land Art>
Ein Loch im Meer
Scheveningen, Holland, Februar 1969;
s / w, 3:45 Min.
Die erste Einstellung zeigt einen im Sand am Meer stehenden Plexiglaszylinder. In 12 Aufnahmen von oben werden mit unterschiedlicher Brennweite und verschiedener Dauer die Wasserbewegungen um den Zylinder, der sich als dunkler Kreis im Wasser abhebt, die Veränderungen während der auflaufenden Flut festgehalten. Während zunächst der dunkle Kreis umspült wird, dringt mit steigender Flut mehr und mehr Wasser in ihn ein; die "Zeichnung" löst sich auf. Am Ende holt der Künstler den Behälter aus dem Wasser.

DAS OFFENE WERK

Transform in den sechziger Jahren

Theodora Vischer

Am 15. April 1969 zeigte der Sender Freies Berlin im Abendprogramm einen 35minütigen Film von Gerry Schum. Er trug den Titel **<Land Art>**.[1] In einer Sequenz von sieben kurzen Schwarzweissfilmen erhielten die Zuschauer – die Einschaltquote betrug ungefähr 3%, was rund 100'000 Personen entspricht – Einblick in eine Kunstform, die Land Art, von der die allerwenigsten überhaupt Kenntnis haben konnten. Der "Einblick" ist allerdings nicht im Stil einer Informationssendung über neuere Kunst gehalten. Die sieben Beiträge sind bis auf kurze Einleitungen und Epiloge kommentarlos. Es sind eigenständige künstlerische Äusserungen, die als zusammengehöriges Projekt für die Ausstrahlung im Fernsehen entstanden sind. Kameramann war Gerry Schum, Regie führten je einmal Richard Long, Barry Flanagan, Dennis Oppenheim, Robert Smithson, Marinus Boezem, Jan Dibbets und Walter De Maria.[2] Drehort waren abgelegene Orte wie z. B. die Mohave-Wüste in Kalifornien für De Maria oder das Dartmoor in England für Long. In diesen Landschaftsräumen brachte jeder der Künstler eine bestimmte Spur an oder zeichnete ein vorhandenes Merkmal in irgendeiner Weise aus. Die Filmaufnahmen sind nicht dokumentarisch, sondern die Markierung bzw. ihre Wirkung im bestehenden Landschaftsraum wurde auf das Medium Film oder Fernsehen hin konzipiert. Die Kameraführung ist dabei zurückhaltend und gleichzeitig sehr präzise, besteht entweder aus festen Einstellungen oder vollzieht Bewegungen (z. B. 360-Grad-Drehungen), die beide in ihrer Ausgeprägtheit den Film mitgestalten.

Ein Jahr darauf stellte Gerry Schum einen zweiten, zur Ausstrahlung bestimmten Film her: **<Identifications>**. An diesem Projekt, das wieder aus schwarzweissen Einzelbeiträgen besteht, nahmen die zwanzig folgenden Künstler teil: Giovanni Anselmo, Joseph Beuys, Alighiero Boetti, Stanley Brown, Daniel Buren, Piero Calzolari, Gino de Dominicis, Ger van Elk, Hamish Fulton, Gilbert & George, Gary Kuehn, Mario Merz, Klaus Rinke, Ulrich Rückriem, Reiner Ruthenbeck, Richard Serra, Keith Sonnier, Franz Erhard Walther, Lawrence Weiner und Gilberto Zorio. Die einzelnen Beiträge des insgesamt 50minütigen Films sind zwischen einer und vier Minuten lang und bestehen manchmal nur aus einer Einstellung. „An Stelle der offenen Landschaften waren nun fast alle Drehorte in geschlossenen Räumen. Die Bildausschnitte waren so bemessen, dass ein klares Bild von der jeweiligen Aktion oder Gebärde wiedergegeben werden konnte (Anselmo, Boetti). Alle Künstler sind ganz oder teilweise auf dem Bildschirm zu sehen, während sie den Gebrauch eines bestimmten Objektes demonstrieren (Walther, Zorio) oder eine Performance machen (Beuys), ..., oder eine Idee visualisieren (Weiner, Boetti, De Dominicis)."[3] Die Ausstrahlung von <Identifications> erfolgte am 30. November 1970 vom Südwestfunk Baden-Baden; die Herstellung des Films war nur dank einer massiven Unterstützung des Kunstvereins Hannover zustandegekommen. Der Sender Freies Berlin war nicht mehr bereit gewesen, ein weiteres derartiges Projekt von Gerry Schum zu finanzieren. Das Konzept, nicht Porträts über Kunst und Künstler, sondern Kunst selber zu realisieren und so den Bildschirm zur Fernsehgalerie zu erklären, schien nicht mehr tragbar.

"Fernsehgalerie" – das war der Ausdruck, unter dem Schum sein Projekt laufen liess. In einer Antwort an den amerikanischen Medientheoretiker Gene Youngblood, der ihn nach der Ausstrahlung von <Land Art> nach dem Konzept der Fernsehgalerie gefragt hatte, schrieb er: „Ich habe den Ausdruck Fernsehgalerie gewählt, um die Zuschauer auf die neue Form von Kunstsendungen aufmerksam zu machen, die die Fernsehgalerie darstellt. Der erste Ausgangspunkt, den ich erklären muss, ist die Tatsache, dass es keinen wirklichen Galerieraum gibt. Die Fernsehgalerie

1 Vgl. dazu: Dorine Mignot, Gerry Schum, Die Idee einer Fernseh-Galerie, in: Videokunst in Deutschland 1963–1982, hrsg. v. W.Herzogenrath, Stuttgart 1983, S. 44–54; der Text erschien zuerst im Ausst.kat.: Gerry Schum, Stedelijk Museum, Amsterdam 1979/80. – Ursula Wevers, Fernsehgalerie Berlin Gerry Schum, Land Art, in Ausst.kat.: Stationen der Moderne, Berlinische Galerie, Berlin 1988, S. 532–541.

2 Michael Heizer, der auch am Projekt teilgenommen hatte, zog nach Fertigstellung des Films seinen Beitrag zurück.

3 Mignot, wie Anm. 1, S. 52.

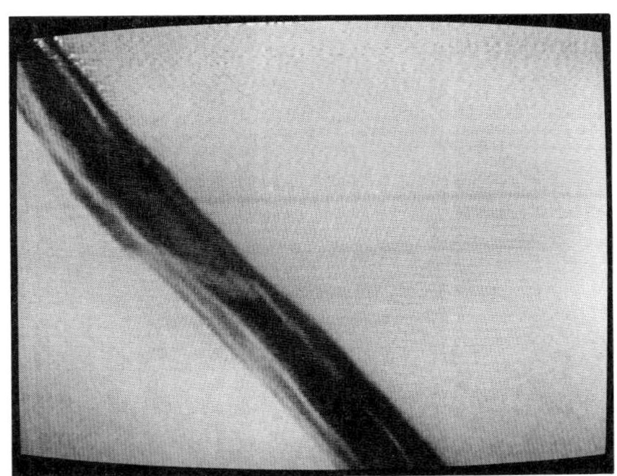

Dennis Oppenheim
Timetrack. Following the Time Border Between Canada and USA, in: <Land Art>
Zeitspur. Der Zeitgrenze zwischen Kanada und den USA folgend
Fort Kent, März 1969; s/w, 2:03 Min.
Oppenheim fährt mit einem Motorschlitten über eine Strecke von 2 Meilen entlang der Zeitgrenze, die hier zugleich die Staatsgrenze zwischen Kanada und den USA markiert. Die erste Einstellung zeigt vom fahrenden Schlitten aus die Spur, die dieser im Schnee hinterlässt. Es folgt eine längere Einstellung vom Flugzeug aus, die die Spur des Snowmobils als graphisch-dynamische Linie erscheinen lässt. Im Augenblick, da die Linie als Diagonale den Bildschirm durchschneidet, erscheint in den weissen Feldern USA/Canada. Zum Schluss ein Blick auf die weite Flusslandschaft, in der sich die Schlittenspur verliert.

Robert Smithson
Fossil Quarry Mirror with Four Mirror Displacements, in: <Land Art>
Spiegel in einem Steinbruch mit vier Spiegelverlagerungen
Cayuga See, New York, März 1969; s/w, 3:10 Min.
Fast übergangslos setzt der Film den Flug des vorhergehenden Beitrags fort. Von oben wird der Ort gezeigt, an dem die folgenden Aufnahmen gemacht wurden. Die nächsten vier Einstellungen zeigen in einem Steinbruch ein Quadrat aus senkrecht stehenden Spiegeln, die von Steinbrocken gehalten werden. Es wird die jeweilige Himmelsrichtung, aus der die Aufnahme gedreht wurde, eingeblendet. In der zweiten Sequenz werden vier quadratische Spiegel an verschiedenen Stellen im Steinbruch durch Zoomfahrten formatfüllend herangezogen.

Für die Kommentare vgl.: Die Kunst der Ausstellung, hrsg. v. B. Klüser und K. Hegewisch, Frankfurt a.M. 1991, S. 208.

Giovanni Anselmo
Beitrag in: <Identifications>, 1970
s/w, 1:10 Min.
Ein Zementblock, aus dem ein Lederlappen herausragt: Anselmo dreht das Leder um einen Stock und stellt den Stock dann so gegen eine Wand, dass das Leder straff gespannt ist. Die Aktion ist mit unbeweglicher Kamera gefilmt. Nach Beendigung der Aktion zoomt die Kamera in das gedrehte Ledertuch hinein.

Joseph Beuys
Beitrag in: <Identifications>, 1970
s/w, 11:25 Min.
(Der Film wurde später auf Video übertragen und erhielt den Titel <Filz-TV>.) Beuys sitzt vor einem altmodischen Fernsehapparat. Der Bildschirm ist von einem Filzstück abgedeckt. Der Ton des Fernsehapparates ist eingeschaltet; man hört eine Art Nachrichtenkommentar. Beuys hebt eine Ecke des Filzes hoch, man sieht einen leeren Bildschirm. Dann zieht er Boxhandschuhe an und boxt mehrmals in die Richtung seines Gesichtes. Eine zweite, aus kürzerer Distanz aufgenommene Einstellung zeigt Beuys, der eine Wurst halbiert und den Bildschirm mit den beiden Wursthälften abtastet, wie wenn sie ein Stethoskop wären. Dann schneidet er einen Teil der Wurst spitz zu, steht auf, geht zur Wand und drückt die Wurst gegen sie. Schliesslich schiebt er den Fernsehapparat so gegen die Wand, dass er genau vor einem an der Wand hängenden Filzstück steht.

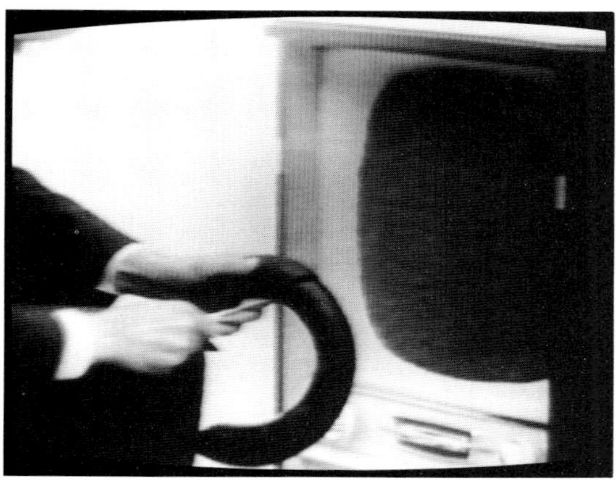
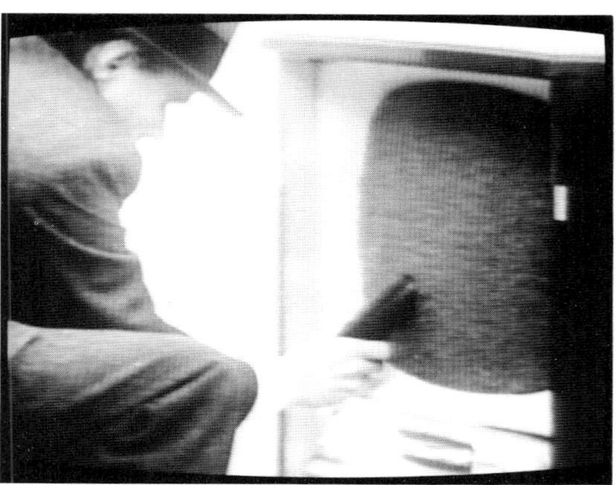
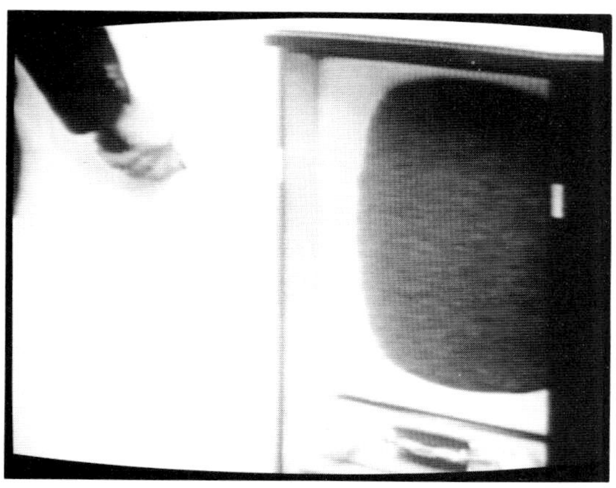

Gilbert & George
Beitrag in: <Identifications>, 1970
s/w, 1:25 Min.
Zwei Männer sitzen bewegungslos unter einem Baum neben einem Weiher in einer parkähnlichen Landschaft. Die Anordnung ist offensichtlich inszeniert. Plötzlich bricht die Figur links dieses "gefrorene" Bild, indem sie an einer Zigarette zieht. Dann ist die Ruhe wieder hergestellt. Der ganze Film besteht aus einer einzigen Einstellung.

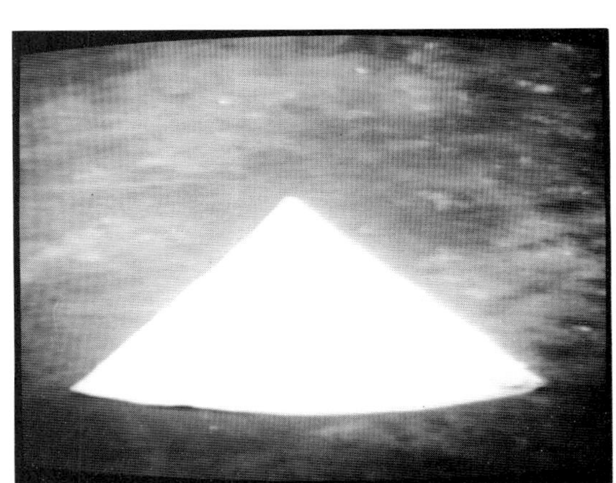

Franz Erhard Walther
Beitrag in: <Identifications>, 1970
s/w, 2:05 Min.
Eine Tuchrolle liegt in der Mitte des Bildes. Walther tritt hinzu, entrollt das Tuch und legt sich darauf. Das Tuch hat die Form eines Kreissegmentes. Zuerst legt Walther sich mit gespreizten Beinen so hin, dass sein Kopf auf die imaginäre Kreismitte ausgerichtet ist, dann dreht er sich, die Arme weit ausgebreitet, so, dass die geschlossenen Beine zum Zentrum weisen. Beide Male folgt sein Körper der Form des Tuches. Walther zeigt in diesem Film eine mögliche Anwendung des Objektes Nr. 29 aus dem <1. Werksatz>.

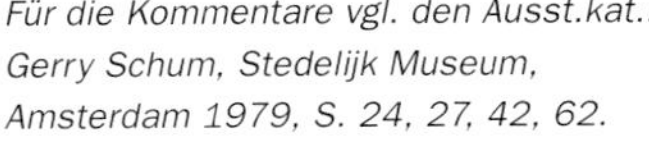

Für die Kommentare vgl. den Ausst.kat.: Gerry Schum, Stedelijk Museum, Amsterdam 1979, S. 24, 27, 42, 62.

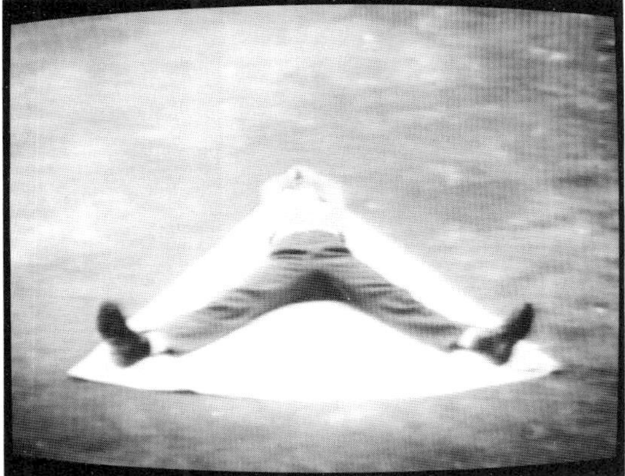

existiert nur in einer Serie von TV-Ausstrahlungen, d.h. die Fernsehgalerie ist mehr oder weniger eine konzeptionelle Institution, die nur im Augenblick der Ausstrahlung existent wird. Es werden keine Kunstobjekte herkömmlicher Art, die man kaufen und nach Hause tragen kann, gezeigt. Eine unserer Ideen ist: Kommunikation anstelle von Kunstbesitz. [...] Die Kunstobjekte und Ideen sind nur im Augenblick der Ausstrahlung existent. [...] Das Kunstwerk ist der Film. Der Film ist das Ergebnis der Idee, der Realisierung durch den Künstler und meine Arbeit als Regisseur und Kameramann."[4]

4 Zitiert nach Wevers, wie Anm. 1, S. 539f. Der Brief ist ganz abgedruckt in: Videokunst in Deutschland, wie Anm. 1, S. 55–65.

Geistiger Nährboden eines solchen Konzeptes ist zum einen die Zeit der ideologischen und philosophischen Diskussionen und Umbrüche in Politik und Gesellschaft vor und um 1968. Kunst als Teil des gesellschaftlichen Systems und in ihrer Funktion als potentielles kritisches Erkenntnismittel war in die Diskussion einbezogen. Unter Anklage stand ihr paradoxer gesellschaftlicher Stellenwert, wie er sich in der Gleichzeitigkeit vom Warencharakter des Kunstwerks und der unüberbrückbaren Distanz zwischen Kunst und Leben äusserte. Ein Ausweg aus dieser Situation wurde in der Beseitigung der Schwellen zwischen Kunst und Betrachter sowie in der Ablösung des Warenwertes vom Kunstwerk gesucht. Mit dem Projekt einer Fernsehgalerie hatte Gerry Schum eine entsprechende Strategie und Form entwickelt.

Das Konzept der Fernsehgalerie ist aber nicht nur als kurzfristige Reaktion auf einen aktuellen Zeitgeist zu verstehen. Es ist vorbereitet von vielfältigen Ansätzen im amerikanischen und europäischen Kunstschaffen, die schon in der ersten Hälfte der sechziger Jahre zur Wirkung kommen. Schum begann ab 1967 bewusst diese Entwicklung mitzuverfolgen. Alle Künstler, die an Schums Projekt teilgenommen haben, arbeiten im Bereich der neuen Tendenzen. So verschieden und vielfältig die künstlerischen Ansätze sind, gemeinsam sind ihnen Arbeitsweisen, die den Charakter des Kunstwerks grundlegend verändern. Die Veränderung äussert sich – in einem Wort gesagt – darin, dass an die Stelle des Kunstwerks als formal geschlossener und auf sich bezogener Gegenstand Gebilde treten, die offen und vorläufig wirken, bei denen manchmal sogar der Werkgegenstand im Sinn eines materiellen Gebildes gänzlich fehlt. Die amerikanische Kunstkritikerin Lucy Lippard spricht 1967 von der "dematerialization of art". Hier soll vom *offenen Werk* gesprochen werden.[5] Dieser Begriff trifft die Sache ebensowenig oder ebensosehr ganz wie alle anderen Etiketten. Für seine Verwendung spricht hier jedoch, dass der Hinweis auf die Offenheit der neuen Gebilde gleichzeitig den Hinweis auf die Aufgabe eines formal geschlossenen und autonomen Werkgegenstandes enthält, und dass er damit einen zentralen Aspekt im Gesamtprozess dieses Transformphänomens erfasst.

5 Umberto Eco hat 1962 einer semiologischen Untersuchung der Struktur von Kunstwerken verschiedener Gattungen den Titel «Opera aperta» gegeben. Wir beziehen uns hier nicht auf sein methodisches Vorgehen und seine Untersuchung. Die Verwendung des gleichen Begriffs für eine Werkform, die in den späten fünfziger und frühen sechziger Jahren aufkommt, ist aber natürlich nicht zufällig.

Das offene Werk als Argument

Das *offene Werk* stellt ein Transformphänomen ersten Ranges dar. Die Transformationen, die die Ausstellung bzw. der Katalog bis zu diesem Punkt zeigen, drehen sich alle um Werke in Form von Gegenständen. Sei es die Skulptur, die von einem Maler hergestellt wird, sei es das Ready-made, das als vorgefertigtes Objekt die herkömmlichen Gattungen infragestellt, seien es die vielfältigen Um- und Abwandlungen der Skulptur hin z.B. zum konstruierten oder raumgreifenden Gebilde und des Bildträgers hin z.B. zum Materialkonzentrat oder zum Wandobjekt – immer ist das System der Gattungen in Gestalt des Bildes an der Wand, der Skulptur auf dem Sockel und neu des Objektes präsent.

Das Transformphänomen *offenes Werk* kann in einer Ausstellung nicht in allen seinen Ausformungen gezeigt werden. Die radikalste und gleichzeitig bahnbrechende Form, nämlich der vollkommene Verzicht auf einen Werkgegenstand zugunsten anderer Werkformen lässt sich nur dokumentarisch zeigen. Künstler wie Richard Serra, Walter De Maria, Joseph Beuys, Bruce Nauman und James Turrell, die wichtige Beiträge im Rahmen dieser radikalen Ausformung geleistet haben, sind in der Ausstellung mit Arbeiten vertreten, die weniger extreme, meist spätere Formen des *offenen Werkes* darstellen. Nur die beiden Filme ‹Land Art› und ‹Identifications› geben stellvertretend und exemplarisch Einblick in die radikalen Erscheinungsformen des Transformphänomens *offenes Werk:* Gemeint ist damit zuallererst der *Film* bzw. das *Video* als Medium, das nicht mehr nur dokumentiert und auch nicht szenisch-narrativ vorgeht, sondern das seine medialen Möglichkeiten bildnerisch autonom nutzt; als zweites zu nennen ist die *Land Art*, das Heraustreten des Künstlers in den offenen Landschaftsraum unter gleichzeitigem Verzicht auf die Herstellung eines Monumentes; weiter erinnert ‹Identifications› an das Medium der *Aktion* und ihre amerikanischen Vorformen, die *Performance* und das Happening; und schliesslich spielt der *konzeptuelle Aspekt* bei fast allen diesen Ausdrucksformen eine konstituierende Rolle.

Wenn man diese und alle anderen Erscheinungen des Transformphänomens *offenes Werk* historisch untersuchte und darlegte, so würde sich zeigen, wie komplex und weitreichend das Phänomen ist. Bezieht man alle damit in Verbindung stehenden Ansätze mit ein, so ist der Zeitraum, während dem dieses Phänomen das Kunstschaffen zuerst in den USA und dann auch in Europa geprägt hat, zwischen den späten fünfziger Jahren und ungefähr 1980 anzusetzen.[6] Die Geschichte des *offenen Werkes* muss hier jedoch unbesprochen bleiben. Nicht in seiner historischen Dimension und Wirkung, sondern in seinem *Phänomencharakter* ist das *offene Werk* Thema dieser Zwischenüberlegung. Eine solche Betrachtungsweise schafft die Möglichkeit, die komplexe und schwer fassbare Erscheinung zu konkretisieren und sie als eigenständige Ausdrucksweise oder als neues Medium kennenzulernen. Zu einer ersten Konkretisierung des Phänomens soll ein Blick auf seine Erfassung in der Kunstkritik verhelfen.

Das offene Werk in der Kunstkritik

Erste Hinweise lesen wir in der amerikanischen Kunstkritik bei Vertretern des Modernismus und Formalismus. Die im Kunstschaffen auftauchenden, aus modernistischer Sicht kategorial nicht fassbaren Erscheinungen rufen Stellungnahmen wie die von Clement Greenberg hervor, die für das Konzept des Modernismus mit Nachdruck eintreten: „Das Wesen der Moderne beruht meiner Ansicht nach auf der Anwendung von Methoden, die jeweils für eine künstlerische Disziplin typisch sind, mit dem Ziel, diese Disziplin zu kritisieren; nicht um sie zu zerstören, sondern um ihre Kompetenzen genau abzugrenzen. ... Jede Kunstgattung musste mittels spezifischer Verfahren die Wirkung festlegen, die ihr allein zusteht. ... Daraus ergab sich schnell, dass das einer Kunstgattung eigene und ihr allein vorbehaltene Kompetenzfeld mit dem typischen Wesensmerkmal ihres jeweiligen Ausdrucksmittels zusammenfiel. Zum Ziel der Selbstkritik wurde innerhalb des Wirkungsbereiches jeder Kunstgattung die Tilgung von allem, was im Verdacht stand, aus den Wirkungsbereichen anderer Kunstgattungen entlehnt zu sein."[7] Die Forderung einer strengen Trennung der einzelnen Kunstgattungen ist auch das Hauptargument des berühmten Textes "Art and Objecthood", den Michael Fried 1967 in der Zeitschrift Artforum veröffentlichte.[8] Ausgangspunkt für Fried ist seine Beobachtung, dass in den die modernistische Sicht störenden neuen Kunstformen – Fried bezieht sich vor allem, aber nicht nur[9], auf die Minimal Art – ein theatralisches Moment wirksam sei. Damit spricht Fried die temporale Verfassung der neuen Gebilde an, die den Modalitäten der Realzeit nahestehe und daher mit der den Werken der bildenden Kunst eigenen Zeitlichkeit unvereinbar sei: „At this point I want to make a claim that I cannot hope to prove or substantiate but that I believe nevertheless to be true: viz., that theatre and theatricality are at war today, not simply with modernist painting (or modernist painting and sculpture), but with art as such – and to the extent that the different arts can be described as modernist, with modernist sensibility as such. ... The success, even the survival, of the arts has come increasingly to depend on their ability to defeat theatre. [...] The concepts of quality and value – and to the extent that these are central to art, the concept of art itself – are meaningful, or wholly meaningful, only *within* the individual arts. What lies *between* the arts is theatre."[10] Negativ formuliert, legt Fried mit seiner Kritik den Finger auf ein zentrales und folgenreiches Moment des neuen Kunstschaffens.

In der zweiten Hälfte der sechziger Jahre setzt zwischen Künstlern und ihnen verbundenen Kuratoren und Kritikern ein Diskurs ein, in dem die Beteiligten das neue Phänomen zu konkretisieren und positiv zu erfassen suchen. Dazu gehört, dass Galeristen und Kuratoren gezielt die neuen Werke zeigen, dass Künstler und Kritiker darüber sprechen und schreiben, und dass – angesichts des kategorialen Niemandslandes[11] – die neuen Ansätze eine Vielzahl von Namen erhalten. Die Kunstkritikerin Lucy Lippard zum Beispiel organisierte im September 1966

6 Vorbereitend dazu gehören schon Pollock, der frühe Johns und Stella sowie Newman. Mitschaffende an diesen Tendenzen sind in den USA die Vertreter der Minimal Art und des Postminimal sowie in Europa tätige, mehr individuell denn als Gruppe fassbare Künstler und Künstlerinnen. Vgl. dazu: Franz Meyer, La nouvelle sculpture des années soixante, in Ausst.kat.: Qu'est-ce que la sculpture moderne?, Musée national d'art moderne, Centre Georges Pompidou, Paris 1986, S. 305–317.

7 Clement Greenberg, Modernist Painting, in: Arts Yearbook, 4/1963, Nachdruck u.a. in: The New Art, hrsg. von G. Battcock, New York 1966. [Deutsch: Jean-Pierre Criqui, Zur Aktualität von Robert Smithson, in: Margit Rowell (Hg.), Skulptur im 20.Jahrhundert, München 1984, S. 250.]

8 Nachdruck in: Gregory Battcock, Minimal Art, A Critical Anthology, New York 1969, S. 116–147.

9 Vgl. z.B. a.a.O., S. 141, Anm. 17.

10 A.a.O. S. 139 u. 142. Diskussion von Frieds Position bei: Rosalind Krauss, Passages in Modern Sculpture, Cambridge, Mass./London 1977, S. 203.

11 „But it would probably be more accurate to say of the work that one found in the early sixties that sculpture had entered a categorial no-man's-land ...", Rosalind Krauss, Sculpture in the Expanded Field, in: October, 8/1979; Nachdruck in: dies., The Originality of the Avant-Garde and Other Modernist Myths, Cambridge, Mass./London 1985, S. 282.

12 „Sculpture is what you bump into when you back up to see a painting" – mit diesen Worten soll Barnett Newman die Situation charakterisiert haben. Vgl. Krauss, wie Anm. 11, S. 280/282.

13 In: Krauss, wie Anm. 10, S. 242.

14 A.a.O. – Interessant im Transformzusammenhang ist es, dass die meisten kunstkritischen Erörterungen zu den Erscheinungen, die hier unter der Metapher des "offenen Werkes" zusammengefasst sind, im Hinblick auf die Gattung Skulptur geführt werden. Das Gattungssystem bleibt Ausgangspunkt der Überlegungen. Wie der Titel "The New Sculpture 1965–75" einer Ausstellung, die 1990 im Whitney Museum in New York stattgefunden hat, zeigt, gilt dies bis heute. In der Ausstellung "Transform" wird dagegen versucht, bei jeder "Station" den Blick auf das jeweilige Transformmoment selbst zu konzentrieren und es so aus seiner Mitte heraus zu veranschaulichen.

15 <Bouncing two Balls between the Floor and Ceiling with Changing Rhythms>, 1968, Schwarzweissfilm; <Playing a Note on the Violin While I Walk around the Studio>, 1968, Schwarzweissfilm.

16 <Hand Catching Lead>, 1969, Schwarzweissfilm.

17 <und in uns ... unter uns ... landunter>, 5. Juni 1965, Galerie Parnass, Wuppertal.

für die Fischbach Gallery in New York die Ausstellung "Eccentric Abstraction", in der – grosszügig eingerichtet – Werke von Eva Hesse, Bruce Nauman und Keith Sonnier zu sehen waren. Mit solchen Ausstellungen konnte die antiformalistische Ästhetik in der Öffentlichkeit Fuss fassen. Lippard spricht im Zusammenhang mit dieser Ausstellung von einem "non-sculptural style" und prägt 1967 den Begriff der "dematerialization of the art object", Robert Morris schreibt im April 1968 im Artforum einen Beitrag unter dem Titel "Anti Form". Weitere Namen wie "Process Art", "Body Art", "Anti-Illusionism" oder "Concept Art" wurden ins Gespräch eingebracht. 1969 veröffentlichte Germano Celant unter dem Titel "Arte povera" eine reich bebilderte Dokumentation, in der neben amerikanischen Kunstschaffenden auch der Beitrag europäischer Künstler breit zur Diskussion gestellt wurde. In diesem Jahr fand auch die legendär gewordene, von Harald Szeemann organisierte Ausstellung "Live In Your Head: When Attitudes Become Form" in Bern statt, eine der ersten umfassenden internationalen Ausstellungen dieser Kunst. Auffallend ist, wie in dieser ersten Auseinandersetzung die scheinbare Opposition gegen die Form, die "Antiform", als wichtigstes Merkmal hervorgehoben wurde. Dies ändert sich in den siebziger Jahren. Die vielgestaltigen Erscheinungen treten allmählich als individuelle Leistungen und Konzepte ins Bewusstsein. Es entstehen Abhandlungen, die die Entwicklung der letzten Jahre systematisch zu untersuchen beginnen. Allen voran ist hier das 1977 veröffentlichte Buch "Passages in Modern Sculpture" von Rosalind Krauss zu nennen, in der sie vor dem Hintergrund der Erfahrung mit dem Kunstschaffen der letzten Jahre die vom Modernismus geprägte Geschichte der Skulptur des 20. Jahrhunderts neu zu schreiben unternimmt. Die in der Diskussion der späten sechziger Jahre vorherrschenden, vorwiegend vom äusserlichen Eindruck bestimmten "Anti-Begriffe" verlieren ihren Erkenntniswert und machen einer grundsätzlicheren Argumentation Platz. Zugrunde liegt ihr die Annahme, dass der ganze künstlerische Aufbruch als Antwort auf die fünfziger Jahre zu verstehen ist, eine Zeit, in der die modernistische Skulptur an ein Ende gekommen war.[12] In Umkehrung der Kritik von Michael Fried gründet für Krauss die Erneuerung der Skulptur – „die Neuformulierung des skulpturalen Unternehmens"[13] – in einer bestimmten Art von Theatralik, das heisst aber auch in einer bestimmten Art von Zeitlichkeit: „...was die Skulptur *war*, genügt nicht mehr, weil sie auf einem idealistischen Mythos gründet. Und um herauszufinden, was Skulptur *ist*, oder was sie sein kann, hat sie das Theater und seine Beziehung zum Kontext des Betrachters als eine Möglichkeit zu zerstören, zu untersuchen und wiederaufzubauen benützt."[14]

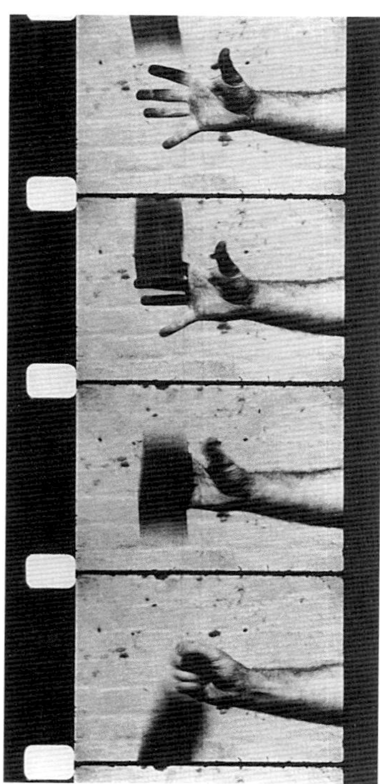

1
Richard Serra, Hand Catching Lead, 1968; Stills aus Schwarzweissfilm.

Das offene Werk in der künstlerischen Praxis

Nach dem Blick auf die Erfassung des Phänomens *offenes Werk* in der Kunstkritik fragen wir nun mit einem zweiten Blick auf das Kunstschaffen selbst nach konkreten Merkmalen, die dieses Transformphänomen charakterisieren. Dabei sollen Werkäusserungen, die sich tatsächlich nicht zu einem Werkgegenstand materialisiert haben, bei denen also der "Gegenstand" fehlt, den Anfang machen.

Wenn Nauman während neun Minuten in wechselndem Rhythmus zwei Bälle zwischen Boden und Decke hüpfen lässt (Abb. S. 155) oder während acht Minuten eine Note auf einer Geige spielt, während er im Atelier umhergeht[15]; wenn Serra während drei Minuten Bleistreifen, die an seiner geöffneten Handinnenfläche vorbei von oben nach unten fallen, zu packen versucht[16] (Textabb. 1); und wenn Beuys während 24 Stunden auf einem kleinen Holzpodest kauert oder steht und mit verschiedenen Requisiten immer gleiche Bewegungen und Handlungsabläufe durchführt[17] – so sind das in ihrer Aussage und Wirkung vollkommen verschiedene Werkäusserungen. Doch gibt es strukturelle Grundmerkmale, die den unterschiedlichen Aktionen gemeinsam sind. Träger des Werkes ist jeweils nicht ein Gegenstand, sondern ein Akteur. Die Gesten und Bewegungsabläufe des Akteurs sind das "Material" des Werkes. Die Gesten bauen jeweils nicht eine Geschichte mit Anfang, Höhepunkt und Ende auf. Die Wiederholung von fast immer gleichen, oft ausgeprägten Handlungsabläufen lenkt die Aufmerksamkeit – weg von einem handlungsorientierten Sinn – auf die Gesten selbst, auf ihre Durchführung, ihre Abfolge, auf das Prozesshafte des Geschehens somit. Entsprechend bestimmen die Gesten die räumliche Ausdehnung der Werke. Dies wird besonders deutlich bei Film- und Videoaktionen. Die Filmkamera erfasst bei Nauman und Serra genau die Ausschnitte, die das gestische Geschehen aufzeigen, nämlich den zwischen Decke und Boden aufschlagenden Ball sowie die sich öffnende und schliessende Hand. Mit der Freisetzung der Gestik aus einem funktionalen Zusammenhang entfallen auch die damit verbundenen idealistischen, von der Wirklichkeit abgehobenen Modalitäten von Raum und Zeit. Die Prozesse, die ablaufen bzw. die der Akteur vollzieht, treten als in der realen Zeit sich ereignende ins Bewusstsein. Bei der Land Art, einem anderen Typus des *offenen Werkes*, ist der Landschaftsraum das "Material" des Werkes. So sah z. B. De Marias Projekt <Mile-Long Parallel Walls in the Desert> von Anfang der sechziger Jahre vor, in der Wüste zwei parallele, übermenschenhohe Mauern von je einer Meile Länge bauen zu lassen. Im Durchwandern dieses "Korridors" würde man nur sich selbst und dem Himmel begegnen; bei seinem Verlassen würde die Weite des sich öffnenden Landschaftsraumes überwältigend wirken. <Mile-Long Parallel Drawing>, die 1968 ausgeführten, eine Meile langen Kreidelinien auf einem Trockensee in der Mohave-Wüste in Kalifornien, realisierte die vorgesehene Arbeit nur im Entwurf (Textabb. 2). Raum ist in einem solchen Werk nicht der Schauplatz oder die Bühne, auf der etwas vorgeführt wird. Er konstituiert selber das Werk. Die zeichenartigen Eingriffe, die die Künstler ausführen, schaffen die Werkstruktur. Die Eingriffe führen nicht zu in der Landschaft stehenden Monumenten, vor die man hintritt. Es sind nur Hinweise – wenn auch manchmal sehr markante –, deren Beachtung es möglich macht, den jeweiligen Landschaftsraum über die Erfahrung seiner realen Eigenschaften – seiner Nähe oder Ferne, Weite oder Enge, Öde oder Fülle usw. – zu erleben.

Zusammen mit der Offenheit scheint Prozessualität das bestimmende Merkmal der radikalen Formen des *offenen Werkes*, also von Aktionen und Werken der Land Art zu sein. Diese temporale Struktur schafft Wahrnehmungsbedingungen, die ein grundsätzlich anderes Betrachterverhalten verlangen, als es bei Werken, denen man wie einem Gegenstand gegenübersteht, der Fall ist. Ohne den Nachvollzug der temporalen Struktur könnte man hier nämlich sagen, dass die Werke gar nicht existieren. Entscheidend für die Reichweite des Transformphänomens *offenes Werk* ist nun die Frage, ob das in den radikalen Werkformen mit der Offenheit einhergehende Merkmal der Prozessualität auch in solchen Werken anzutreffen ist, deren offene Struktur sich materialisiert hat. Die Beantwortung dieser Frage erfolgt über die Klärung dessen, was die Struktur solcher Werke als offene auszeichnet.[18]

18 Die folgenden Bemerkungen sind allgemein gehalten; zur Veranschaulichung sei auf die Textabbildungen verwiesen sowie auf die im Katalog auf S. 151f., 157f., 161f., 165, 169, 174 und 177 reproduzierten Arbeiten von Beuys, Nauman, De Maria, Serra, Graham, Fabro und Turrell.

19 Vgl. dazu die Liste von Verben, die Serra 1967–68 als "Arbeitsprogramm" für sich aufgeschrieben hat; siehe S. 163 u. 166, aus: Richard Serra, Schriften, Interviews, 1970–1989, Bern 1990, S. 8–11.

3

4

5

Schon die Betrachtung der Aufstellung vieler Gebilde aus dieser Zeit ergibt Ungewohntes (Textabb. 3–5). Sockel bzw. Bildträger, die die kategoriale Ausgrenzung des Kunstwerks von der Wirklichkeit seit jeher ermöglichen, fehlen. Die Verortung erfolgt auf andere Weise. Die Werke schaffen sich ihren Ort im Dialog mit den Gesetzmässigkeiten der Wirklichkeit. Am zutreffendsten lässt sich die Beziehung zwischen Werk und Standort mit Verben charakterisieren, die ein Verhalten beschreiben. Anlehnen, stehen, schreiten, liegen, balancieren – es sind alles Verben, die einen Vollzug beinhalten.[19] Unter diesen Vorgaben wird auch eine Werkform möglich, die jetzt in neuer Weise auftaucht, nämlich die aus mehreren Werkteilen bestehende Installation. Ein weiterer Anhaltspunkt für die Eigenart der neuen Gebilde ist der Werkstoff. Seit Mitte der sechziger Jahre gibt es nicht mehr das klar überblickbare Arsenal von Materialien, mit denen Bildhauer und Maler seit Jahrhunderten arbeiten. Filz, Glasfaser, Gummi, Blei, Fett – grundsätzlich ist jeder Stoff zugelassen, besonders wenn er sich aufgrund seiner Eigenschaften und

3
Bruce Nauman, Ohne Titel, 1965/66 (siehe Kat.nr. 173a).

4
Richard Serra, House of Cards, 1969/92; 4 Platten: Blei; je 150×150 cm; m, Bochum.

5
Joseph Beuys, Feuerstätte (Hearth), 1974; Installation: Holzwagen, Kupfer, Eisen, Filz, 3 beschriftete Tafeln; Öffentliche Kunstsammlung Basel, Museum für Gegenwartskunst Basel.

2
Walter De Maria, Mile-Long Parallel Drawing, 1968;
2 parallele Kreidelinien;
Zwischenraum: 366 cm, Länge: 1,6 km;
Mohave-Wüste, Kalifornien.

Möglichkeiten zum vielgestaltigen Einsatz eignet. Merkmale der Konsistenz und Beschaffenheit der Materialien werden in die Werkgestaltung massgeblich miteinbezogen. Dieselbe Disposition zur Öffnung, zum Einbezug traditionell nicht zum Werk gehöriger äusserer Vorgaben bestimmen auch die Gesamtorganisation der Gebilde. Sie sind nicht auf eine imaginäre Mitte hin orientiert bzw. entfalten sich nicht aus einem imaginären Zentrum heraus. Die Ordnungen, die sie aufbauen, zielen nicht auf Geschlossenheit, sondern erweisen sich im Gegenteil betont offen. Sie bieten mehrere Ansatzpunkte oder Zentren an und zeigen sich ausdrücklich des Kontextes und der Teilhabe von aussen bedürftig. Manchmal treten sie auf wie ein vorläufiges Ergebnis aus einem Prozess, der noch weiterläuft (etwa wie eine Versuchsanordnung), oder wie Instrumente, mit denen etwas gemacht werden könnte.

Auch die "materialisierten" *offenen Werke* dieser Zeit sind also vom Merkmal der Prozesshaftigkeit geprägt. Sie haben ihre bisher in idealistischer Geschlossenheit definierte Identität aufgegeben zugunsten offener und in dieser Offenheit prozessualer Strukturen.[20] Bei einer passiven Betrachtung werden diese Gebilde – wie die Werke der Land Art oder die Aktionen – kaum etwas zu sagen haben, blass bleiben oder rein formalistisch missverstanden. Viele dieser Gebilde sind im herkömmlichen Sinn unansehnlich, meist sind sie frei von formal-ästhetischen "Schauqualitäten". Erst im aktiven Wahrnehmen ihrer auf vielfältige und präzise Weise zum Ausdruck gebrachten besonderen Struktur werden sie ihren Sinn zeitigen. Jetzt werden in der Anschauung die Bilder und Modelle entstehen, die man von den *offenen Werken* nicht unbedingt erwartet. Die anfängliche Unansehnlichkeit vieler Gebilde wird ihre metaphorische Qualität hervorkehren. So individuell ein Künstler das Strukturmerkmal der Prozessualität realisiert, so individuell und unterschiedlich sind die daraus hervorgehenden Modelle und Bilder. Über sie wäre nun zu sprechen.

Ausblick

Die Werke, die wir unter dem Transformetikett *offenes Werk* besprochen haben, sind Gebilde ganz neuer Art, die mit den herkömmlichen Gattungen von Malerei und Bildhauerei nichts mehr zu tun haben. Gemeinsam ist ihnen das aus der offenen Struktur hervorgehende Merkmal der Prozesshaftigkeit.[21] An sich Teil einer jeden Werkstruktur, ist das Merkmal bei diesen Gebilden zur Bestimmung schlechthin geworden. Mit dieser Gewichtung sind auch die Wahrnehmungsbedingungen in präziser und bedeutungsvoller Weise vorgeprägt. Nur im aktiven Wahrnehmen, im Mitvollzug der temporalen Struktur all dieser Gebilde werden sie sich als sinnerzeugende Werke zu erkennen geben.

Die Entstehung und vor allem die Durchsetzung des Transformphänomens *offenes Werk* und der damit verbundenen Forderung nach einer aktiven Teilnahme der Betrachtenden ist nur im Kontext einer Zeit denkbar, in der Ideen des Aufbruchs, utopische Hoffnungen und Erwartungen diskutiert werden. Einmal als Ausdruckspotential erkannt, vermochte es – bald im Widerspruch zur gewandelten Zeitstimmung – lange, zum Teil bis heute, Zeichen zu setzen und Bilder hervorzubringen. Längst gibt es aber auch wieder die Antwort auf die so ganz andere Zeitstimmung: Werke nämlich, die ihr Gegenstands-Sein betonen und das, was dazugehört – den Warencharakter des Kunstwerks und die Distanz zwischen Werk und Betrachtenden – zur Werkaussage nutzen.

20 Es ist besonders eindrücklich zu sehen, wie Werke der Land Art oder Aktionen und solche neuen Gebilde in ihrer Struktur geradezu identisch sein können, wenn sie vom gleichen Künstler geschaffen sind. Exemplarisch nur sei hier verwiesen auf <Bed of Spikes> (1968–69, S. 161) und <The Lightning Field> (1977, S. 159) oder auf das Projekt <Walls in the Desert> und <Circle>, <Square> und <Triangle> (alle 1972) von De Maria, auf die Aktion <DER CHEF – THE CHIEF (Fluxus-Gesang)> (1. Dez. 1964) und <Schneefall> (1965) oder <Coyote Joseph Beuys: I like America and America likes Me> (21.–25. März 1974) und <Aus Berlin: Neues vom Kojoten> (1979) von Beuys sowie auf <Performance Corridor> (1969) und Tunnelmodelle wie <Square Triangle Circle> (1984) von Nauman.

21 Vgl. oben die Diskussion um das Kriterium der "theatricality" bei M. Fried und R. Krauss.

XVII JOSEPH BEUYS

Baum mit Basaltstele in einer Strasse in Kassel; Teil der an der Documenta 7/1982 begonnenen und am Eröffnungstag der Documenta 8/1987 beendeten Aktion <7000 Eichen>.

Ein Stichwort muss als erstes fallen: das der Bewegung. Es muss das Bewegungselement sehr stark betont werden. Wie man das jeweils macht, ist eine andere Frage. Die wahre Begründung der Aktionskunst ist das Bewegungselement. Und zwar nach Möglichkeit überallhin. Es ist auch das Moment der Bewegung gemeint, wenn Bäume gepflanzt werden, nämlich dass sich ein Zeitwesen, ein Lebenszeitwesen, eine Zeitmaschine, wie es ein Baum ist, in jeder Sekunde bewegt gegenüber einem starren Gebilde.

Beuys 1984 in: Friedhelm Mennekes, Beuys zu Christus, Eine Position im Gespräch, Stuttgart 1989, S. 56.

Der grosse Transformator in der ersten Hälfte dieses Jahrhunderts ist Marcel Duchamp.[1] Ein grosser Umgestalter und Verwandler nach 1945 ist Joseph Beuys. Beiden ist die Erfahrung gemeinsam, dass die ihnen zur Verfügung stehenden Ausdrucksmittel ihrer eigenen Wirklichkeit nicht entsprechen. Duchamps Kritik an der Kunst bewegte sich auf einer Metaebene der Reflexion in Form eines ironischen Spiels von irritierenden und endlosen Transformationen. Gegenstand und Ziel diese Spiels ist der Bereich der Kunst als autonomes System. Ansatzpunkt des bildnerischen und begrifflichen Denkens und Arbeitens von Beuys ist nicht der traditionelle Bereich der Kunst, sondern die "Wirklichkeit". Transformation und in Zusammenhang damit Gestaltung und Bewegung sind die Schlüsselbegriffe, die seinem Vorgehen zugrundeliegen, die Frage nach dem Woher und Wohin, nach Ursache und Ziel der Verwandlung sind die Motoren, die seine Arbeit bestimmen. Mit den dem traditionellen Bereich der Kunst zugehörigen Werken schafft Beuys Metaphern für die das Leben und die Wirklichkeit meinende Bewegung und Transformation. <Schneefall> und das unbetitelte Werk von 1972 sind Beispiele dafür. Kunst ist aber nicht nur die Fähigkeit, solche *Bilder* der Bewegung und Veränderung hinzustellen. Kunst in der erweiterten Auffassung von Beuys ist die menschliche Fähigkeit zur Aktion und Veränderung überhaupt.[2] Mit dem Engagement für die "Plastische Theorie" ausserhalb des Kunstbereichs im engeren Sinn im Rahmen zum Beispiel von Diskussionsveranstaltungen und Vorträgen hat Beuys für sich selber eine Möglichkeit zu einer erweiterten Aktionstätigkeit gefunden. Die drei Tafeln in der Ausstellung sind während eines Vortrags in Achberg entstanden.

Die folgenden Zitate von Beuys sind verschiedenen Gesprächen entnommen. Ihre Auswahl und Zusammenstellung mag eine Ahnung von der umfassenden Bedeutung geben, die Beuys der Figur der Bewegung und Transformation zuwachsen liess.

... die Kunst kann dieses und jenes Gesicht zeigen, sie kann ihr vergangenes, nicht mehr wirksames Gesicht der grossen Signale zeigen, aber die Kunst kann auch ihr Menschenantlitz zeigen, das heisst, ihren evolutionären Sinn zeigen. Hier liegt die Schwelle zwischen dem traditionellen Kunstbegriff, dem Ende der Moderne, dem Ende aller Traditionen, und dem anthropologischen Kunstbegriff, dem erweiterten Kunstbegriff, der Sozialen Kunst als Voraussetzung für jedes Vermögen.[3]
Ein anthropologischer Kunstbegriff sieht vor allen Dingen auf Umgestaltungsmöglichkeiten, sieht den Bestand als Material für die Gestaltung. Da erscheint der Gestaltungsbegriff als wesentlicher Begriff.[4]

Alles Gegenwärtige muss transformiert werden, sonst gibt es keine Zukunft, und die Modelle der Transformationen müssen diskutiert werden.[5]
Mich interessiert Transformation, Wandel, Umwälzung – die Verwandlung von Chaos durch Bewegung in eine neue Ordnung.[6]
Und das ist eine andere Gestalt als die alte. Es ist also das Auferstehungsprinzip: die alte Gestalt, die stirbt oder erstarrt ist, in eine lebendige, durchpulste, lebensfördernde, seelenfördernde, geistfördernde Gestalt umzugestalten. Das ist der erweiterte Kunstbegriff.[7]
Den Todesbegriff wollen wir erhalten. Er sollte aber nicht einseitig aufgefasst, sondern mit dem Prinzip des Lebens verknüpft werden.[8]

Wir leben in einer Todeszone und in dieser Todeszone wird überhaupt erst bewusst, wie Leben aussieht.[9]

Das Element der Bewegung zu vermitteln ist die Hauptaufgabe. Denn in dem Augenblick, wo etwas in Bewegung gerät, kommt etwas in Fluss.[10]
Die Bewegung kommt zustande durch eine Provokation, durch eine Einweihung, durch eine Initiation zum Zwecke der Bewegung. Man ruft etwas hervor, das Bewegungsprinzip selbst.[11]
Sie [die Werke] müssen auf jeden Fall dasein. In dem Augenblick, wo die Dinge da sind, fängt man unter Umständen deswegen, weil die Ding da sind, zu sprechen an, das heisst sie haben ausgesprochen provozierenden Charakter. Kunst provoziert immer nur. Sie gibt nie einfach Antworten im Sinne, das soll das und das bedeuten. ... Es gibt ja so Ideologien, die sagen, man müsse den Leuten etwas machen, das sie verstehen in der Kunst, also eine Sache, die sie aus dem alltäglichen Leben kennen, nochmals illustrieren. Wie das in der DDR gemacht wird, wie das in der Hitlerzeit gemacht wurde ... Da muss alles schön illustriert werden. Das kann man natürlich verstehen, aber im Grunde langweilt es die Menschen zum Erbrechen. ... Aber man muss natürlich über Kunst sprechen, das ist aber etwas ganz anderes. Wenn man über die Kunst spricht, das heisst wenn die Kunst die Menschen veranlasst, Gespräche untereinander zu führen, auch mit dem Kunstwerk in einen Dialog zu kommen, dann ist es diametral das Entgegengesetzte von dem, was aufkommt, wenn danach gefragt wird, was soll das bedeuten.[12]
Ja, der Beuys arbeitet mit Filz, warum arbeitet er nicht mit Farbe? Aber die Leute denken nie soweit, dass sie sagen: Ja, wenn er mit Filz arbeitet, könnte er nicht vielleicht dadurch in uns eine farbige Welt provozieren? ...
Also: eine lichte Welt, eine klare lichte, unter Umständen eine übersinnlich geistige Welt damit sozusagen zu provozieren, durch eine Sache, die ganz anders aussieht, eben durch ein Gegenbild. ...
... eine Transformation durch eine Art Gegenbild ...[13]

zusammengestellt von THEODORA VISCHER

1 Vgl. z.B. Jean-François Lyotard, Les TRANSformateurs DUchamp, Paris 1977. – Vgl. Beuys zu Duchamp: <Das Schweigen von Marcel Duchamp wird überbewertet>, Aktion am 11. Nov. 1964; Beuys 1973 im Gespräch mit Achile Bonito Oliva, in Ausst.kat.: Beuys zu Ehren, Städt. Galerie im Lenbachhaus, München 1986, S. 77f.; Beuys 1976 im Gespräch mit Dieter Koepplin, in Ausst.kat.: Joseph Beuys, The secret block for a secret person in Ireland, Kunstmuseum Basel 1977, S. 25; Beuys 1979 im Gespräch mit Martin Kunz, in Ausst.kat.: Joseph Beuys, Spuren in Italien, Kunstmuseum Luzern 1979 [o.S.].

2 Vgl. den Aufsatz von Dieter Koepplin, Fluxus, Bewegung im Sinne von Joseph Beuys, in Ausst.kat.: Joseph Beuys, Plastische Bilder 1947–1970, Galerie der Stadt Kornwestheim 1990, S. 20–35.

3 1985 in einer Rede auf dem "Münchner Podium in den Kammerspielen", in: Reden über das eigene Land: Deutschland 3, München 1985, S. 44.

4 1980 im Gespräch mit H. Kurnitzky und Jeannot Simmen, in: Notizbuch 3, Berlin 1980, S. 47.

5 1979 im Gespräch mit Heiner Bastian und Jeannot Simmen, in Ausst.kat.: Joseph Beuys, Zeichnungen, Museum Boymans-van Beuningen, Rotterdam/ Nationalgalerie Berlin 1979/80, S. 37.

6 1979 im Gespräch mit Gerald Marzorati, in: Götz Adriani/Winfried Konnertz/ Karin Thomas, Joseph Beuys, Leben und Werk, Köln 1981, S. 352.

7 1984 im Gespräch mit Friedhelm Mennekes, in: F. Mennekes, Beuys zu Christus, Eine Position im Gespräch, Stuttgart 1989, S. 60.

8 1973 im Gespräch mit A. B. Oliva, wie Anm. 1, S. 80.

9 Wie Anm. 5, S. 32.

10 Wie Anm. 7, S. 58.

11 A. a. O. S. 60.

12 1985 im Gespräch mit Theodora Vischer [nicht publ.].

13 1970 im Gespräch mit Jörg Schellmann und Bernd Klüser, in: Jörg Schellmann/Bernd Klüser (Hg.), Joseph Beuys, Multiples, Werkverzeichnis Multiples und Druckgraphik 1965–1985, München / New York 1985 [6. Aufl., 1. Aufl. 1971; o. S.].

169
Schneefall
1965
32 Filzdecken über 3 Tannenstämmen
Gesamtlänge: 375 cm
Filzstapel: 16–18×120×132 cm

170
Ohne Titel
um 1972
Munitionskiste mit <Kreuz mit Sonne> von 1947/48
Fichtenstamm mit <Berglampe> von 1953
Kiste: 30×61,5×24 cm, Stamm: L. c. 340 cm

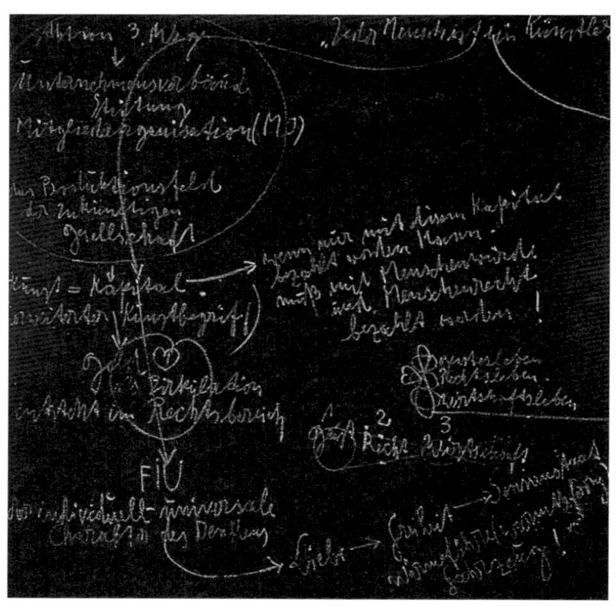

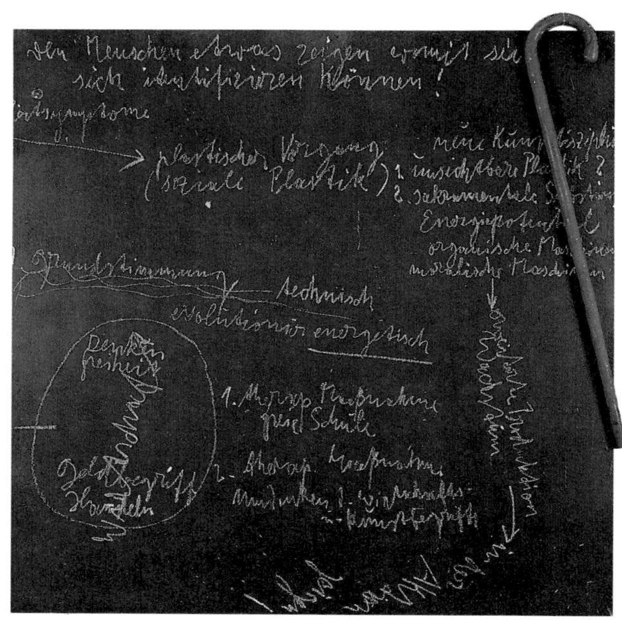

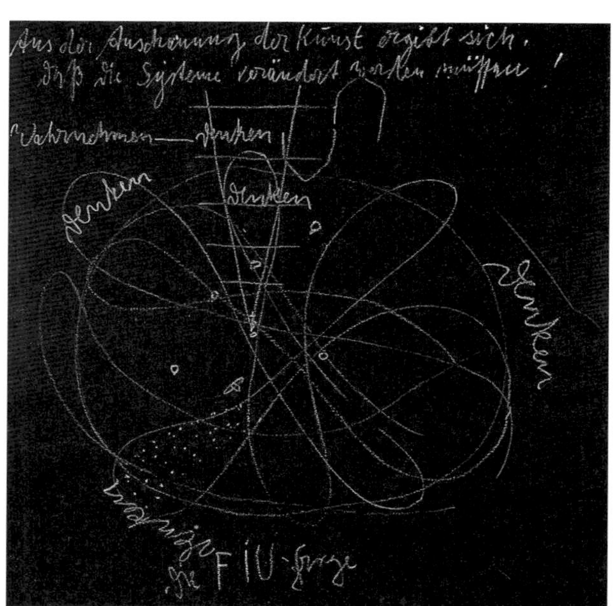

171
Aktion Dritter Weg I
1978
Kreide auf Schiefertafel
133×133 cm
Aktion Dritter Weg II
1978
Kreide auf Schiefertafel, Spazierstock
133×133 cm
Aktion Dritter Weg III
1978
Kreide auf Schiefertafel
133×133 cm

Die drei Tafeln entstanden anlässlich eines Vortrags mit dem Titel «Jeder Mensch ein Künstler», gehalten in Achberg am 23. März 1978.

XVIII BRUCE NAUMAN

Stills aus dem Film <Bouncing Two Balls Between the Floor and Ceiling with Changing Rhythms>, 1968, Schwarzweissfilm, 16mm, mit Ton, Dauer: 9 Min.

Wenn man sich als Künstler begreift und in einem Atelier arbeitet und doch kein Maler ist, wenn man nicht mit einem Stück Leinwand beginnt, so tut man alle möglichen Dinge – man sitzt auf einem Stuhl oder geht umher. Und dann fragt man sich wieder, was Kunst denn eigentlich sei? Und Kunst ist eben das, was ein Künstler tut, eben im Atelier herumsitzen.

Nauman zitiert in: Coosje van Bruggen, Bruce Nauman, Basel 1988, S. 15.

Ein Satz wie „Der wahre Künstler hilft der Welt, indem er mystische Wahrheiten enthüllt“, 1967 vorgeführt als hellblau-rosa Neonlichtreklame in spiraliger Gestalt, scheint wenig Seriosität zu garantieren. Bruce Nauman mutete dem Publikum – dem amerikanischen offenbar noch mehr als dem europäischen – auch wegen der Nicht-Perfektioniertheit, scheinbaren Lausigkeit seiner Materialien und Arbeitsweise einiges zu. Bei der Neon-Spirale ist zunächst schwer abzuschätzen: Meint Nauman das, was er vorträgt, wirklich, und meint er es so, wie er es vorträgt? Bloss ironisch ist es offenbar nicht; aber soll es ganz ernst sein? Ist Nauman von diesem Spiralensatz überzeugt, und von dieser leuchtenden Formulierung?

Angesichts der fortschreitenden Autonomisierung, Zweckfreiheit und Experimentierfreudigkeit der Kunst unserer Zeit bekommt Naumans allgemeine Feststellung Sinn: Nur „wenn man an das, was man tut, wirklich glaubt und es so gut macht, als man es eben kann, entsteht Spannung“.[1] Spannung heisst bei Nauman bald einmal: Verspannung in zwingende Fakten, in Systeme, Korridore, Labyrinthe, Gefängnisse, Tunnels, Drucksituationen, in alle möglichen Formen der Beschränkung “freier“ Bewegung. Als solche Form kann auch die spiralige Windung gesehen werden. Die Lockerheit, Nervosität, ja die Dramatik aller Werke Naumans bekommt ihre Bedeutung aus dem Kontrast zwischen der “Freiheit“ des abenteuerlich hantierenden Künstlers und den zwanghaften Gegebenheiten, Pressionen, Regeln und “Rites de passage“[2], die der Operateur sich und dem Publikum aufzuerlegen befleissigt als eine Umsetzung der real dominierenden Zwänge in der Welt. So ist Naumans Lockerheit in der Drucksituation nur scheinbar spielerisch oder gar ironisch, in Wirklichkeit eher grimmig und bei aller Heiterkeit und Klarheit von einem tiefen Ernst, dabei ohne Pathos, nüchtern, einfach realistisch.

Sprache und Schrift benutzt Nauman als Systeme gleich den architektonischen Systemen der einschliessenden Korridore usw., gleich auch dem “System“ der Werbung, dem die Lichtröhren-Signale entstammen. Zu dem in der Lichtspirale eingeschriebenen Satz bemerkte Nauman: „Es war eine Art Test: wie wenn man etwas mit lauter Stimme sagt, um zu sehen, ob man es auch wirklich glaubt. Erst als der Satz aufgeschrieben war, konnte ich diese Behauptung sehen: “The true artist helps the world by revealing mystic truths“– einerseits eine blödsinnige Idee, andererseits glaube ich das tatsächlich. Der Satz ist wahr und falsch zugleich. Es hängt davon ab, wie man ihn interpretiert und wie ernst man sich selber dabei nimmt. Für mich ist es noch immer ein durchaus wichtiger Gedanke.“ [3]

Den ebenso fundamentalen wie ambivalenten Satz schrieb er einer Spirale ein, die er als Lichtröhren-Signet in das Fenster seines Ateliers hing, das ehemals ein Lebensmittelgeschäft war. In dessen Schaufenster waren aus alten Zeiten immer noch einige Neon-Reklamen plaziert, „just for food“[4]. Nauman: „Die Idee war, dieses normale Werbemittel zu benutzen, aber nun mit einer anderen Information versehen. Ich liebte es auch, dass das Ding von aussen anders als aus dem Innern des Ateliers, des ehemaligen Ladens, aussah: von innen eher wie eine abstrakte Form, von aussen eher wie ein Text, wobei man weniger auf die formalen Eigenschaften achtete, weil man primär las. Aber insofern die Botschaft ungewöhnlich war und in dieser Weise vorgestellt wurde, ausgestellt im Schaufenster, tauchte die Frage auf: Glaube ich das? Sag es laut, um zu sehen, was andere Leute darüber denken, und um zu schauen, ob man selber daran glaubt – einfach als Test.“[5] Es ist ja „so etwas, was jeder gern glauben würde, aber nicht unbedingt kann“.[6] Diesen “Glaubens-Test“ verstand Nauman als etwas umso Merkwürdigeres und Grundlegenderes in seiner Kunst, als diese in aller scheinbaren Offenheit stets von realen, ziemlich unmystischen Zwängen handelte.

Die Spiralform war für Nauman ebenso real verfügbar wie die Technik der Lichtröhren und die Mechanismen der Werbung: „Ich versuchte Wege zu finden, etwas zu machen, ohne die formalen Systeme erfinden zu müssen, oder ohne diesen Anspruch zu haben, Systeme wie die Kreise, Rechtecke, Spiralen neu zu erfinden. So gelangte ich dann auch zur Verwendung von Körperteilen ...“ [7]

Mit der der Spirale eingeschriebenen Behauptung – „a somewhat self-centering statement“[8], nicht kontinuierlich lesbar, so dass „der Betrachter vorübergehend seinen festen Blickpunkt und damit auch den Überblick verliert“[9] – fixierte Nauman zunächst nicht unbedingt seine eigene Überzeugung, sondern das, was das Publikum von einem Künstler (der in diesem Atelier-Laden hinter dem Schaufenster arbeitet) erwartet. „Es ist ja, als ob man als Künstler das Phantasieleben anderer Leute zu leben hätte.“[10] Bruce Nauman konnte, wie kaum ein anderer Künstler unserer Zeit, glaubhaft versichern: „Was mich wirklich beschäftigt, das ist die Frage, was Kunst angeblich ist und was sie werden könnte“, „what art is supposed to be and can become“.[11] Nauman stellt seine Frage sicher nicht als Dogmatiker, vielmehr als ein Handwerker mit permanent philosophischer Neigung im Sinne des Wittgensteinschen Drehens und Fragens.[12] Und er sagt sich und uns die Fragen laut vor: “testing“, ob man an solches Fragen glauben kann, und prüfend, wozu Kunst brauchbar wäre – „what art can become“.

DIETER KOEPPLIN

1 Nauman im Gespräch mit Willoughby Sharp, in: Avalanche, Winter 1971, S. 29.
2 Vgl. Antje von Graevenitz, Rites of Passage in Modern Art, in: World Art, Themes of Unity in Diversity, Acts of the XXVIth Intern. Congress of the History of Art, Bd. 3, London 1990, S. 585–592.
3 Brenda Richardson, Bruce Nauman, Neons, The Baltimore Museum of Art 1982, S. 20. Siehe auch den in Anm. 4 zitierten Kommentar Naumans.
4 Gespräch des Verfassers mit Nauman 1985 / 86, in Ausst.kat.: Bruce Nauman, Zeichnungen 1965–1986, Museum für Gegenwartskunst Basel 1986, S. 36, Anm. 4. – 1968 wurde die Spirale in Naumans erster Ausstellung bei Leo Castelli in New York ausgestellt. Es existieren drei Ausführungen.
5 Frei übersetzt nach dem in Anm. 4 zitierten, dort englisch wiedergegebenen Gespräch mit Nauman.
6 In Ausst.kat.: Bruce Nauman, Los Angeles County Museum of Art 1972/73 und weitere Orte (Texte von Jane Livingston und Marcia Tucker), S. 31; deutsche Version des Kataloges, produziert von der Kunsthalle Bern 1973, S. 33.
7 Wie Anm. 4, S. 36, Anm. 3.
8 Joan Simon im Ausst.kat.: Bruce Nauman, Kunsthalle Basel / ARC Paris / Whitechapel Art Gallery London 1986/87, S. 12.
9 Patrick Frey in: Parkett 10/1986, S. 37.
10 Nauman zitiert bei Coosje van Bruggen, Bruce Nauman, New York 1988, S. 16 (in der deutschen Ausgabe, Basel 1988, S. 18).
11 Interview von Jan Butterfield in: Arts Magazine, 6/1975, S. 55. Zitiert im Ausst.kat.: Bruce Nauman, Skulpturen und Installationen 1985–1990, Museum für Gegenwartskunst Basel 1990, S. 19.
12 Siehe Jean-Christophe Ammann, Wittgenstein und Nauman, in Ausst.kat. Basel 1986, wie Anm. 8. Der Text erschien in der deutschen Originalfassung als Beiheft zur Basler Station. Siehe auch den Katalog von 1972/73 (zit. in Anm. 6) und Coosje van Bruggen 1988 (zit. in Anm. 10), S. 113.

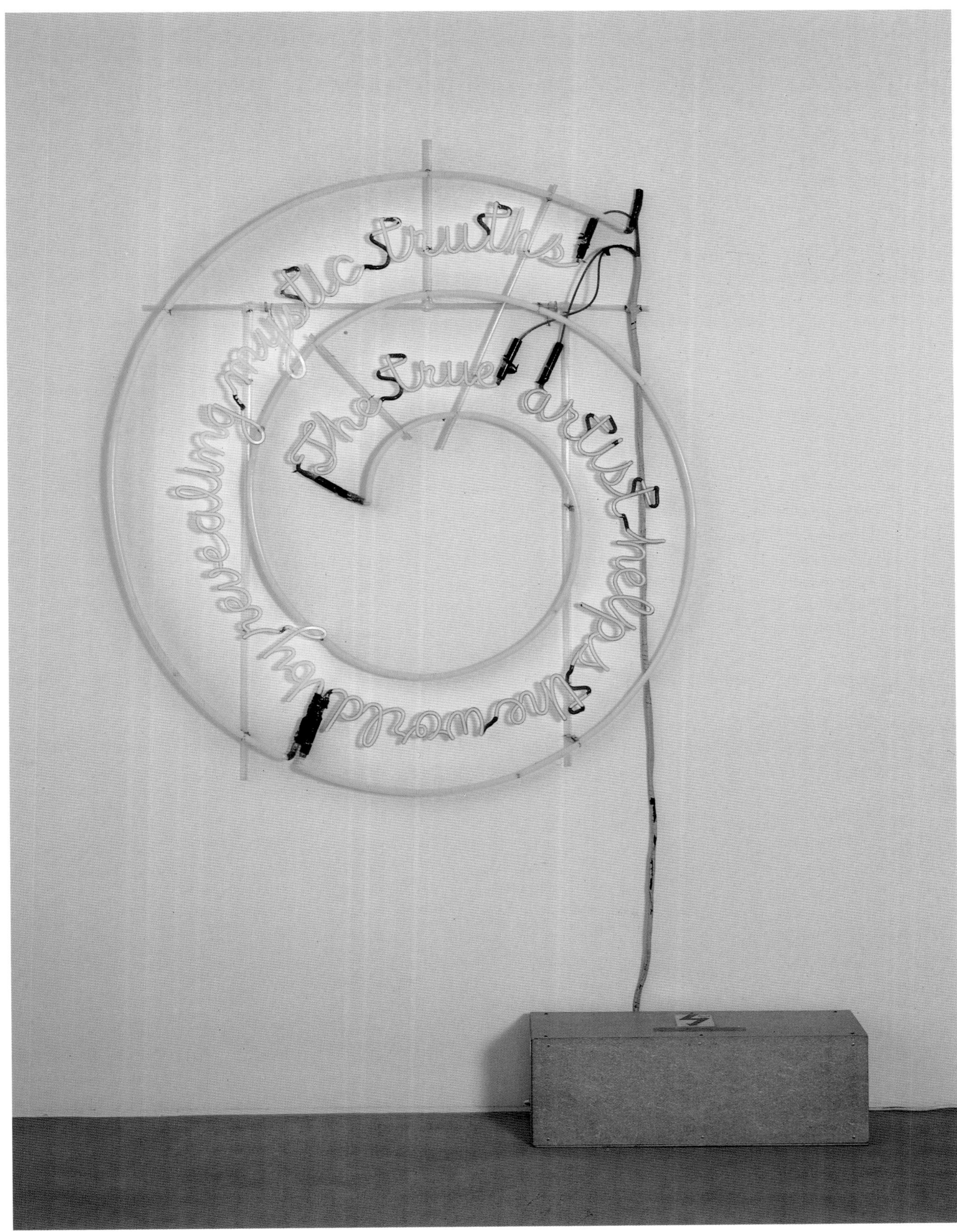

172
The True Artist Helps the World by Revealing Mystic Truths (Window or Wall Sign)
1967
Neonröhren (Aufl.: 3 Ex.)
150×140×5 cm

173a
Ohne Titel
1965
Fiberglas, eingefärbt
Bodenstück: 7,8×16×319 cm
Wandstück: 8×15×320,5 cm

XIX WALTER DE MARIA

Lightning Field, 1977; 400 massive, spitzzulaufende Stäbe aus Edelstahl in der Wüste bei Quemado, New Mexico; Ausdehnung 1 Meile×1 Kilometer; Sammlung Dia Center for the Arts, New York.

Bed of Spikes>[1] von 1968 / 69[2] besteht aus fünf vom Boden etwas abgehobenen Metallplatten, die etwa 27 Zentimeter hohe Vierkantpfeiler tragen, oben wie Obelisken abgeschrägt und zugespitzt. Die Zahl der "Spikes" nimmt von Platte zu Platte zu, von anfänglich 3 bis 153. Diese Progression ergibt sich aus der Folge der ungeraden Zahlen 1, 3, 5, 7, 9 für die Zählung der Reihen von der Schmalseite der Platten her, während für die Längsseiten jeweils eine Verdoppelung des Betrags minus 1 vorgesehen ist. Allerdings mit einer Ausnahme: für die erste Platte käme man nach dieser Rechnung auf $1 \times (2-1) = 1$. Hier hat De Maria mit 3 "Spikes" visuell korrigiert: ein Stahlstift ganz allein hätte das grosse Rechteckfeld nicht genügend beherrscht.

Wichtiger als das Mathematische wird hier also der beabsichtigte Eindruck, für den die visuell erfahrbare Progression von Platte zu Platte zählt. Auszugehen ist dabei aber vom einzelnen Schaft, der an Türme, an Denkmäler, an Streiter in Reih und Glied erinnert. Hält man sich an die anthropomorphe Symbolik, so macht zwar die Wiederholung die einzelne Gestalt anonym; das Licht jedoch, welches von den jeweils vier sichtbaren Ebenen (des Schafts und der Spitze) verschieden reflektiert wird, gibt jedem den Ausdruck eigener vitaler Persönlichkeit. Das Verhältnis von Schaft und meist hellerer Spitze erinnert an die Proportionen von Körper und Kopf, wobei die Kopfpartie durch ihre vierfache Abschrägung den Schaft wie eine Pfeilspitze nach oben zieht, eine sehr dynamisch wirkende Darstellung des Aufrechtstehens. Ganz besonders aber zählt die effektive Schärfe der Spitze. Sie hat nicht nur den Sinn, die Kanten der lichtbrechenden Ebenen bis ganz hinauf zu führen, sondern konfrontiert als wirkliche Gefahr (an den Spitzen könnte man sich verletzen) mit Aggressivität.

Schon in der ersten Platte ist der einzelne "Spike" aber eingebunden in die Reihe. In der Folge bestimmt die zunehmende Massierung den Eindruck: ausgehend vom Wenigen und Beherrschenden, dem Vielen, Raumfüllenden sich nähernd, erlebt man eine grundsätzliche Veränderung topologischer Situierung. Man kann sie historisch verstehen, die einzelnen "Spikes" im grossen Feld der ersten Platte, als Inbegriff anfänglicher Setzung, als Kundmachung menschlicher Ordnung in der Weite der ursprünglichen Welt. In der Steigerung der Zahl erlebt man danach das Wachstum der Menschheit und die Veränderung der Herrschaftsstrukturen vom einsam Königlichen zum dicht Egalitären. Die sich verdichtende Ordnung lässt sich aber auch "architekturgeschichtlich" lesen, als Weg von der Burg und der Kathedrale bis zur modernen Metropolis mit ihren Strassenschluchten. Und tatsächlich erinnert ganz besonders das fünfte "Bed" an die Stadt, in der das Werk entstanden ist, an New York.

Man erlebt die Platten mit den kleinen spitzen Pfeilern voll und ganz als Skulptur. Das gilt für die einzelnen lotrechten Türmchen, in ihrer spannungsschaffenden Proportionierung, wie für ihr Verhältnis untereinander und zu den Platten, ebenso für alle plastischen Beziehungen von "Bed" zu "Bed". Wie bei anderen Werken der Minimal Art ist für den Betrachter das Einfache dabei keineswegs das rasch Registrierbare und damit leicht Verfügbare, das sich dementsprechend in der visuellen Erfahrung zum gleichgültigen Schema verdünnt. Alles bleibt konkretes Anschauungserlebnis, und der Blick von jeder Seite, oft bei geringer Änderung des Winkels, aus jeder Distanz und aus jeder Höhe bietet neue überraschende Einsicht. Durch sie nimmt man Kenntnis von der mathematischen Ordnung, aber wieder nicht aus einer Überschau, die das Ganze verfügbar macht, sondern von innen her, als ein Stück unmittelbarer Erfahrung.

<Bed of Spikes> steht im Zusammenhang mit Werken, vor denen der Betrachter das eigene Verhalten reflektiert. Das ist beispielsweise der Fall bei den <Boxes for Meaningless Work> von 1961 und den ersten Arbeiten in der Landschaft (<Mile Long Drawing in the Desert> von 1968 und <Las Vegas Piece> von 1969). Bei <Bed of Spikes> bezieht sich das reflektierte Verhalten auf die scharfen Spitzen der "Spikes", die Gefährdung nicht in einem abstrakten, bloss einfühlbaren Sinn erlebbar machen; sie gilt hier konkret, physisch-direkt. Denn man kann aus eigenem oder fremdem Ungeschick, durch die Bösartigkeit anderer, auch aus selbstmörderischem Entschluss auf die Spitzen fallen und sich an ihnen verletzen. Selbstverständlich sind Vorsichtsmassnahmen nötig, man darf den Saal mit dem Werk nicht für jedermann offen begehbar machen, muss eine besondere Aufsicht einrichten, muss Kinder ausschliessen. Meistens wird die Unterzeichnung einer Erklärung verlangt, man habe Kenntnis genommen von der Gefahr und werde den Veranstalter nicht belangen.

Gefahr, die Drohung physischer Verletzung und Vernichtung, ist ein Teil unserer täglichen Wirklichkeit, am augenscheinlichsten im Verkehr. Mit dieser Gefahr lernen wir umzugehen, mit ihr zu leben; das gehört zu unserer Erziehung, ist ein Teil unseres Erwachsenwerdens. Solche Selbstkontrolle ist auch vor diesem Werk zu verlangen. Allerdings wird man vielleicht irritiert fragen: Genügt der mörderische Verkehr, die steigende Aggressivität des sozialen Verhaltens, genügen die Überfälle und Attentate, genügt schliesslich das Hinschlachten von Menschen im Krieg noch nicht, muss noch ein Kunstwerk, ausgerechnet ein Kunstwerk, dazukommen? Verglichen damit bleibt die Gefahr hier allerdings bescheiden, eingrenzbar, kontrollierbar. Und gerade diese Eingrenzung und Kontrolle im Verhalten will der Künstler aktivieren. Weil Gewalttätigkeit hier ausserhalb jeder empirischen Gegebenheit erlebt wird, erkennt man das Unausweichliche der Konfrontation mit ihr. Gewalttätigkeit entspricht dem Selbstbehauptungswillen des Einzelnen und der Masse, kennzeichnet jede Existenz im Raum und der Zeit. Mit ihr haben wir zu leben, trotzdem zu leben, nicht indem wir sie ausklammern und verdrängen, sondern indem wir sie in ihrer Funktion im Ganzen verstehen und damit ihre todbringende Kraft eindämmen.

<Bed of Spikes> hat für Walter De Maria auch einen autobiographischen Sinn. In diesem Werk konkretisiert sie für ihn die Erfahrung einer Lebensepoche, seiner eigenen Arbeitsjahre in New York seit 1960. Die Verwandtschaft der dichtgedrängten "Spikes"-Landschaft mit den Wolkenkratzern und den Strassenschluchten der Stadt wurde schon erwähnt. Für De Maria schafft aber auch die Aggressivität der Spitzen einen exakten Bezug. Denn New York, das ist aus seiner Sicht in ganz exemplarischer Weise Kampf aller gegen alle, rücksichtslose Vernichtung des Schwächeren durch den Stärkeren, offene Gewalt.

FRANZ MEYER

1 Für den Titel des Gesamtwerks hat sich die Einzahl "Bed" durchgesetzt, obwohl man die Mehrzahl "Beds" verwendet, wenn von mehreren Einzelplatten die Rede ist.

2 Die 4. Platte entstand 1968, die anderen 1969.

Detail von Kat.nr. 174,
s. S. 162.

174
Bed of Spikes
1968–69
5 Platten, 307 obeliskenförmige Stäbe: rostfreier Stahl
Platte: je 6,5×199,6×105,6 cm
Stäbe: je 26,8×2,5×2,5 cm

XX RICHARD SERRA

to roll
to crease
to fold
to store
to bend
to shorten
to twist
to dapple
to crumple
to shave
to tear
to chip
to split
to cut
to sever
to drop
to remove
to simplify
to differ
to disarrange
to open
to mix
to splash
to knot
to spill
to droop
to flow
to curve
to lift
to inlay
to impress
to fire
to flood
to smear
to rotate
to swirl
to support
to hook
to suspend
to spread
to hang
to collect
of tension
of gravity
of entropy
of nature
of grouping
of layering
of felting
to grasp
to tighten
to bundle
to heap
to gather

to scatter
to arrange
to repair
to discard
to pair
to distribute
to surfeit
to complement
to enclose
to surround
to encircle
to hide
to cover
to wrap
to dig
to tie
to bind
to weave
to join
to match
to laminate
to bond
to hinge
to mark
to expand
to dilute
to light
to modulate
to distill
of waves
of electromagnetic
of inertia
of ionization
of polarization
of refraction
of simultaneity
of tides
of reflection
of equilibrium
of symmetry
of friction
to stretch
to bounce
to erase
to spray
to systematize
to refer
to force
of mapping
of location
of context
of time
of carbonization
to continue

Abgedruckt in: Richard Serra, Schriften, Interviews 1970–1989, Bern 1990, S. 8–11; deutsch siehe S. 166.

Eine der frühesten Arbeiten von Richard Serra ist eine Liste von annähernd hundert Verben, die er 1967/68 auf zwei Papierbögen notiert hat.[1] Diese Liste liest sich wie ein Verzeichnis elementarer manueller Tätigkeiten, denen allesamt ein transitorischer Charakter eigen ist: rollen, falten, drehen, falzen, reissen, fallen lassen, öffnen usw. Serras zeitgleiche skulpturale Hervorbringungen gehen aus solchen elementaren Handlungen hervor: 1968/69 arbeitete er z.B. mit flüssigem Blei, das er auf den Boden schleuderte. Ausdehnung und Form dieser <Splash Pieces> wurden einerseits durch die Bleimenge, andererseits durch die Widerstände (Wände, Erhöhungen usw.), die sich der blitzartig auf dem Boden ausbreitenden Flüssigkeit entgegenstellten, bestimmt. Diesen Arbeiten, die – wie die Arbeiten von Bruce Nauman und Eva Hesse – "Anti-Form" und "Prozesskunst" initiierten, war mit den tradierten Werkkategorien, die selbst noch für die Minimal Art teilweise gültig waren, nicht mehr beizukommen.[2] Serra war sich jedoch schon zu diesem frühen Zeitpunkt der Ambivalenz und Unentschiedenheit dieser zwischen Malerei und Skulptur oszillierenden prozessualen Arbeiten bewusst. 1970 schreibt er dazu: „Es ist offensichtlich, dass solche Lösungen malerischen Konventionen verpflichtet sind. Wenn Werke von oben betrachtet werden, funktioniert der Boden als Bildfeld oder Bildgrund für die Entfaltung dekorativer, linearer oder flächiger Elemente. Das Interesse an der Horizontalität ist nicht so sehr ein Interesse an lateraler Ausdehnung als ein Interesse an Malerei. Die laterale Ausdehnung lässt es in diesem Fall zu, dass Skulptur malerisch gesehen werden kann – das heisst, der Boden ersetzt den Leinwandgrund."[3]

Mit <One Ton Prop. House of Cards> von 1969[4] (vgl. Textabb.) zog Serra die Konsequenzen aus diesen Überlegungen: <House of Cards> ist eine einfache, überschaubare Konstruktion aus vier gleich grossen, quadratischen Bleiplatten, die aneinander gelehnt sind und damit die Struktur als ganze in einem labilen Gleichgewicht halten. „Ich würde diese Werke nicht als "Prozessobjekte" bezeichnen, insofern sich nichts an ihnen oder durch sie vollzieht, obwohl Blei beispielsweise einen hohen Grad an Entropie hat. Es ist unverkennbar, dass es nicht stabil ist und mit der Zeit durchbiegt. Das ist alles einkalkuliert. Ich bin mehr interessiert an der Implikation des Zusammenbruchs als an seiner Tatsächlichkeit. Sie können unter Anwendung des Prinzips des Gegendrucks eine Struktur errichten, die Kollaps und Unbeständigkeit impliziert, gleichzeitig aber durch ihre blosse Existenz dieses Potential negiert. Was ich an <House of Cards> interessant finde, ist, dass die Druckkräfte einem Gleichgewicht zustreben, Gewicht wird negiert. Wenn etwas wirklich ausbalanciert ist, wird es schwerelos."[5] <House of Cards> stellte Serras skulpturales Schaffen auf eine neue Grundlage: Erstmals hatte er eine autonome Skulptur geschaffen, die sich aus sich selbst heraus konstituiert und frei im Raum steht. Ihre Struktur resultiert aus den physikalischen Eigenschaften und den technischen Verarbeitungsmöglichkeiten des vom Künstler gewählten Materials (anfänglich Blei-, später Stahlplatten) sowie aus dem offengelegten Konstruktionsprozess, der auf dem Austarieren der Kräfte und Gegenkräfte basiert, die von den einzelnen zentnerschweren Platten ausgehen. Von entscheidender Bedeutung für das Sichtbarmachen der Konstruktionslogik ist dabei die auch heute noch gültige Vorgabe, auf den Gebrauch von Klammern, Stützen und Fundamenten zur Stabilisierung der Strukturen zu verzichten. Letztlich entscheiden damit die Gesetze der Schwerkraft über die gestalterischen Möglichkeiten, die dem von Serra gewählten Konstruktionsprinzip innewohnen. Mit <House of Cards> geht eine Neubestimmung skulpturaler Grundwerte – Gewicht, Masse, Volumen, Tragen/Lasten, Vertikalität, Stabilität/Labilität, Innen/Aussen, Geschlossenheit/Offenheit – einher.

House of Cards, 1969/92; 4 Platten: Blei; je 150×150 cm; m, Bochum

In den siebziger Jahren nehmen die Arbeiten von Serra an Grösse zu. Mit diesem Massstabswechsel schafft er sich die Möglichkeit, im städtischen Kontext Plätze und Strassenräume neu zu definieren. Es entstehen Arbeiten mit Öffnungen, Durchgängen und nach oben offenen Innenräumen. Der Betrachter nimmt diese grossformatigen Werke nicht länger mehr nur von aussen wahr. Er kann sie betreten und tritt damit in eine unmittelbare körperliche und emotionale Beziehung zu den tonnenschweren Konstruktionen. Es erweist sich dabei meist als ein schwieriges Unterfangen, die Folge disjunktiver Ansichten, die sich beim Begehen der Skulpturen ergeben, mit der konstruktiven Logik der Arbeit in Beziehung zu bringen. Dem Vorwurf, dass es sich bei diesen grossformatigen Arbeiten um eine Wiederaufnahme der restaurativen Denkmal-Idee mit gewandelten Mitteln handle, begegnet Serra folgendermassen: „Meine grossformatigen Arbeiten auf öffentlichen Plätzen werden oft als monumental und bedrückend bezeichnet. Verlangen sie aber tatsächlich vom Betrachter, dass dieser dem Begriff des Monuments, des Denkmals Glaubwürdigkeit schenken soll? Weder in der Form noch im Inhalt nehmen meine Arbeiten auf die Geschichte des Denkmals Bezug. Sie erinnern weder an eine Person, noch an einen Ort oder ein Ereignis. Sie etablieren Beziehungen einzig und allein durch ihre skulpturale Präsenz. [...] Ich bin an Skulptur interessiert, die sich nicht dem Nützlichkeitsprinzip unterwirft, an Skulptur ohne Funktion."[6]

1980 installierte Serra auf einer vom Verkehr ausgesparten Fläche in Manhattan <St. Johns Rotary Arc>. Es war die erste Arbeit, bei der er gekurvte Stahlplatten verwendete, um einen Viertelskreis zu bilden. Mit der 36 Meter langen Skulptur <Clara-Clara> – 1983 erstmals in den Tuilerien-Gärten in Paris aufgestellt – erweiterte Serra diesen Ansatz. Diese Arbeit besteht aus zwei gegenläufigen Kurven. Es handelt sich dabei um zwei Zylindersegmente, die nicht vertikal stehen, sondern leicht nach vorne bzw. nach hinten geneigt sind. Die neue Arbeit, die Serra anlässlich der "Transform"-Ausstellung auf dem Theaterplatz in Basel installieren wird, setzt sich aus insgesamt vier aus der Vertikale gekippten Zylindersegmenten zusammen. Anders als bei <Clara-Clara> sind die vier Segmente aber nicht gegenläufig aufgestellt, sondern bilden einen begehbaren Innenraum mit doppelten Wänden.

Modell für <Intersection>, 1992 (Kat.nr. 175)

Grundriss des Theaterplatzes in Basel; Standort für <Intersection> während der Ausstellung.

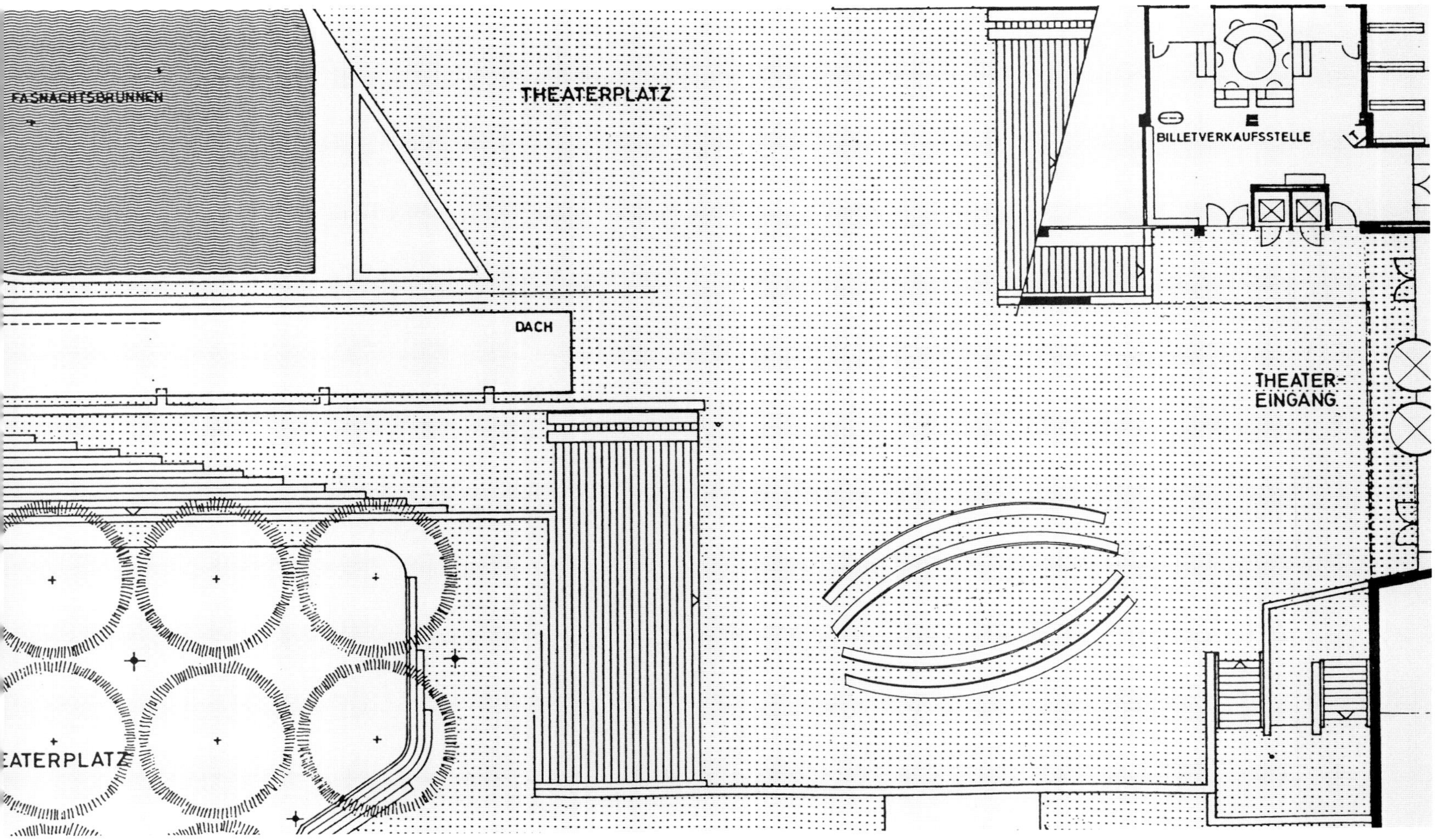

FASNACHTSBRUNNEN
THEATERPLATZ
BILLETVERKAUFSSTELLE
DACH
THEATER-
EINGANG
ATERPLATZ

Ein Kommentar von Serra im Vorfeld der Installation von <Clara-Clara> vermag eine Vorstellung von der Wirkung zu geben, die in gesteigertem Masse beim Begehen von <Intersection> zu erwarten ist: „<Rotary Arc> ist die erste Kurve, die ich realisiert habe. Sie ist noch gewissermassen statisch, da sie vertikal steht. Dann kam <Tilted Arc> auf der Federal Plaza [in Manhattan]. Diese Kurve ist leicht gekippt, was ein anderes Volumen schafft. Ich habe das Gefühl, dass hier das Volumen besser definiert ist, dass es durch die Neigung aktiver wird. In der Konkave wurde der physische Raum besser erfahrbar. In <Clara-Clara> wird eine Platte konkav sein wie bei <Tilted Arc>. Was die andere Platte betrifft, die auf den Kopf gestellt wird, habe ich keine Ahnung, wie der Effekt sein wird. Es ist das erste Mal, dass ich dieses Experiment durchführe. Der innere Raum wird parallele Schrägen haben und neigt sich um 30 cm. Mein Hauptinteresse an dieser Skulptur gilt der Geschwindigkeit, der Mobilität der Fläche. Diese beschleunigte Kreisbewegung, diese starke Torsion, vielleicht kann man sie als barock bezeichnen, löscht jegliche Statik aus.“[7]

MARTIN SCHWANDER

1 “rollen, falten, falzen, anhäufen, biegen, verkürzen, drehen, sprenkeln, zerknüllen, schaben, reissen, hobeln, spalten, schneiden, abtrennen, fallenlassen, wegrücken, vereinfachen, abweichen, verwirren, öffnen, mischen, schleudern, knoten, verschütten, sinken lassen, verströmen, krümmen, heben, einlegen, prägen, feuern, überfluten, beschmieren, rotieren, wirbeln, stützen, fangen, aufhängen, ausbreiten, hängen, sammeln, der Spannung, der Schwerkraft, der Entropie, der Beschaffenheit, der Anordnung, der Schichtung, der Verfilzung, packen, straffen, bündeln, schichten, häufen, streuen, arrangieren, reparieren, ablegen, paaren, verteilen, überladen, ergänzen, einfassen, umgeben, einkreisen, verstecken, zudecken, einpacken, eingraben, fesseln, binden, weben, verbinden, anpassen, laminieren, in Abhängigkeit setzen, mit Angeln versehen, markieren, ausdehnen, verdünnen, beleuchten, regulieren, destillieren, der Wellen, der Elektromagnetik, der Trägheit, der Ionisierung, der Polarisierung, der Brechung, der Gleichzeitigkeit, der Gezeiten, der Reflektion, des Gleichgewichts, der Symmetrie, der Reibung, strecken, begrenzen, vertilgen, sprühen, systematisieren, verweisen, nötigen, der Planung, der Ortung, des Kontexts, der Zeit, der Verkohlung, fortsetzen.“ Engl. Originaltext siehe S. 163; beides abgedruckt in: Richard Serra, Schriften, Interviews 1970–1989, Bern 1990, S. 8–11.

2 Siehe dazu den Text auf S. 139ff.

3 1970, a.a.O., S. 17.

4 <One Ton Prop, House of Cards>, 1969; 4 Bleiplatten; je 122×122 cm; The Museum of Modern Art, New York.

5 Zitat von 1983, in: Serra 1990, wie Anm. 1, S. 172.

6 Zitat von 1982, a.a.O., S. 164.

7 Zitat von 1983, a.a.O., S. 188f.

XXI DAN GRAHAM

‹Three Linked Cubes / Interior Design for Space Showing Videos›, 1986; Installation in der Galerie Kijkhuis, Den Haag, 1986.

Meine Strategie ist hervorgegangen aus der in den sechziger Jahren akutellen Vorstellung von Kunst als Phänomenologie der Gegenwart / der Gegenwart der Dinge, und hat sich weiterentwickelt zu einer Beschäftigung mit Strukturalismus; von da zur Dekonstruktion zugunsten einer Beschäftigung mit dem geschichtlichen Gedächtnis. (Diese Entwicklung zeigt sich deutlich in meinen "Minimal"-Skulpturen / Pavillons, zum Beispiel, in meinem ‹Rock my Religion›-Video und in mehreren Texten wie etwa "Gordon Matta-Clarck" und "Theater Cinema Power".)
Ich glaube jetzt, dass die Aufgabe des Künstlers zum Teil die ist, die jüngste Vergangenheit wiederzubeleben – die Phase in der Zeit also, die von der Warenkultur eingeschläfert wird – und sie als ein Anti-Aphrodisiakum anzuwenden (Formulierung von Walter Benjamin). [. . .]
Benjamins Ziel war es, das geschichtliche Gedächtnis in Opposition zum Historismus wiedereinzusetzen, oder klarzumachen, dass alles, was wir über die Vergangenheit wissen, abhängig ist von der Interpretation einer jeweiligen Gegenwart. Im Historismus gibt es keine wirkliche Vergangenheit, nur eine Überlagerung von Interpretationen oder ein Vortäuschen von "Vergangenheit". Benjamin konfrontierte diese Auffassung mit der Vorstellung einer aktuellen, wenn auch verborgenen Vergangenheit, die meist aus dem Bewusstsein verschwunden ist, aber kurz aufleuchten kann in Momenten des Traumes, in Halluzinationen usw.

Dan Graham in: Discussions on Contemporary Culture, Bay Press, Seattle 1987, S. 88f.

Planzeichnungen von <Interior Design for Space Showing Videos> (Kat.nr. 176)

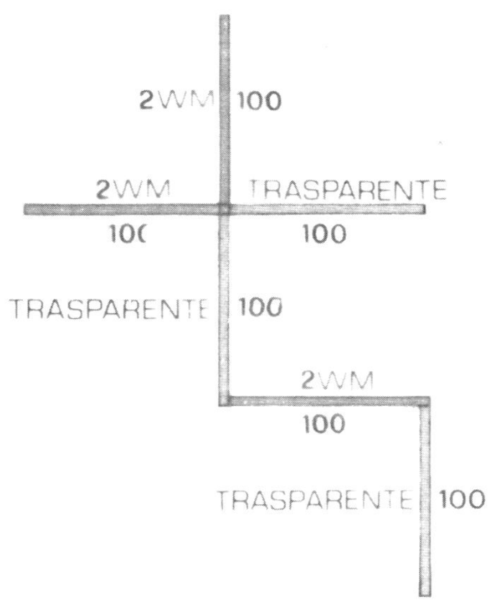

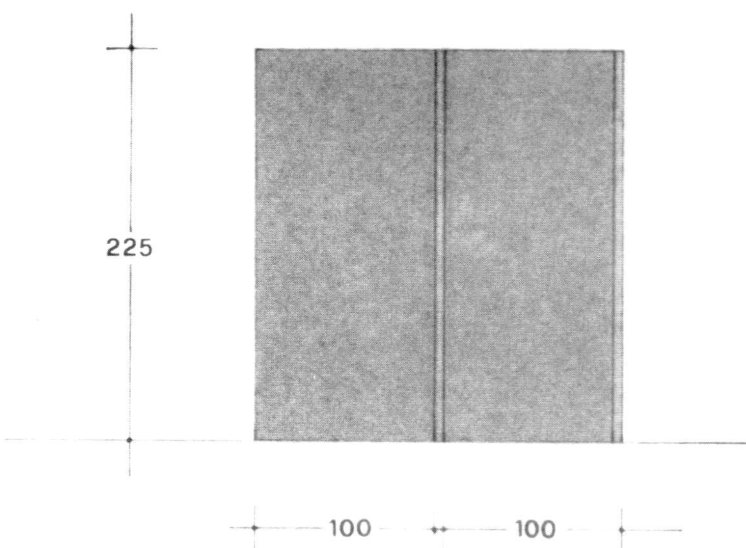

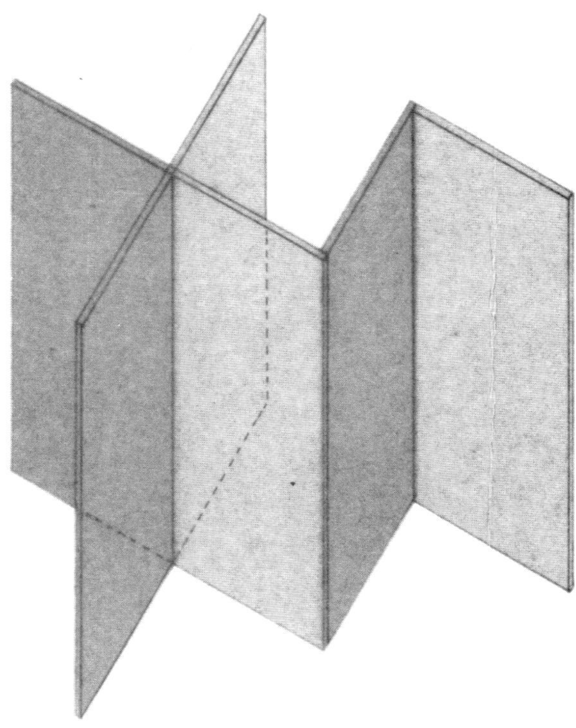

1:50

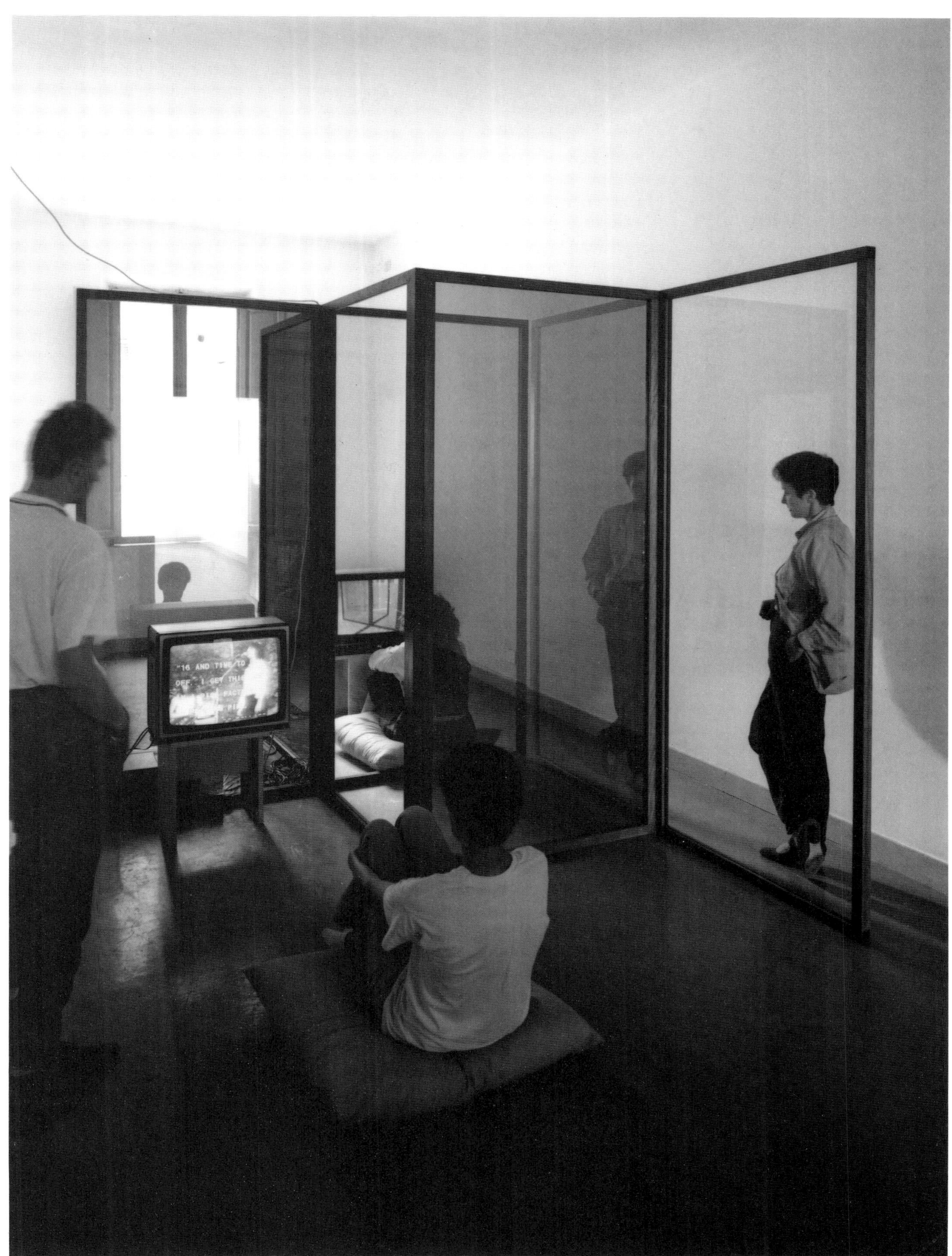

176
Interior Design for Space Showing Videos
1987
6 Tle: Kristall, Zweiwegspiegel, Holzgestell
je 225×100×3,5 cm

<Drei verbundene Kuben (1986) / Innenarchitektur eines Vorführraumes für Video>, 1986

<Drei verbundene Kuben>, eine Serie von rechteckigen Öffnungen auf der einen und Seitenpaneelen auf der anderen Seite, abwechselnd aus Zwei-Weg-Spiegel- und aus transparentem Glas, besitzt eine doppelte Identität. Stellt man das Werk draussen auf, ist es ein von der Sonne erleuchteter, offener Pavillon: Im Innern aufgestellt, wird er zu einer <Innenarchitektur eines Vorführraumes für Video> verwandelt. Hier werden verschiedene Videomonitore und Lautsprecher aufgestellt, die es ermöglichen, drei unterschiedliche Programme für ein in sechs Gruppen unterteiltes Publikum zu zeigen. Die Wirkungen der von den Videobildern herrührenden, wechselnden Beleuchtung, die sich in den Glaspaneelen widerspiegeln, erzielt die Wirkung von Spiegel-"Geistern" von Mitgliedern des Publikums, die in anderen umschlossenen Öffnungen auf den Trennwänden zu sehen sind. Die Arbeit ist sowohl ein funktionales Ausstellungsdesign als auch ein optisches Kunstwerk, das sowohl die Videobilder als auch die Reaktionen des Betrachtens von Videos im sozialen Raum der Video-Ausstellungssituation zurschaustellt.

DAN GRAHAM

Der Kommentar von Dan Graham bezieht sich auf die Arbeit <Three Linked Cubes / Interior Design for Space Showing Videos> von 1986 (Abb. s. S. 167). Die in Basel gezeigte Arbeit (Kat.nr. 176) ist eine kleinere Variante davon.

Videoprogramm für die "Transform"-Ausstellung:

Reflexion und Transparenz
Videoarbeiten zu Fragen der Identität und der Wahrnehmung.

Beobachtungen über Kunst, Geschichte, Gesellschaft, Architektur und Medien.

Mit Beiträgen von:
René Bauermeister, Dan Graham, General Idea, Carole Ann Klonarides, Michael Owen, Dike Blair, Christian Marclay, Gerry Schum, Richard Serra, Bill Viola, Rémy Zaugg.

Programm: RENÉ PULFER

XXII JAMES TURRELL

Roden Crater im Winter, bei Flagstaff, Arizona.

Licht ist eine machtvolle Substanz. Zum Licht besitzen wir eine primäre Beziehung. Doch ist es ein fragiles Unternehmen, diese machtvolle Lichtsubstanz in eine Präsenz zu kleiden, in der sie voll empfunden werden kann. Ich forme das Licht, soweit mir dies das Material erlaubt, und zwar in einer Art und Weise, dass man die Lichtsubstanz, die einen Raum erfüllt, nicht nur visuell, sondern körperlich erleben kann. Es ist stets ein wenig verdächtig, etwas wirklich Schönes, wie zum Beispiel ein Naturereignis, anzuschauen und dieses dann in Kunst umsetzen zu wollen. Mein Wunsch ist es, eine Situation zu schaffen, in welcher der Betrachter seine Wahrnehmung entfalten kann. So wird sie zu seiner eigenen Erfahrung. Ich tue dies mit dem Roden Crater. Den Betrachter mit der Natur in Beziehung zu setzen ist mehr, als ich ihr entnehme.

In: James Turrell, Mapping Spaces, Peter Blum Edition, New York 1987 [o.S.]; deutsch in: Parkett, 25/1990, S. 79.

Eine gedämpfte, violett-blaue Helligkeit erfüllt den in kühlem Grau gestrichenen Raum im oberen Stockwerk der Kunsthalle. Ein grosser Polstersessel beherrscht den kleinen Raum. Der impliziten Aufforderung, sich in das bequeme Monstrum sinken zu lassen, der Einladung, innezuhalten und in kontemplativer Abgeschiedenheit zu verweilen, wird wohl kaum ein Besucher widerstehen können. Angemerkt sei der eigentümliche Gegensatz, der von diesem Pièce de résistance der guten Bürgerstube und der kargen Leere des Raumes ausgeht. Wenngleich James Turrells Hauptanliegen das Wohlbefinden des Betrachters ist, so ist die anklingende Ironie nicht ganz von der Hand zu weisen. Der "klassische" Fernseh-, Wohn- oder Lesesessel ist nicht nur Ausdruck von privater Zurückgezogenheit, sondern Warte für eine Beobachtung, die nicht etwa der überspannten Bilderflut moderner Medien gilt. Im Gegenteil, an der Stirnwand des Raumes, auf die der Fauteuil ausgerichtet ist, findet sich nichts, das im Sinne von objektbezogen oder figurativ-bildlich der Wahrnehmung als Bezug dienen könnte. So gesehen ist die Wand leer oder gar in Auflösung begriffen, denn als lichte, farbige Erscheinung negiert sie ihr raumbegrenzendes Da - Sein.

Beim Eintreten, im anfänglichen Umhülltsein von nebliger Lichtsubstanz, ist die Farbe in eine stille Verhaltenheit getaucht. Es scheint, als sei sie noch gar nicht wirklich ausgebildet, als entwickle sie sich eben erst aus dem unbunten Grauton, der den Raum in grober Körnung anzufüllen scheint. Erst bei allmählicher Gewöhnung an das Dämmerlicht tritt ihre immanente Leuchtkraft in Erscheinung. Nachdem der Betrachter den zugewiesenen Platz eingenommen hat, beginnt sein (noch) unwissend-unschuldiges Auge, die wahrgenommene Phänomenalität zu erforschen. Er sucht diesem letztlich gestaltlosen Wahrnehmungserlebnis beschreibend eine Gestalt zu verleihen. Die Lichtfarbe entstammt einem breiten, umlaufenden Band, das gleich einem Rahmen und zentrisch in die Fläche der Stirnwand gesetzt ist. Es umschliesst eine hochrechteckige Binnenform. Der Rahmen ist oben breiter als unten, was als lastendes Gegengewicht zum vertikal hochstrebenden Rechteck wirksam wird. Dadurch wird der gleichsam ineinandergeschachtelten Anordnung die spannungsvoll schwebende Ruhe einer fast-quadratischen Form verliehen. Die Raumkanten erscheinen dabei verwischt in die anstossenden Seiten-, Boden- und Deckenflächen zu fliessen, so dass sich die räumliche Tiefe kaum erschliessen lässt. Die Helligkeit des Lichtrahmens strahlt nach vorne, währenddessen der sich verändernde blau-violette Buntwert den Blick in die Ferne des Farbraumes lenkt. Die Mitte, das umschlossene Rechteck, ist ebenfalls nur scheinbarer Ruhepunkt. An dieser Fläche offenbaren sich in vergrauter Verhaltenheit die Schattenfarben des Lichtes. Sie scheint sowohl in die Tiefen jenseits der Rahmenform abzusinken, bündig in ihr zu liegen als auch aus ihr in den Raum hervorzustehen. Das Geschaute erweist sich in beständigem Fluss von dahinter, darin, davor – letztlich dazwischen – und verfügt über ein anschauliches Potential, das nie wirklich ausgereizt werden kann. Erst die Vergewisserung aus der Nähe, der Versuch, tastend mit mehreren Sinnen dieser abbildlosen Bilderscheinung näher zu kommen, könnte ihr Wesen erhellen. Doch weshalb die Kraft solch polarer Gegensätzlichkeit hinterfragen, wenn der Sessel deutlich das Zurücklehnen und betrachtende Auskosten dieses Wechselspiels subjektiver Erfahrung meint?

Lichterscheinung und Rauminstallation genügen keinem Selbstzweck. Sie sind in keiner Weise in sich abgeschlossen, weder im Sinne des Werkbegriffs noch als anschauliche Erfahrbarkeit. Obwohl vordergründig Licht, Farbe und Raum das Werk Turrells zu bestimmen scheinen, sind ihm diese Kategorien bloss Mittel. „But the work I do is with light itself and perception. It is not about those issues; it deals with them directly in a nonvicarious manner so that it is about your seeing, about your perceiving."[1] Die Existenz des Bildes wird dadurch in Frage gestellt. Sie erschliesst sich nicht länger als festgeortetes Abbild, sondern wird gleichsam zu einem Nicht-Bild, somit bildlosen Sinnbild, die Summe alles Bildnerischen umfassend. Am Wahrnehmungsakt dieser grundsätzlich malerischen Bildlichkeit, ähnlich der "Peinture pure", ist die Rückführung des Betrachters auf sein eigenes Sehen festzumachen; es wird zu einem sehenden Sehen. Selbsterkenntnis und Introspektion sind die angesagten künstlerischen Intentionen, welche den direkt sinnlich erfahrbaren malerischen Reiz ausschöpfen.

Das, was wie ein farbräumlich gestaltetes Flächenband wirkt, ist eigentlich ein abgeflachter Hohlraum, der als homogenes optisches Feld mit Licht angefüllt ist. Hinter der rechteckigen Binnenform fällt durch kleine Schlitze in subtiler Dosierung Tageslicht ein. Es ist gerade diese sensible Balance von Innen- und Aussenlicht, welche die meist kaum merklichen Veränderungen in der Strukturierung und Färbung des Farbfeldes hervorruft. Reflexhaft huscht ein Schatten vorbei oder die Farbe bleicht für kurze Momente aus. Die umschriebene Offenheit stellt das Kunstobjekt und damit die gattungsspezifische Möglichkeit der Zuordnung unter die Kategorien Skulptur und Malerei grundsätzlich in Frage. Allein die Erfahrungsqualität ist entscheidend. „The work I do is sort of a painter's vision of three dimensions. It's not so much sculptural, although I use a format that is physical and three-dimensional."[2] Exemplarisch zeigt sich dies an der Binnenfläche, welche in ihrer Rechteckform durchaus als Reminiszenz an das Tafelbild gelesen werden kann. Doch was ist eigentlich hier das "Bild", diese Fläche oder der umlaufende Farbrahmen, und wie kann die Wahrnehmung etwas ins Visier nehmen, das eigentlich gar nicht dort ist, wo es vermeintlich zu sein scheint? Der festgestellte Befund, besser wäre von Befindlichkeit zu sprechen, erweist sich als Erscheinung, die in ihrer wahrgenommenen Präsenz dennoch absent bleibt. „If we define art as part of the realm of experience, we can assume that after a viewer looks at a piece he "leaves" with the art, because the "art" had been experienced."[3] „The viewer leaves with the art", er hat das "Bild" quasi von der Wand hinweggeguckt, oder es hat gar nicht erst dort gehangen, weil es im Erleben, in der Wahrnehmung, im "experiencing" des Betrachters als etwas ursprünglich Verinnerlichtes angelegt ist. Ähnlich wie bei Beuys, Newman oder Rothko liegt die Kunst im Betrachter, lebt und entfaltet sie sich in seinem Innern, wird der Betrachter zum Künstler. „The object of art may be to seek an elimination of the necessity for it."[4] Damit wird dem Betrachter der Akt einer primären Teilnahme übertragen, was auch die Isolierung und Vereinzelung des betrachtenden Subjekts in diesem bewusst kleinen Raum erklärt. Insofern zeigt sich James Turrells Werk <Penumbra>, das zur Gruppe der "Shallow Space Constructions" der frühen siebziger Jahre gehört, deutlich der jüngsten Entwicklung der "Perceptual Cells"[5] verpflichtet: Ein-Personen-Räume, die als intime Wahrnehmungszellen angelegt sind. Diese Kunst, die sich nur als erfahrungsmässiges Dasein offenbart – „it is experiential art"[6] – und die durch eine „transformative quality" ausgezeichnet ist, entzieht sich jeglicher Verfügbarkeit. Ihr

Besitz ist letztlich rein geistiger Natur, der Betrachter wird aktiv in das kreative Moment, in die Imagination eingebunden: eine Ver-Bildlichung, die sich dem Künstler, der sich selbst schon entzogen hat, entzieht. Wie der Mönch bei Caspar David Friedrichs Bild <Der Mönch am Meer> ist hier der opulente Sessel ein sachter Fingerzeig auf die Abwesenheit des Künstlers, auf sein entschwundenes Subjekt, das der objektivierten "Malerei" einen eigenen Raum gewährt. Bildschöpfung der Absenz, die ohne die Teilnahme des Betrachters nichts zeigt ausser einen Sessel und Licht in einem leeren Raum, wird nie aus dem Halbschatten ihres Daseins in die Welt festgefügter Dinglichkeit treten.

OLIVER WICK

1 Julia Brown, Interview with James Turrell, in: Occluded Front, James Turrell, Museum of Contemporary Art, Los Angeles, hrsg. v. J. Brown, Los Angeles 1985, S. 23.
2 Barbara Perris, Interview with James Turrell, in: Atlanta Art Papers, Bd. 13, 3/1989, S. 32.
3 Jane Livingston, Robert Irwin, James Turrell, in: Art and Technology, A Report on the Art and Technology Program of the Los Angeles County Museum of Art 1967–1971, hrsg. v. Maurice Tuchman, Los Angeles 1971, S. 131.
4 A.a. O.
5 Die Werkgruppe der "Perceptual Cells" wurde erstmals im Kunstverein Düsseldorf von April bis Juni 1992 gezeigt.
6 Aus Notizen von Gesprächen, die der Autor vom 21.-23.2.92 in Flagstaff mit Turrell geführt hat.

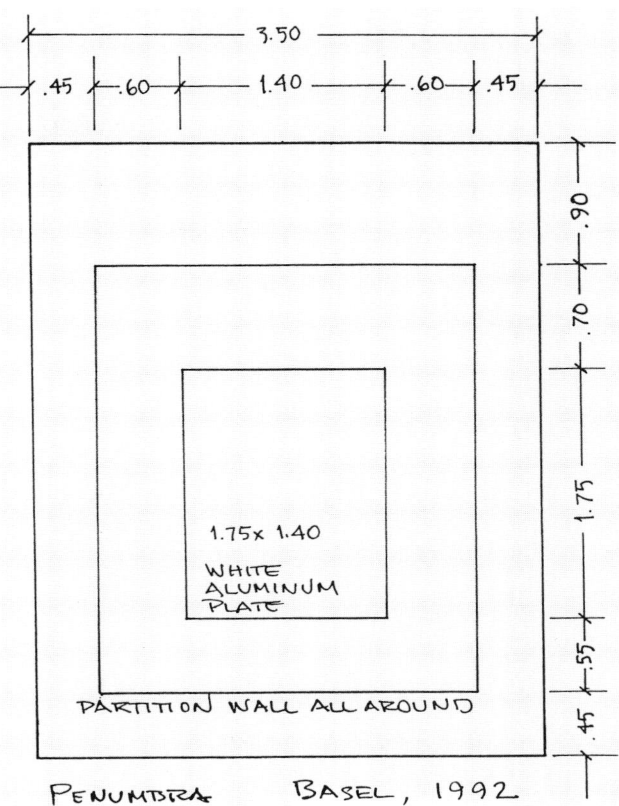

Konstruktionszeichnungen (Querschnitt und Aufriss) zu <Penumbra> (Kat.nr. 177).

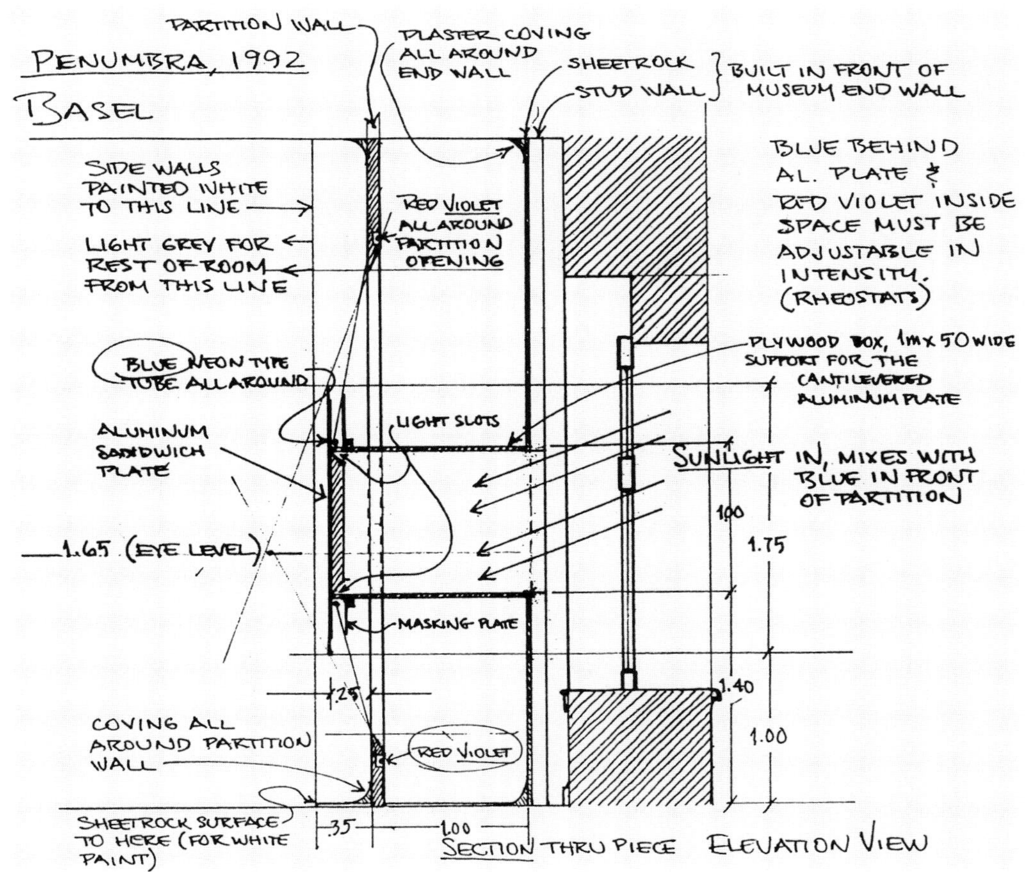

Technische Angaben zu <Penumbra>, 1992, Shallow Space Constructions, Window Series (Kat.nr. 177).

Rahmenöffnung in der Stirnwand des Raumes.
Violett-Blau, blasses Blau und wechselnde Farben des Tageslichts.
Die Raummasse sind: 435×425×350 cm. Der Öffnungsrahmen ist zentrisch in die Stirnwand gesetzt. Sein äusserer Umfang misst 300×260 cm. Die Vertikalleisten sind 60 cm breit. In der Horizontalen messen sie oben 70 cm, unten 55 cm. Die so umschlossene Innenfläche aus Aluminium, Honeycomb oder Holz misst 175×140 cm, wobei sie um 25 cm aus der Wandebene in den Raum vorsteht.
Bei der Konstruktion handelt es sich um eine Trennwand, die zusammen mit einer zweiten Trennwand dahinter vor das bestehende Fenster gebaut wurde. Der Hohlraum zwischen den beiden Trennwänden ist 100 cm tief. Die im Blickwinkel liegenden Kanten sind abgerundet. Das Innere dieses Hohlraumes und auch die umlaufende Zone 35 cm vor diesem Rahmen sind in lichtaktivem Titaniumweiss gestrichen. Die Raumfarbe ist in einem leichten Grauton gehalten.
Der Hohlraum wird von einem Kasten (100×50×125 cm) durchstossen, der das Tageslicht vom Fenster in das Rauminnere führt und hinter der Binnenplatte durch schmale Schlitze austreten lässt. Dort mischt es sich mit blass-blauem Neonlicht, das umlaufend hinter dieser Platte angebracht ist. Entlang des äusseren, abgekanteten Öffnungsrahmens dagegen verläuft blau-violettes Neonlicht mit starker Rotfärbung. Während dieses Licht vor allem den Zwischenraum anfüllt, legt sich das blasse Blau dagegen als Schleier darüber. Das Tageslicht lässt die Farbigkeit immer neue Erscheinungen annehmen und belässt die Lichtqualität im Innern in beständigem Fluss.

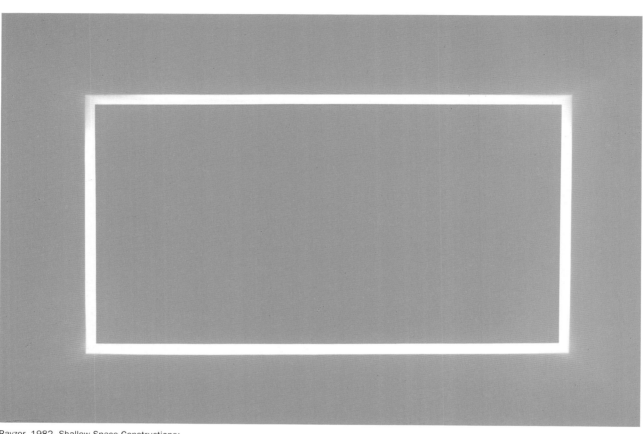

Rayzor, 1982, Shallow Space Constructions;
Installation im Center on Contemporary Art, Seattle 1982;
Anthony d'Offay Gallery, London, Courtesy James Turrell.

XXIII LUCIANO FABRO

Ovaie, 1988; 2 Tle: Stahl, Marmor; je L. 10 m (Installation im Kunstmuseum Luzern 1991).

Wenn wir die frühesten Malereien, die frühesten Skulpturen betrachten, sehen wir, dass der Künstler sogleich die Form, die Bewegung, die Farbe, den Ausdruck, die Plastizität, die Proportionen usw. erfasst hat ... aber damit er das tun konnte, hat er daran denken müssen, dass Materie etwas Wiedererschaffbares ist, nicht etwas Festes, Unveränderliches, für immer Definiertes. Der Künstler hat begriffen, dass Materie wiedererschaffbar ist durch Transformation, dass sie etwas ist, das er wieder in Bewegung setzen kann.

Auszug aus dem Text von Luciano Fabro auf S. 178.

Fabro wählte für die Plazierung seiner Werke den Raum in der Kunsthalle, in dem hoch oben an der einen Längswand sechs Sandstein-Masken des Basler Künstlers Arnold Böcklin (1827–1901) hängen, die für die Gartenfassade der Kunsthalle entstanden waren und Karikaturen von mit dem Kunstverein verbundenen Basler Bürgern darstellen. Unter diesen Masken hängen während der Ausstellung "Transform" die <Attaccapanni>, im Raum selbst wird <Crono> installiert.

Arnold Böcklin
Maske, 1871
Sandstein; H. c. 75 cm.

Attaccapanni, 1976/77; Galleria Christian Stein, Mailand (Aufnahme: Kunstmuseum Luzern 1991; vgl. Kat.nrn. 178–181).

182
Crono
1991
4 Tle: Marmor
230×230×200 cm

Unter der Kruste der zeitgenössischen Kunst

Zusammenfassung einer Vorlesung, gehalten am 16.1.1992 an der Accademia die Brera

Die Kruste besteht aus früher lebensfähigen und jetzt toten Zellen. Der Körper der Kunst hat sich, während er reagierte, aus diesen Zellen ein Schutzschild gemacht.

Nun zwei Bemerkungen: erstens, wenn es sich um die Kruste handelt, reden wir von toten Zellen; zweitens, wenn es sich um die Zellen handelt, können wir sie anatomisch untersuchen und verstehen, was sie taten und warum und wie sie sich verhielten, als sie lebend waren.

Aus der ersten Bemerkung folgern wir, dass diese Zellen, so wie sie jetzt sind, unbrauchbar sind für die gegenwärtigen, vitalen Kunstprozesse.

Die zweite Bemerkung gibt uns die Möglichkeit zu verstehen, dass wir das, was wir von diesen Zellen erfahren, auf jetzt aktive Zellen anwenden können.

Eine dritte Bemerkung betrifft die Tatsache, dass die Kruste von einem Zusammenstoss zeugt. Es ist wichtig, dessen Ausmass zu erkennen, damit wir nicht neue Verletzungen erleiden und unsere Kraft, neue Kunstzellen zu erschaffen, versiegen lassen.

Wenn wir von Problemen von Farbe, Raum, Form, Sinn, Bild, Materie *sprechen, ..., sprechen wir von Zellen, die wir heute für tot halten, die aber Künstler allmählich geschaffen haben, um die* Menschheit (umanità) *lebend zu erhalten.*

Wenn wir die frühesten Malereien, die frühesten Skulpturen betrachten, sehen wir, dass der Künstler sogleich die Form, die Bewegung, die Farbe, den Ausdruck, die Plastizität, die Proportionen usw. erfasst hat ... aber damit er das tun konnte, hat er daran denken müssen, dass Materie etwas Wiedererschaffbares ist, nicht etwas Festes, Unveränderliches, für immer Definiertes. Der Künstler hat begriffen, dass Materie wiedererschaffbar ist durch Transformation, dass sie etwas ist, das er wieder in Bewegung setzen kann. Er hat sich einem Samen gleich gefühlt, der einen Baum hervorbringen kann, oder einem Vater oder einer Mutter gleich, die sich selbst ausserhalb von sich selbst erzeugen ...

Er hat auch gemerkt, dass er die Fähigkeit hat, die Bilder aus einer Welt in die andere zu verlagern: aus der inneren in die äussere, aus der Welt der Lebewesen in die der Mineralien. Die Skulptur wie auch die Malerei bilden den Übergang zwischen den beiden Welten.

Der Künstler begriff, dass er das Bild unabhängig vom Gegenstand wiedererschaffen konnte; er konnte das Bild von einem Gegenstand auf den anderen übertragen.

Er hat erfasst, dass das Bild gleich bleibt auch bei verschiedenen Grössen, so lernte er in Proportionen *zu schauen und zu denken und die Dimensionen in* Länge, Breite, Höhe, Gewicht *zu unterscheiden ..., und er lernte, diese Dimensionen einzeln oder in Beziehung zueinander zu brauchen.*

Er begriff, dass die Zeit geteilt und in Momente zerlegt werden konnte; so war er imstande, den Augenblick, der die Bewegung darstellt, wiederzugeben.

Er begriff, dass die Bewegung die Haltung darstellte, die Art, sich hinzustellen, sich in Beziehung zu den Dingen zu setzen; so belebte er die Materie und die Zeichen in bezug auf die Haltung des Bildes: Mutterschaft, Kontemplation ...

Unser Problem heute ist es, die toten Zellen, welche die Kruste bilden, nicht mehr negativ zu betrachten, sondern als Schutzschild. Wir müssen unter dieser Kruste arbeiten, denn dort bildet sich die neue Haut.

Tatsächlich haben die Künstler, die jeweils das Problem der Phantasie, der Metaphysik, der Natur, des Vergnügens, der Materie usw. gelöst haben, unter der Kruste gearbeitet, welche aus den durch Erfahrung und durch die schwierige Beziehung zwischen den verschiedenen Bereichen provozierten Verwundungen entstanden ist.

Unsere Analyse ist einerseits unmittelbar konstruktiv und hat andererseits eine langfristige Zielsetzung.

Unsere Aufgabe als Künstler ist es, so zu arbeiten, dass unter der Kruste *– wenn sie einst zerfallen wird – eine lebende, geschmeidige Haut ist, welche der Menschheit ein neues* Bild (Idee) *zu geben bereit ist.*

LUCIANO FABRO
Übersetzung: Elisabeth Wirth

XXIV JONATHAN BOROFSKY

Ausstellung in der Paula Cooper Gallery, New York 1980.

Ich wollte nicht nur einen Punkt, sondern den ganzen Raum aktivieren. Deshalb bewegte ich mich im Raum hin und her, um der Energie freien Lauf zu lassen. Es war dasselbe als ob ich ein Bild malte – nur mit dem Unterschied, dass alles in sechs Dimensionen stattfand; vier Wände, die Decke, der Boden – und alles hielt der Raum zusammen.

Borofsky 1977, zitiert in: Mark Rosenthal / Richard Marshall, Jonathan Borofsky, New York 1984, S. 117.

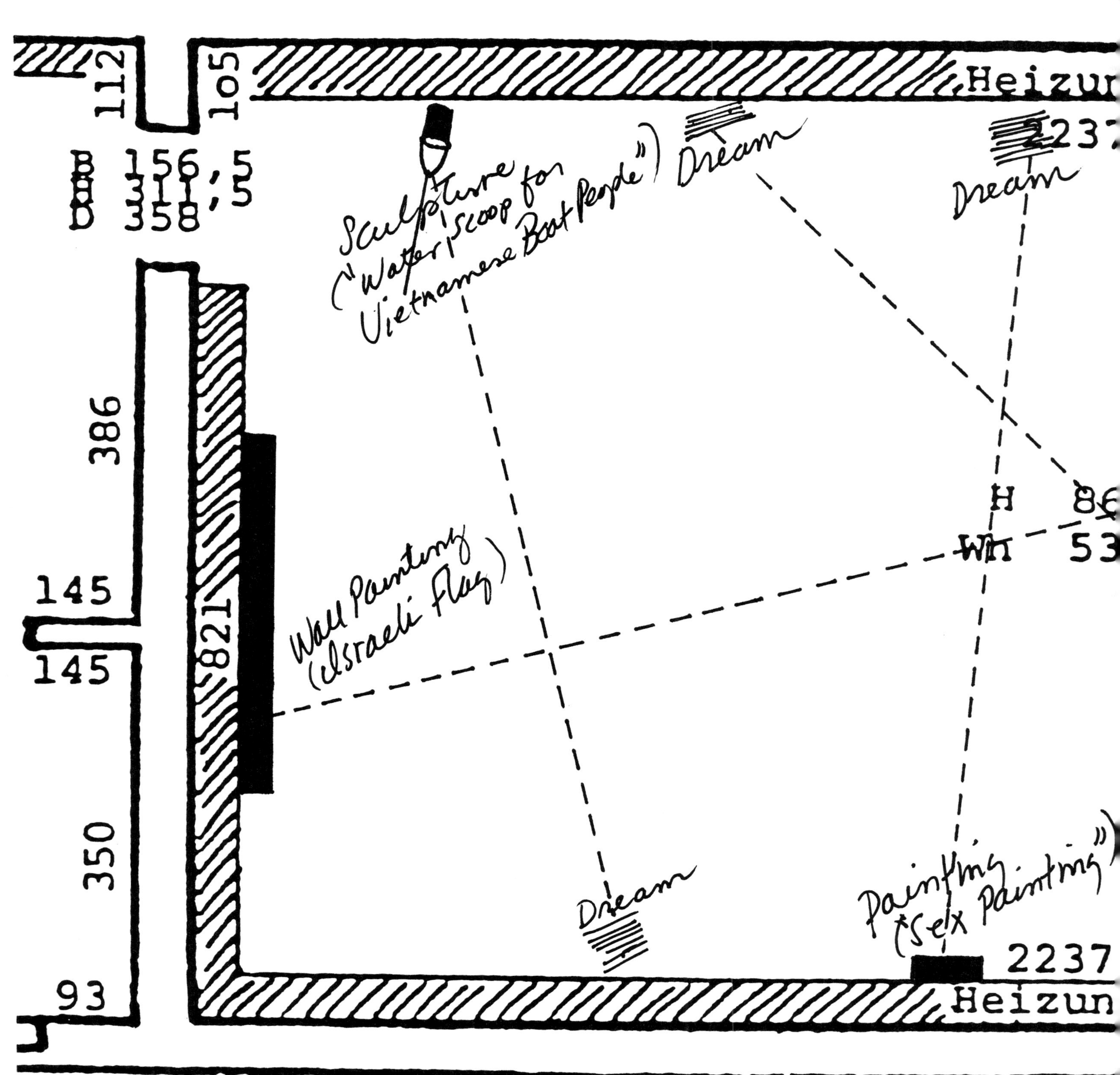

/ white cotton string is streched (above head level), wall to wall, image to dream

• all dreams are written on the wall.

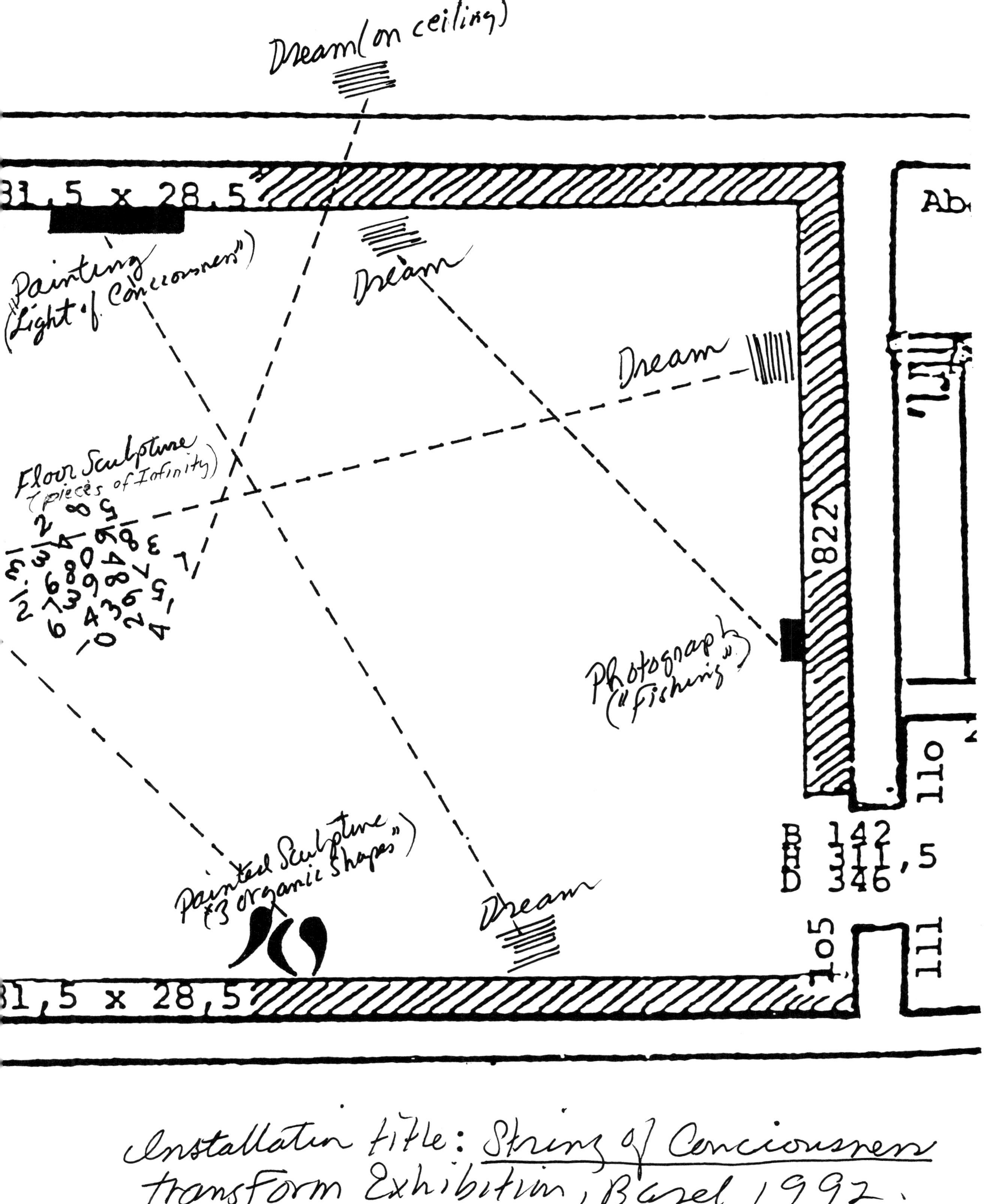

Dream (on ceiling)

31,5 x 28,5

Painting ("Light of Conciousness")

Dream

Dream

Ab

Floor Sculpture (pieces of Infinity)

822

Photograph ("Fishing")

110

B 142
H 311,5
D 346

Painted Sculpture ("3 organic Shapes")

Dream

105

111

31,5 x 28,5

Installation title: String of Conciousness
transform Exhibition, Basel 1992.

I dreamed my penis was very small which was alright because I had a lot of energy.

I dreamed I was very old. I thought back to my parents who were long gone. I began to cry in my sleep.

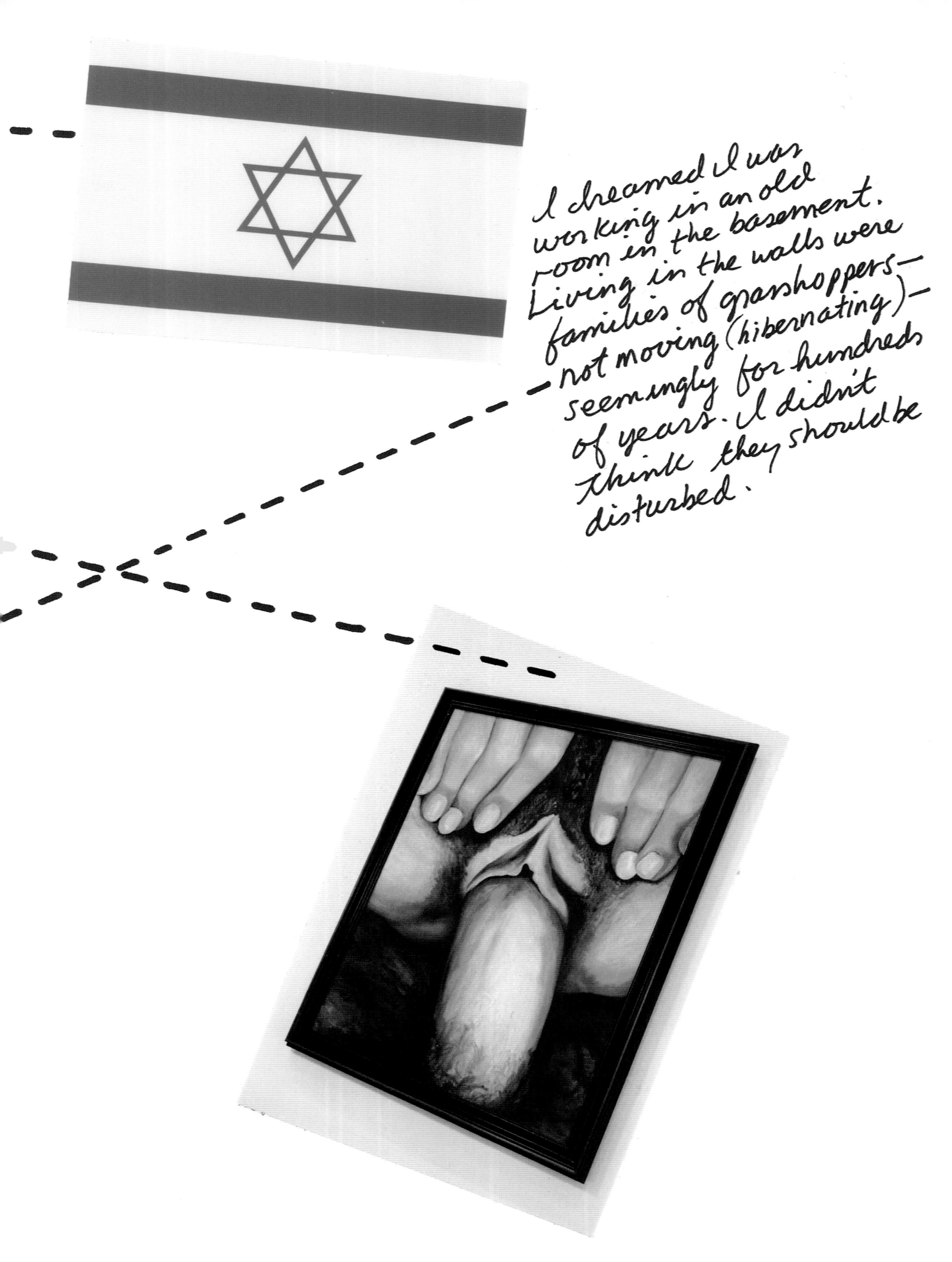
I dreamed I was
working in an old
room in the basement.
Living in the walls were
families of grasshoppers—
not moving (hibernating)—
seemingly for hundreds
of years. I didn't
think they should be
disturbed.

String of Consciousness>, zu deutsch etwa: Bewusstseins-Strang (Verknüpfung, sich kreuzende Verbindungslinien, Wege des Bewusstseins, des Imaginierens und Denkens), so nennt Jonathan Borofsky ein mehrteiliges Werk in Form eines Environments, das er im Rahmen der "Transform"-Ausstellung für den grossen Saal im Obergeschoss der Basler Kunsthalle geplant und weitgehend an Ort und Stelle ausgeführt hat. Siebenmal wird ein Objekt, eine Skulptur, eine Bildtafel oder ein Wandbild durch Verbindungsschnüre verknüpft mit aufgeschriebenen Traumnotizen. Bildhaft kleben sie in der vergrösserten Handschrift Borofskys an verschiedenen Stellen der Wände und der Decke. Man könnte sagen: sie erscheinen dort wie von der Raumhülle aufgefangene Projektionen von Botschaften aus dem kreuz und quer imaginierenden Kopf (und Herzen) des Künstlers. Der statische Saal fängt gewissermassen die geistig-seelische Tätigkeit eines Menschen mitten im Fluge auf.

Wer diesen Saal betritt, befindet sich bildhaft im Kopf und im Herzen dieses Menschen[1], der sich in seinen Träumen am persönlichsten, und damit auch am allgemeinsten, sowohl in den "positiven" als auch in den "negativen" Aspekten blosslegen will. „Man ist sein eigenes Modell eines menschlichen Wesens. Wenn in mir etwas Angst hat und sich verteidigt oder angreift, so entspricht dies wahrscheinlich dem Krieg ausserhalb von mir in der Welt oder in den Köpfen anderer Leute." [2] Neben die Träume traten manche aus der alltäglichen Bilderflut gepflückten, als archetypisch und aktuell empfundene Bilder, so das überfüllte Schiff mit <Vietnamese Boat People> was Borofsky auch auf seine eigene Situation bezog.[3] Die Träume selber, die Borofsky als „perfect food for my paintings" entdeckte, waren keine stolzen oder im Sinne der Surrealisten und eines Odilon Redon "interessanten" Visionen. Vielmehr waren sie geprägt von den simpelsten Ängsten, von der vergangenen Kindheit und Herkunft und vom bevorstehenden Alter oder etwa vom unheimlichen Zeitraum ("Hunderte von Jahren") des "Überwinterns" von Heuschrecken, die, wie Borofsky träumte, im Keller regungslos hausten und nicht gestört sein wollten, während der Träumer Jonathan Borofsky dort unten arbeitete. Diese schnell verfliegenden Träume, die in ähnlicher Weise jeder Mensch in grosser Menge schlafend produziert, hat Borofsky als gerade nicht hervorragende Zeugnisse des ununterbrochen aktiven Geistes des Menschen vor dem schnellen Vergessen und Verdrängen soweit bewahrt, als dies ein paar Notizen und Skizzen vermögen. Mit der Ausformung, gar in den Environments, erfuhren die Traumbilder natürlich eine Umsetzung zu etwas ganz anderem.

Dass Borofsky diesmal in dem von ihm bereits 1981 benutzten Basler Raum[4] auf den Einbezug von Geräuschen und beweglichen Elementen verzichtet, hat mit künstlerischer Ökonomie zu tun, aber man spürt doch die jetzt nicht wirklich benutzten weiteren Möglichkeiten zwischen den alten Gattungsgrenzen der Kunst, deren Statik aufgehoben werden sollte. Denn es geht Borofsky um die künstlerische Gestaltung einer merkwürdigen Bewegung, eben dieser rastlosen Tätigkeit des menschlichen Geistes oder des „How the mind works", und damit einer Bewusstseinsbildung, deren Antriebe im Immateriellen und Unsichtbaren zu gründen scheinen. Sie machen den Menschen nicht nur zum träumenden, zu einem geistig "Fliegenden Menschen", zu einem <Flying Man>, wie er etwa, als ein ebenso frei-aktives wie gehetztes Wesen unter dem Dach des Museums für Gegenwartskunst Basel „gleich einem Planeten" seine Bahn zieht, getrieben von der Suche nach einer Art von rubinhaft leuchtender Schönheit und Wahrheit[5], dabei ebenso hilflos wie erhöht im Gefühl der Teilhabe am Ganzen des Kosmos: „All is one", was sogleich durch das Bewusstsein zu ergänzen ist: „One ist two"[6], zweipolig, vergangenheitlich und auf zukünftiges hinlaufend, auf dem Zeitband vorwärts und rückwärts gehend wie der Hund auf dem hohen Seil, von dem Borofsky träumte. (Diesen Traum "realisierte" er als Zeichnung, als Wandbild und schliesslich, im bewussten Streben nach eingängigen Medien, auch als farbiges Video im Disney-Stil – vielleicht sei er in einem früheren Leben wirklich ein Hund gewesen.[7])

Das ist alles ausgesprochen unheroisch und wird vorgetragen mit simplen Mitteln, ja zuweilen in bewusstem "Bad painting". Borofsky: „Es gibt sicher viele Leute, die einen ähnlichen Traum schon hatten wie den, den ich ihnen zeige. Das soll aber gerade bewirken, dass ich eine Verbindung zu ihnen herstelle, indem ich sage: Schau, ich träume so – träumst Du ähnlich?"[8] So fange man an, konkret darauf zu achten, „wie unser Geist funktioniert". Und man öffne sich gegenseitig – ein Mittel für Borofsky, „to get rid of cool art"[9]: die primär konzeptionelle Kunst aufzubrechen, mit der Borofsky allerdings selber begonnen hat und die ihm weiterhin wichtig blieb. Das "Counting" behielt er davon bei, nun aber psychologisiert. Was Borofsky sowohl animiert als auch beängstigt, das ist die kontinuierliche und unaufhaltsame Aktivität des Geistes, die auch durch das pure Zählen, das von Borofsky als meditative Übung des "slow down" und zugleich als Ausdruck des ständigen Weitergehen-Müssens auf dem Zeitband benutzt wurde, nicht aufgehalten werden kann. „Der Geist und das Denken laufen auf eine merkwürdige Weise ohne Unterlass den ganzen Tag, ja auch nachts in den Träumen. Es gibt keinen Unterbruch. Wir können wohl versuchen, während fünfzehn Minuten zu meditieren und die Augen zu schliessen"[10], aber alsbald werden das Denken und das Vorstellen wieder besetzt von mehr oder weniger äusserlichen Dingen, die wie Steine den Kopf belasten und den Geist, der sich öffnen könnte, verschliessen (was Borofsky anschaulich, das heisst naiv-direkt als einen von Steinen umschlossenen Kopf gezeichnet hat).

So bleibt <Light of Consciousness> sozusagen ein alter Traum. – Als Rosemarie Trockel entsprechend einem Traumbild eine Skulptur realisierte, entstand schliesslich ein aktuelles, sanft und unheimlich forderndes Gegenüber (siehe S. 203).

DIETER KOEPPLIN

1 Ausst.kat.: Jonathan Borofsky, Dreams 1973–81, Institute of Contemporary Arts, London / Kunsthalle Basel 1981; Text von Joan Simon: „... es ist, als ob man sich in Borofsky's Kopf befände." – Ausst.kat.: Jonathan Borofsky, Zeichnungen 1960–1983, Kunstmuseum Basel 1983, S. 164.
2 Ausst.kat. Basel 1983, wie Anm. 1, S. 165 (Gespräch mit Borofsky im Mai 1983).
3 Ausst.kat.: Jonathan Borofsky, Philadelphia Museum of Art, Philadelphia 1984, S. 141.
4 Siehe Anm. 1.
5 Ausst.kat. Philadelphia 1984, wie Anm. 3, Abb. 209; zum Rubin: S. 127 u. 139.
6 Ausst.kat. Basel 1983, wie Anm. 1, S. 149ff. u. 163 mit Anm. 2 u. 3.
7 Ausst.kat. Philadelphia 1984, wie Anm. 3, Abb. 138 u. 52. Der selbstbildnerische Hund schon auf <Continuous Painting> von 1972 / 73 (Öffentliche Kunstsammlung Basel), Abb. 4 in Ausst.kat. Philadelphia 1984, wie Anm. 3; Ausst. kat. Basel 1983, wie Anm. 1, S. 149ff. (Christian Geelhaar), s. auch Abb. S. 162. Die Notiz „I told some students of the school that I was a dog in my last life" findet sich auf der Notiz und ersten Skizzen des <Walking-Dog-Traums> (Privatbesitz Basel).
8 Ausst.kat. Basel 1983, wie Anm. 1, S. 163.
9 Lucy R. Lippard, Jonathan Borofsky at 2,096,974, in: Artforum Nov. 1974, S. 63; Ausst.kat. Basel 1983, wie Anm. 1, S. 153 u. 163.
10 Ausst.kat. Basel 1983, wie Anm. 1, S. 170.

◁
S. 180–183: Installationszeichnungen von <String of Conciousness>, von Borofsky für den Katalog ausgeführt.

XXV JENNY HOLZER

Leuchtschrifttafel aus der Serie <Truisms>, 1982; Installation am Times Square, New York.

Für die Ausstellung "Transform" hat Jenny Holzer eine Installation im Treppenhaus der Kunsthalle konzipiert, die sich mit dem räumlichen Kontext auseinandersetzt und sich zugleich einem Thema widmet, das sie seit mehreren Jahren beschäftigt. Auf drei Geschosse verteilt, wird im verdunkelten Raum mit zwölf elektronischen Schrifttafeln eine Arbeit inszeniert, die vom Krieg handelt. Die Künstlerin versteht sie als <Work in Progress>.

Die Texte erreichen uns als Wortkaskaden über vertikale elektronische Schriftbänder, die Rücken an Rücken zwischen der Decke und den Abschlusspostamenten des Treppengeländers eingespannt sind. Die Räumlichkeiten sind abgedunkelt, um sie zu einem in sich geschlossenen Ort, einem Ort des Innehaltens zu machen. Einzige Lichtquellen darin sind die farbigen, blinkenden Schriftbänder.

Um ihren Visionen über den Krieg Ausdruck zu verleihen, führt uns die Künstlerin Aussagen von verschiedenen Menschen vor, die alle auf ihre Art ins Kriegsgeschehen verwickelt sind. Eine Person wartet auf die Todesschüsse und malt sich aus, dass von ihr als Opfer nichts bleiben wird als ein sich zersetzender, stinkender Körper. Eine andere Person stellt fest, dass ihre Hände in der Arbeit mit Leichen und Blut ein Gedächtnis entwickelt haben. Eine Mutter wird mit dem Körper ihrer Tochter konfrontiert: „The mother counts parts. The body she made is worse now." Ein Soldat hat soeben seinen Tod gefunden: „His death is fresh and the smell is pleasant. He must be pulled away, skin splitting. He is a suggestion that affects people differently."

Die Amerikanerin Jenny Holzer wurde 1950 geboren und ist im Mittleren Westen, in Ohio, aufgewachsen. 1972 zog sie nach Manhattan und lebt seit 1990 im Norden des Bundesstaates New York. Sie studierte Malerei, gelangte aber zu der Überzeugung, dass sich ihre künstlerische Mitteilung besser und präziser über Worte als über Bilder vermitteln liess. So begann sie 1977 mit den "truisms", um unpersönliche klischeehafte Botschaften, Binsenwahrheiten zu formulieren, die sie vervielfältigte und, ohne die Autorenschaft bekannt zu geben, in der ganzen Stadt auf Hausmauern oder Plakatwänden verteilte, um ein möglichst breites Publikum anzusprechen: „The world is the subject for art, or at least for my art."[1]

Seitdem haben sich die Präsentationsformen und die Inhalte ihrer Botschaften laufend gewandelt. 1982 liess Jenny Holzer ihre Texte erstmals über eine elektronische Reklametafel am New Yorker Times Square laufen (vgl. Abb. S. 185). Über dem verkehrs- und passantenreichen Platz prangten Sätze wie "Private property created crime" oder "Money creates taste." Zu elektronischen Laufschriften griff sie, „because [...] I thought the signs were the official voice of everything from advertising to public service announcements. Plus they are of the world."[2]

Auf die <Truisms> folgten die <Inflammatory Essays>, <The Living Series> und die <Survival Series>, die formal strukturierter und inhaltlich politischer und engagierter wirken. Die Texte, die sie für <War (Work in Progress)> in der Kunsthalle Basel verfasst hat, sind durch die Arbeiten <Under the Rock> (1986) – „It refers to my bringing up some unmentionable or at least unpleasant topics – things that crawl out from under a rock" – und <Laments> (1989) vorbereitet. So schlüpft sie bereits in den <Laments> in die Haut ganz unterschiedlicher Personen, um sie in der Ich-Form über Empfindungen und persönliche Erlebnisse reflektieren zu lassen.[3]

Zu den eindrücklichsten Auseinandersetzungen mit den Schrecken des Krieges gehört die Graphikfolge <Desastres de la guerra> (1812) von Francisco de Goya, die unter dem Eindruck der spanischen Widerstandskämpfe entstanden ist. Beide, Goya und Jenny Holzer, beschreiben Aspekte des Krieges; neben dem Leiden berichten sie von der Bedeutungslosigkeit des menschlichen Lebens und von der Obszönität des menschlichen Wracks. Sie tun dies mit einfachsten Mitteln: dem Helldunkel und den prägnanten Formen von Goyas Graphiken stehen die sachlichen Schriftbänder, die klare Raumgestaltung und die aphoristischen Texte von Jenny Holzer gegenüber.

Ausgesprochen innovativ ist das Werk von Jenny Holzer in bezug auf Gattungsüberschreitungen. In ihren Installationen schaltet die Künstlerin verbale mit visuellen Aspekten zusammen. Das Zweidimensionale erscheint dreidimensional und umgekehrt. Gleichzeitig spielt sie mit den Möglichkeiten der Werbung und erreicht mit ihren persönlichen und kritischen Texten auch ein Publikum, das nur selten mit künstlerischen Aussagen konfrontiert wird.

EVA KELLER

1 In Ausst.kat.: Jenny Holzer, Solomon R. Guggenheim Museum, New York 1989, S. 15.
2 A.a.O., S. 16.
3 A.a.O., S. 17.

Entwurfszeichnung für <War (Work in Progress)> (Kat.nr. 184) in der Kunsthalle Basel.

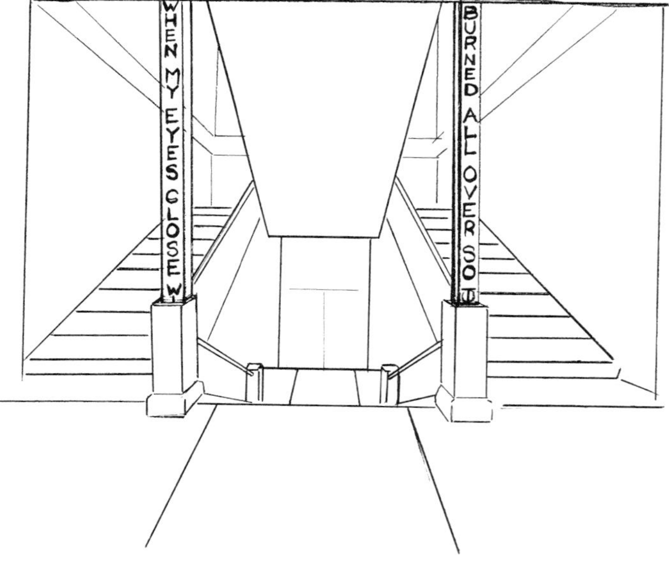

Laments, 1989; Installation in der Dia Art Foundation, New York.

BURNED ALL OVER SO ONLY HIS TEETH ARE GOOD, HE SITS FUSED TO THE EQUIPMENT. METAL HOLDS THE BLAST HEAT AND THE SUN. HIS DEATH IS FRESH AND THE SMELL IS PLEASANT. HE MUST BE PULLED AWAY SKIN SPLITTING. HE IS A SUGGESTION THAT AFFECTS PEOPLE DIFFERENTLY.

THE ANIMAL IS FOLDED IN THE LANDSCAPE. IT IS THE WAR ZOO. PILOTS NAME IT. IT IS A MARKER. THE MAIN BONE IS BROKEN SO IT CANNOT MOVE OUT OF THE WAY. INSTINCT MAKES IT WATCH. IT EXPECTS THAT SOMEONE WILL TOUCH IT TO RESTORE THE PACT.

ÜBER UND ÜBER VERBRANNT, NUR SEINE ZÄHNE SIND NOCH GUT, SITZT ER, ANS GERÄT GESCHMOLZEN. METALL SPEICHERT DIE HITZE DER EXPLOSION UND DER SONNE. SEIN TOD IST SOEBEN EINGETRETEN UND DER GERUCH IST ANGENEHM. ER MUSS WEGGEZERRT WERDEN, HAUT GEHT IN FETZEN. SEIN ANBLICK BEWEGT DIE LEUTE UNTERSCHIEDLICH.

DAS TIER LIEGT MIT ANGEZOGENEN LÄUFEN IN DIE LANDSCHAFT GESCHMIEGT. ES IST DER KRIEGSZOO. PILOTEN GEBEN IHM NAMEN, ES DIENT ALS ZIELMARKIERUNG. DIE HÜFTE IST IHM ZERSCHMETTERT, ES KANN SICH NICHT IN SICHERHEIT BRINGEN. INSTINKT VERANLASST ES ZU WACHEN. ES WARTET DARAUF, DASS MAN ES BERÜHRT UND DEM ABKOMMEN ZWISCHEN TIER UND MENSCH SEINE GÜLTIGKEIT ZURÜCKGIBT.

Zwei der fünf Texte, die für <War (Work in Progress)> entstanden sind.
Übersetzung: Udo Breger

XXVI JAN FABRE

Jan Fabre, Schloss Tivoli, 1991; Cibachrome; 170×122 cm.

Jean-Henri Fabre, Entomologe und naher Verwandter Jan Fabres, sprach von der Stunde Blau, wenn die Nacht am Morgen in den Tag übergeht und die Welt in ein gleichmässiges Blau taucht. Ohne Schatten birgt das Blau noch die Dunkelheit der Nacht und schon die Helligkeit des Tages, in ruhiger matter Transparenz. Jetzt ist die Stunde, in der das Auge den Gegebenheiten so viel als möglich zu entreissen sucht. Wo die Stille zu einem grossen, inneren Geräusch wird und das Ohr auf alles horcht und alles ewig scheint.

Aus dem Text "Jan Fabre und das Zeichnen" von Maria Otto und Eckhard Schneider, in Ausst.kat.: Jan Fabre, Kunstverein Hannover/Museum of Contemporary Art, Helsinki 1992 [o.S.].

Als kleiner Junge habe er den Insekten die Beine ausgerissen, noch 1990, in seiner ersten Oper <Das Glas im Kopf wird vom Glas>, trugen Darsteller während der gesamten fünf Aufführungsstunden wieder und wieder lebende Mäuse, die an ihren Schwänzen gehalten waren, über die Bühne. „Von frühester Kindheit an fühlte ich mich zu den Dingen der Natur hingezogen", sagte Fabre einleitend zu seinem "Book of Insects (Volume I)", das 1990 in einer kleinen Auflage in Gent erschienen ist. Es ist in der Aufmachung und im Inhalt an ein Buch seines Verwandten, des Entomologen Jean-Henri Fabre angelehnt, dessen Idee und Vorstellung von der "Stunde Blau" er sich für eigene Werk- und Ausstellungstitel zu eigen gemacht hat.

Fabres Blau, das sich seit den späten siebziger Jahren von der Zeichnung aus auf grosse Satintücher, auf Gläser, Skulpturen, Theaterstücke und Architektur erstreckt hat, wirkt als ein Lebensgleichnis. Es zitiert den Augenblick einer auratischen Stille zwischen Nacht und Tag herbei, um ganz allgemein auf den Schwebezustand zwischen sich ausschliessenden Kräften wie Kampf und Liebe oder Leben und Tod zu drängen. Dieses Blau gilt nicht dem Globus oder einer Auflösung des Materiellen in die himmlische Sphäre wie das Blau Yves Kleins, und es huldigt nicht der Kugelschreiberindustrie. Fabre verwendet das Blau vielmehr als ein Forscher-Elixier, das ebenso die sich ausschliessenden Medien und Materialien in der Kunst einander gleichwertig werden lässt. Das Blau wirkt zudem als ein Zaubermittel, mit dem die überwältigende Fülle von Eindrücken und Aufgaben, vor denen ein Künstler steht, auf einen optischen "Punkt" gebracht werden kann.

Der Titel von Fabres Installation für "Transform", eine Auswahl seiner Insekten und Insektenzeichnungen aus der Zeit von 1975 bis 1979, die wie eine Kammer durch je eine "blaue" Glastür mit einem Ohr darauf betreten und wieder verlassen wird, stammt von einer Zeichnung aus dem Jahr 1975. Sie gehört zur Gruppe der "Phantasie-Insekten", symmetrischer, mit chinesischer Tusche skizzierter Lebewesen, deren Beine gelängt, deren Facettenaugen in Spiralformen erweitert und deren Lebensbereiche durch eine Fülle kleiner farbiger Punkte aufgefächert sind. Sie traumwandeln auf dem Papier oder fliegen wie Luftballone am Himmel. Auf sie folgen historisch die Zeichnungen von Spinnen, die Darstellung von Lindwürmern, einzelne Projekte zu Insektenskulpturen und schliesslich die Übermalung von Jean-Henri Fabres Buch "Les merveilles de l'instinct chez les insectes" mit Tusche und eigenen Texten. 1979 hat Fabre ein "Spinnentheater" aus "Schrecken" und "Angst" sowie "Spinnen-Performances" skizziert und sich die Metamorphose einer Spinne mit einem Kinderwagen vorgestellt. Von hier greift die blaue Farbe auf zahlreiche andere Lebewesen, Schlangen, Pfauen, Fledermäuse, über, ehe die ersten "Knipschaar"-Häuser, die saalfüllenden blauen Satintücher, Zeichnungen mit wandelnden Blättern darauf und das märchenhafte blaue Schloss Tivoli im belgischen Mechelen entstehen. Dieses Schloss spiegelte sich, über und über bedeckt mit blau gezeichneten Papierbögen, und ergab im Morgengrauen und am Abend ein weiteres Beispiel ab für eine Metamorphose des greifbar Dinglichen in die prozessuale Natur zurück.

Während sich die Kunst der achtziger Jahre objektfixiert verhielt und mit Warensimulation befasste, initiierte Fabre Transformationsvorgänge, deren Ziele im Chaos der Natur zu liegen scheinen. Schon seine Durchdringung und Gleichstellung der Kunstgattungen ist beunruhigend, seine direkte Koppelung von Kunst und Leben auch. Immer wieder, bis zum Krächzen der Stimme, musste einer der Sprecher in seinem Theaterstück <Sweet Temptations> (1991), Goethes <Faust> nachfolgend, aus "Der Tragödie erster Teil" rezitieren: "Hab nun, ach! Philosophie, / Juristerei und Medizin, / Und leider auch Theologie! / Durchaus studiert, mit heissem Bemühn. / Da steh' ich nun, ich armer Tor! / Und bin so klug als wie zuvor; [. . .]."

THOMAS KELLEIN

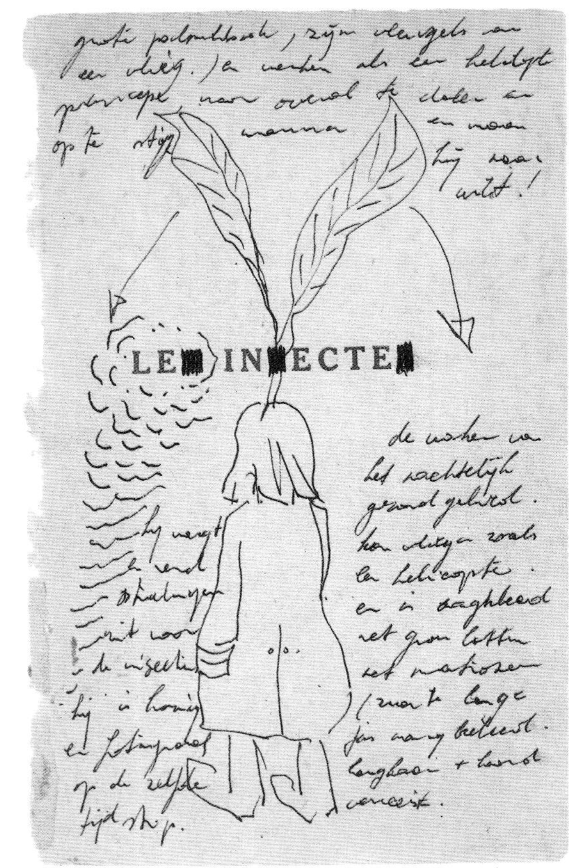

185a
Aus der Serie:
Projekt voor nachtelijk grondgebied
1979
Tusche auf Papier
18,5×11,5 cm

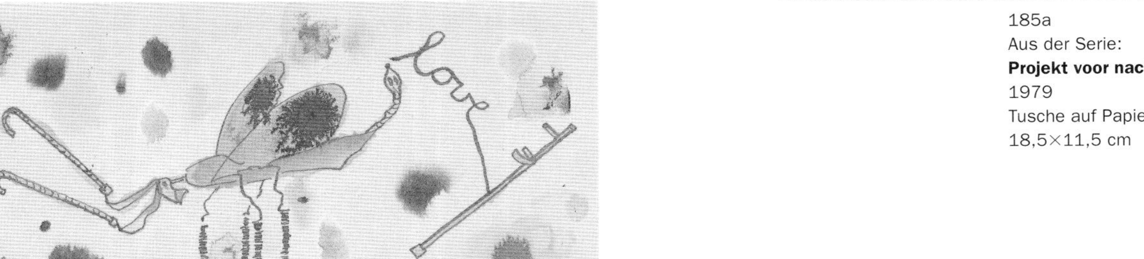

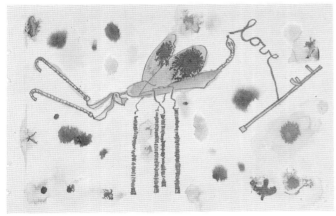

185a
Aus der Serie:
Fantasie-Insecten & Sleep, Sleep Little Animals
1975
Tusche auf Papier
11,9×17,8 cm

185b
Spinnensculpturen
1979
Versch. Materialien
je 10×10×10 cm

185c
Oor
1991/92
2 Türen: Glas, mit Kugelschreiber bemalt, graviert
je 273×136 cm

XXVII RICHARD DEACON

Lock, 1990; laminierte Hartfaserplatte, Aluminium, Vinyl; 242×382×301 cm.

Ausserdem habe ich von Zeit zu Zeit versucht, die Verbindung zwischen dem Werk und der Welt der Art und Weise anzunähern, in der die Sprache zwischen Individuen existiert. Die Skulpturen besitzen die Fähigkeit, die Schranke zwischen Subjekt und Objekt zu überschreiten. [...] Das "Dazwischen" ist etwas, das man teilt. Es ist nicht privat oder persönlich, aber es ist auch nicht öffentlich. Und so ist es etwas Gemeinschaftliches und doch auch fähig, Teil der Subjektivität des Betrachters zu werden.

Aus dem Gespräch von Deacon mit Julian Heynen, S.194.

Auszüge aus dem Interview "Zwischenzonen", das Julian Heynen mit Richard Deacon am 13. Mai 1991 anlässlich der Ausstellung neuer Arbeiten von Deacon im Museum Haus Lange und im Museum Haus Esters in Krefeld geführt hat. <Pipe> war eine dieser neuen Arbeiten. Das Interview ist abgedruckt im Ausst.kat.: Richard Deacon, Museum Haus Esters, Krefeld 1991 [o.S.].

J. H. ... Unter den Skulpturen aus den letzten ein bis zwei Jahren fallen einige auf, die ein neues Feld von Materialien, Formen und Assoziationen eröffnen. ... Die Oberflächen sind geschlossen, die Haut umschliesst ein Volumen, das ich nicht sehen und so kontrollieren, sondern nur ahnen kann (186). Das Wechselverhältnis von innen und aussen, von Vorder- und Rückseite, das in den frühen Arbeiten so deutlich artikuliert war, scheint hier ganz anders zu funktionieren (vgl. Abb. S. 193). Es etabliert sich nicht so sehr zwischen diesem und jenem Blickwinkel des Betrachters, sondern zwischen seiner Wahrnehmung der Oberfläche und seinen Vorstellungen über das Innere, den Körper. Wo es bei den anderen Skulpturen sozusagen ein Verhältnis zwischen zwei gesehenen Fakten ist, ist es hier eine Beziehung zwischen einer Tatsache und einer Vermutung, zwischen der Praxis des Sehens und der Theorie des Wissens oder Mutmassens. Mir kommt es so vor, als ob dadurch die Unsicherheit über die Bedeutung der Formen, über das Verhältnis von Sehen und Benennen in der Arbeit noch einmal verstärkt oder besser: pointiert wird.

R. D. *... In mancher Hinsicht läuft die Wahl einer bearbeiteten geschlossenen Oberfläche wie bei <Pipe> auf den Versuch hinaus, Vorstellungen über das Innere auf und an die Oberfläche zu bringen. Zugleich wird dadurch in der Tat ein Element der Unsicherheit ins Spiel gebracht. Bei vielen älteren Arbeiten war der Betrachter in der Situation, sich manchmal als ausserhalb und manchmal als innerhalb der Skulptur zu empfinden. Das Gefühl, von dem Gegenstand, den man betrachtet, eingehüllt zu sein, verändert die Beziehungen zwischen Subjekt und Objekt. Man hat dann bisweilen den Eindruck, im gleichen Mass Objekt für die Skulptur zu sein wie die Skulptur Objekt für einen selbst ist. Gegenüber diesen Unwägbarkeiten sind die Offenheit der Struktur, die hervorgekehrten Befestigungselemente usw. Ausweise von Materialität, Darlegungen des Faktischen, wenn man so will.*

In den neueren Arbeiten, die Du erwähnt hast, sind die Beziehungen zwischen Subjekt und Objekt gleichmässiger. Der Gegenstand bewahrt seine Distanz und bleibt so für das wahrnehmende Subjekt immer Objekt. Zugleich resultiert aus dieser Autonomie jedoch, dass das Wesen des Objekts oder dasjenige des Subjekts für den Betrachter eine Frage des Mutmassens bleibt. Es ist so, wie wenn ich mit Dir rede: Auch dann bleibt mir der Inhalt Deiner Subjektivität verborgen.

[...]

J. H. Was macht die Zwischenzone, den Übergang von aussen nach innen als ein generelles, oder soll ich präziser sagen: als ein menschliches Thema so interessant?

R. D. *Das ist in der Tat eine sehr komplexe Frage. Als Modelle betrachtet besassen viele frühere Arbeiten eine transparente Struktur. Sie existieren in einer seltsamen Zwischenstellung, zwischen dem Betrachter und der materiellen Welt. Sie agieren als Weisen, die Welt zu betrachten. Ausserdem habe ich von Zeit zu Zeit versucht, die Verbindung zwischen dem Werk und der Welt der Art und Weise anzunähern, in der die Sprache zwischen Individuen existiert. Die Skulpturen besitzen, wie ich das beschrieben habe, die Fähigkeit, die Schranke zwischen Subjekt und Objekt zu überschreiten. ... Das "Dazwischen" ist etwas, das man teilt. Es ist nicht privat oder persönlich, aber es ist auch nicht öffentlich. Und so ist es etwas Gemeinschaftliches und doch auch fähig, Teil der Subjektivität des Betrachters zu werden.*

Was die Beschreibung der Arbeiten im Hinblick auf ihre Ähnlichkeit mit bestimmten Arten von Dingen angeht: Diese Dinge sind selbst Teil der Herstellung von Bedeutung, die man auf das Werk hin betreibt. Das hat teilweise mit der eigenen subjektiven Geschichte zu tun und teilweise mit etwas, das eher öffentlich ist. Sie stehen in Beziehung zur eigenen Körpererfahrung genauso wie sie auch als Objekte in der Welt existieren. Zugleich bleibt ihr materieller Charakter objektiv. Ihr Ausdruck – was vielleicht nicht ganz das richtige Wort ist – ist unpersönlich, obgleich das nicht heisst, dass sie nicht expressiv sind.

J. H. Du hast die Rolle der Sprache einmal als "something in between", und zwar als etwas zwischen Subjekt und Objekt bezeichnet. Die metaphorischen Redewendungen, die Du häufig als Titel verwandt hast, machen das deutlich. [z. B. <For Those Who Have Eyes>, <Art for Other People>, <The Back of My Hand>, <Listening to Reason>, <Hearth and Mind>.] Die Titel der neueren Skulpturen bestehen nur aus einem Wort. Ist das ein gewisser Verzicht auf Ambivalenz oder komprimieren sie die Funktion der früheren Bezeichnungen?

R. D. *Die neuen Titel neigen zu Worten, die sowohl aktiv wie passiv sind. Sie sind sowohl Subjekte wie Verben oder Adjektive. Ihre Beziehungen zu den Arbeiten sind genauso ambivalent wie zuvor. ... <Pipe> ist sowohl ein Objekt wie eine Tätigkeit des Spielens. Im Englischen hat es ausserdem die Nebenbedeutung, jemanden zum Mitkommen zu verleiten wie im Fall des Rattenfängers von Hameln ("The Pied Piper of Hamelin"). So kann es nebenbei auch soviel wie "reisen" bedeuten. –*

Ich sehe die Titel genausowenig mehr als Etikette wie ich Sprache als etwas verstehe, das ein unabhängiges Universum nur beobachtet und beschreibt. Die Titel sind in die Arbeiten eingebettet so wie Sprache in die Welt eingebettet ist.

186
Pipe
1991
Aluminium
135×125×450 cm

XXVIII ROBERT GOBER

Drain, 1989 (RGO-80–SC); Zinnguss; ∅ 10,8 cm, T. 7,5 cm.

... die an Wahnsinn grenzende Realität dessen, dass wir Tag für Tag in einer Welt leben, die nicht so sehr herzlos als vielmehr gedankenlos ist.
[... Wir leben] in einer Gesellschaft, die, mit wenigen Ausnahmen, von Gleichgültigkeit, Vorurteilen und Angst geprägt ist.

Aus: Robert Gober, Cumulus from America, in: Parkett, 19/1989, S. 172.

Sie betreten ein spärlich möbliertes, tapeziertes Intérieur: Auf die idyllische Waldtapete sind an der einen Längswand zwei weisse Waschbecken montiert. Ein Gefühl von häuslichem Frieden und Geborgenheit stellt sich ein – gleichzeitig aber auch ein Gefühl der Irritation und Beklemmung.

Robert Gober, 1954 geboren, ist im ländlichen Wallingford (Connecticut) aufgewachsen und lebt heute in New York. Er gehört zu einer Generation von Künstlerinnen und Künstlern, die die tradierten Gattungen anscheinend überwunden hatten und in ihrer Arbeit nach neuen Ausdrucksformen suchten. Auf das Werk von Gober haben neben der eigenen Geschichte das Ready-made von Duchamp, der Surrealismus von Magritte, die Minimal und die Pop Art einen prägenden Einfluss ausgeübt.

Zu seinen frühesten Arbeiten gehören minutiös gefertigte Puppenhäuser, die den Mythos vom glücklichen Zuhause widerspiegeln. Anfänglich stellte er sie gewerbsmässig her, „bis sie eine eigene Identität erwarben und ihn auf die Idee brachten, auf der Grundlage von Puppenhäusern Kunstgegenstände zu fertigen“[1]. Eine erste grössere Werkserie entsteht um 1984 mit den <Sinks> (<Waschbecken>, 187 u. 188): Geradezu obsessiv und mit äusserster Sorgfalt beginnt Gober, verschiedene Typen des vertrauten, banalen Gegenstandes in Gips nachzubilden und mit weisser Lackfarbe zu überziehen. Obwohl die Waschbecken deutliche Spuren der handwerklichen Bearbeitung tragen, sich auch durch die unadäquate Wahl und die Fragilität des Materials als Unikate auszeichnen, bleibt der Warencharakter eines Massenproduktes und die Referenz auf <Fountain> (1917), das einfache, auf den Kopf gestellte Urinoir von Marcel Duchamp, offensichtlich. Duchamp, der ein anonymes, industriell produziertes Gebrauchsobjekt zum Kunstwerk erklärte, stellte damit die Einmaligkeit und Unverfälschtheit von Kunstprodukten sowie die damit verbundenen Kriterien für eine Beurteilung in Frage. Gober stellt dieser Art von Ready-made die bewusste, mit handwerklicher Sorgfalt ausgeführte Nachbildung eines Massenprodukts entgegen, der allerdings wichtige Teile wie der Wasserhahn oder das Abflussrohr für ein praktisches Funktionieren fehlen. Indem er das Motiv des Waschbeckens – und später des Urinoirs, der Laufgitter, Betten, Türen, Hundekörbchen usw. – beliebig abwandelt und vervielfältigt, entstehen eine ganze Reihe von Varianten zum Thema. In der Wiederholung, einem Prinzip, das die Minimal und die Pop Art auszeichnet, versachlicht sich die künstlerische Aussage. Es entsteht eine Leere, die das Assoziationspotential des Motivs und die "suggestive Präsenz“ der Objekte zu steigern vermag: Das Waschbecken als Ort der Reinigung und des Hygienezwangs, der Initimität und des Sich-Entblössens.[2]

Gober hat immer Räume gestaltet, früher in den Puppenstuben als Abbilder von wirklichen, bewohnbaren Räumen; später vereinnahmt er den realen Raum mit seinen plastischen Arbeiten und bezieht ihn als übergeordnetes Element in die Präsentation mit ein. Zum ersten Mal augenfällig wurde die Verbindung von Raum und Skulptur, als er 1989 die Wände der Galerie Paula Cooper in New York mit einer selbst entworfenen Tapete – mit dem Motiv eines schlafenden weissen und eines gehenkten schwarzen Mannes – verkleidete. Für das <Forest Wallpaper> , das der Künstler 1991 für eine Installation im Pariser Museum Jeu de Paume gezeichnet hat, liess er sich von der Illustration einer alten englischen Handschrift inspirieren, die er in der Graphikabteilung der New York Public Library entdeckt hatte.[3] Auf dieser Vorlage ist ein idyllisches Waldstück mit astlosen Baumstämmen, laub- und moosbedecktem Boden in lichten Gelb- und Ockertönen sowie einem satten Grün dargestellt. Gober spiegelt das Grundmuster nach allen Seiten hin so, dass eine mysteriöse, illusionistische Landschaft – Spiegellabyrinth oder Irrgarten – entsteht, in der auch Magrittes magischer Surrealismus anklingt (189).

Auf die autobiographischen Bezüge im Werk von Robert Gober ist wiederholt hingewiesen worden.[4] Seine Installationen sind Schauplätze menschlicher Dramen, die sorgsam gefertigten und dennoch unpersönlichen Gegenstände stumme Zeugen seiner Kindheit. Eine gelbliche Tapete und makellose, plastische Elemente strahlen die Atmosphäre aus, die in den fünfziger Jahren in jenem kleinbürgerlichen amerikanischen Einfamilienhaus geherrscht haben muss, in dem Robert Gober herangewachsen ist. Oberflächliche zwischenmenschliche Beziehungen, belastende und lebensfeindliche gesellschaftliche Normen finden in anheimelnden Räumen und nahezu perfekt imitierten, unbrauchbar gemachten Massenprodukten ihren Ausdruck – und werden durch sie gebannt.

EVA KELLER

1 In Ausst.kat.: Robert Gober, Museum Boymans-van Beuningen, Rotterdam 1990, S. 36.
2 Vgl. Parkett 28/1991, S. 72.
3 Vgl. Ausst.kat.: Robert Gober, Galerie Nationale du Jeu de Paume, Paris 1991, S. 25, Anm. 12.
4 Vgl. Parkett, wie Anm. 2, S. 71ff. u. 85ff. und Rotterdam, wie Anm. 1, S. 27.

189
Forest
1991
Tapete: Siebdruck auf Papier

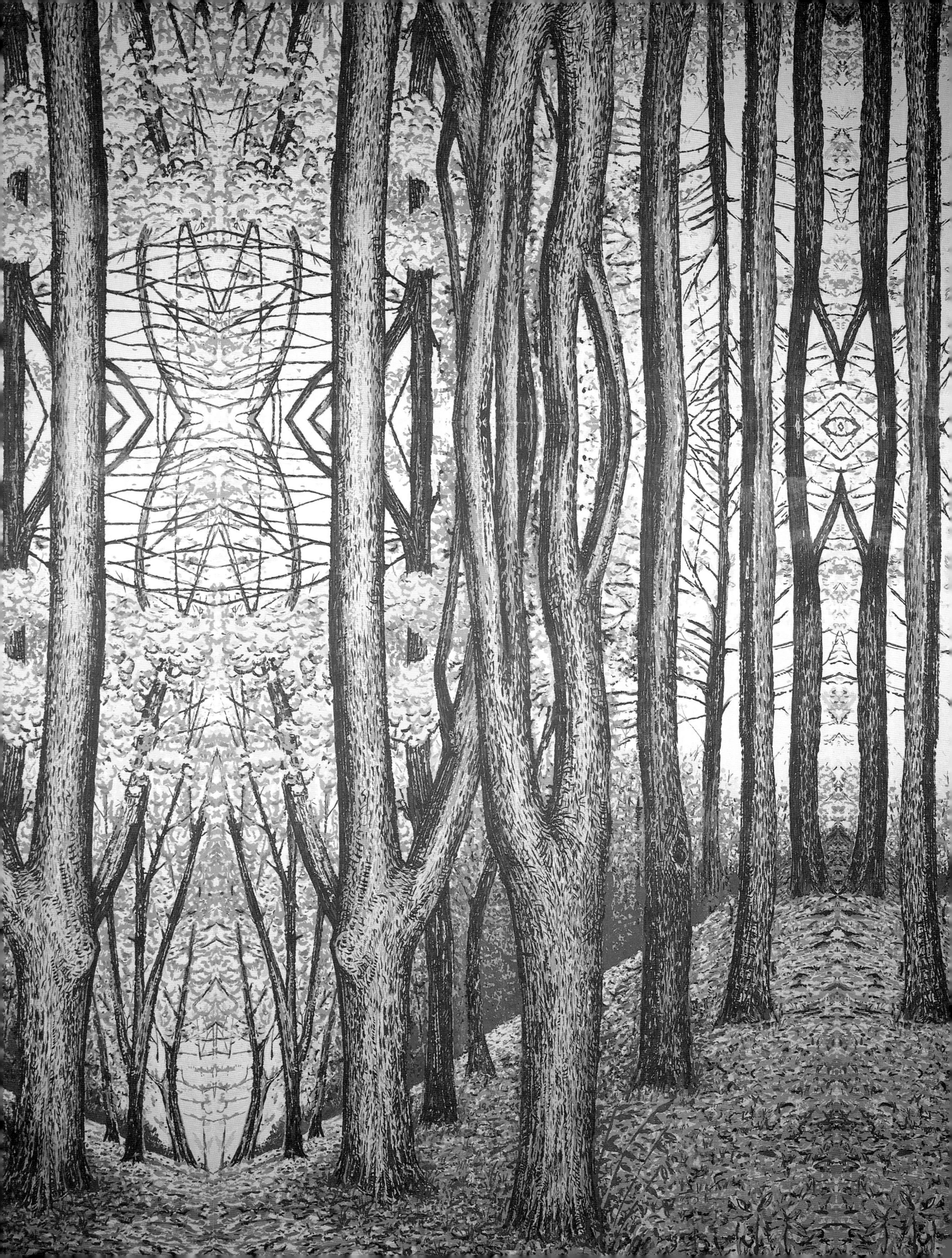

188
Untitled (No.77)
1985
Gips, Draht, Holz, Stahl, mattglänzende Emailfarbe
35,5×61×48,3 cm

187
Untitled (No.98)
1984
Gips, Draht, Holz, Stahl, mattglänzende Emailfarbe
66×80×65 cm

XXIX ROSEMARIE TROCKEL

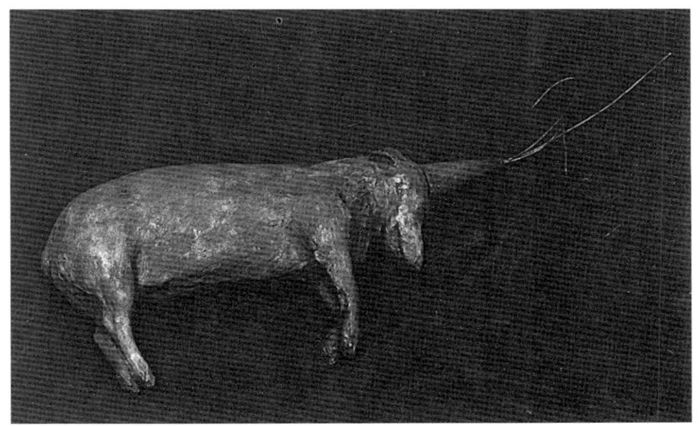

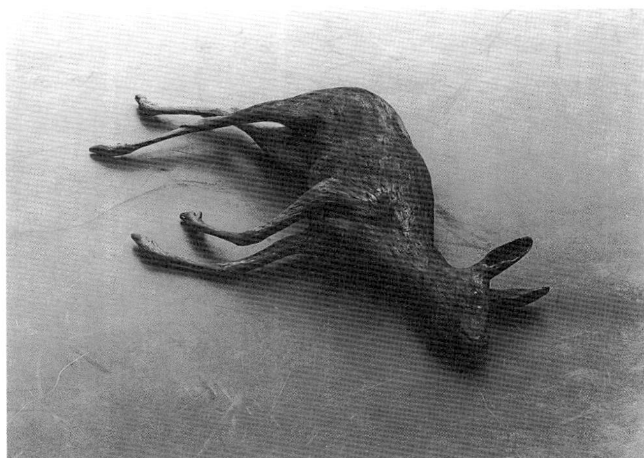

Gewohnheitstier 1 (Betrunkener Hund), 1990; Bronze, Farbe; Diagonalabmessung 97 cm, H.12 cm; Gewohnheitstier 2 (Reh), 1990; Bronze, Farbe; Diagonalabmessung 130 cm, H. 14,5 cm; Gewohnheitstier 3 (Dackel), 1990; Bronze, Farbe; Diagonalabmessung 61 cm.

Eine Plastik von organischer Körperlichkeit, in Bronze gegossen: Wenigstens mit einem Teil ihres Wesens erscheint sie fremdartig im Zeitalter der Verfremdungen und Transformationen. Die aufgelichteten Perückenhaare, die den Kopf, man möchte sagen: das Gesicht der abgegossenen Robbe verschleiern und menschlich qualifizieren, diese falsch herum hängenden Haare appellieren an eine mögliche und sogleich wieder verwehrte Identifikation des Betrachters mit dem Kunstobjekt, das sicher nicht eine Robbe "darstellt". Die berückende Präsenz des Kunst-Totenwesens hält doch auf Distanz. Sie macht deutlich: Ich bin ein Bild. Bitte nicht streicheln. Der Vergleich hinkt, sei aber nicht unterdrückt: Ich erinnere mich der von Cranach gemalten <Schlafenden Quellnymphen>, die uns durch die beigegebene Inschrift in der Ich-Form ansprechen und warnen: Wenn du mich jetzt lange anschaust, gib acht, dass du meine Ruhe und Reinheit nicht störst, wecke mich nicht!

Eros Thanatos, auch das. Doch wir bleiben damit zu sehr im allgemeinen. Wenn das Jagen und Töten von Tieren schon immer eine erotische Seite hatte (in Symbolik und Wahrheit), so mag man fragen und die Frage sogleich verneinen: eine Jagdtrophäe?[1] Der Bildhaftigkeit würden wir zwar nicht gerecht, wir kämen aber einem Kern der Sache näher, wenn wir die Plastik als ein Denkmal des Nicht-Vergessens, des Sich-Erinnerns der seelischen Nähe zwischen den am eigenen Ast sägenden Herren der Schöpfung und den dezimierten Tieren "verstehen" würden. Kaum ist dies gesagt, muss widersprochen werden. Eine solche Plastik bewirkt eine dem Denkmal ganz unangemessene Irritation: durch ihr Hängen, durch die klare Unklarheit der Bildfunktion. Und das Aufkleben der Haare hat etwas aufreizend Billiges. Ein akzeptables, gar öffentliches, aus einem Konsens heraus bestelltes, auf einem Sockel stehendes Denkmal ist das natürlich niemals. Die Tradition der Bronzeskulptur täuscht. Übrigens gibt es hier nur einen einzigen Abguss: Bronze nicht zur Vervielfältigung des Gusses, sondern wegen anderer, formal-sinnlicher Qualitäten wie der Dunkelheit, des matten Glanzes, der Schwere dieser im Schweben keineswegs nur lastend erscheinenden Plastik, die mit dem Fluss der Oberflächen die körperliche und "seelische" Schönheit der Robbe dem Betrachter ebenso faktisch wie bildhaft vor Augen hält.

Aus dem Gespräch mit der Künstlerin erfahren wir, dass – was für Rosemarie Trockel keineswegs Methode ist[2] – ein Traum den Anstoss zu dem Werk gegeben hat. Das war freilich der Traum einer Künstlerin, deren Geschäft der gestalterische Umgang mit Gesichten ist. Da können sich formale Präzision und Qualität bereits in die erste Traumgestalt einnisten. Eine so feine Zeichnerin wie Rosemarie Trockel kann sich als Plastikerin elementare Massnahmen erlauben, und sie nimmt sich diese Freiheit. Zwischen den Affen-Äffinnen-Zeichnungen von 1984 („Der Affe beschäftigt mich als Menschenimitator")[3] und der unbetitelten Robben-Plastik von 1991 gibt es keine greifbaren formalen und nur schwer zu definierende inhaltliche Verbindungen, auch wenn Rosemarie Trockel in einem früheren Gespräch grundsätzlich meinte: „Da ist nie so ein tiefer Graben dazwischen, eigentlich ist die Zeichnung Plastik"[4]. Rosemarie Trockels Plastiken, die Strickbilder, die Vitrinenwerke, die Multiples sind mit den alten Gattungsbegriffen der Kunst nicht festzulegen. Immer stimmt etwas nicht (gattungsmässig). Eine eigene Direktheit aber ist ebenso regelmässig angestrebt, die Robben-Plastik macht keine Ausnahme.

Über die Skulptur <Ohne Titel ("Es gibt kein unglücklicheres Wesen unter der Sonne als einen Fetischisten, der sich nach einem Frauenschuh sehnt und mit einem ganzen Weib vorlieb nehmen muss", K. K.: F.)> (K. K. = Karl Kraus, F. = aus der "Fackel") fand im März 1992 das folgende kleine Interview zwischen der Künstlerin und dem Schreibenden statt:

K: Die Plastik finde ich schon deswegen erstaunlich, weil dank ihrer formalen und sensuellen Klarheit keine Inhaltlichkeit als solche sich vordrängt, trotz der Präsenz der Robbe und der Menschenhaare.

T: *Ich habe diese Skulptur eigentlich geträumt, und zwar ziemlich genau so, wie ich sie dann auch gemacht habe. Auch mit den Haaren, auch sie sind ein Teil des Traumes gewesen. Die Inhalte, die man da hineininterpretieren kann, die sind auch von mir selber erst nachher in die Skulptur hineingelegt worden. Oder es fand vielleicht eine inhaltliche Verstärkung statt. Nachdem ich den Traum hatte, habe ich lang darüber nachgedacht, ob ich das machen soll. Ich habe zuerst Zeichnungen gemacht, und ich habe dann alle diese Nachforschungen angestellt, was die Ausführung der Skulptur angeht. Wo bekomme ich die Robbe her? Mit allen Zoos in Europa habe ich telefoniert, bis ich schliesslich an diese Adresse des Institutes in Kiel gekommen bin. Während dieser Beschäftigung und diesen Vorbereitungen ist mir dann irgendwann aufgefallen, dass Beuys auch eine "Robbe" gemacht hat, die Lithographie aus den achtziger Jahren.[5] Ich erinnerte mich, dass ich die Lithographie selber irgendwo hatte, ich suchte danach und fand das Blatt schliesslich. Jetzt wollte ich die Haltung der Robbe von Beuys möglichst genau in meine Skulptur übernehmen. Zwar steht die Robbe bei Beuys aufrecht auf dem Blatt, quasi wie ein Mensch, und in meinem Traum hing sie. Daran hielt ich selbstverständlich fest. Aber ich wollte die Flossenstellung und die Haltung des Kopfes ganz von der Robbe von Beuys übernehmen.*

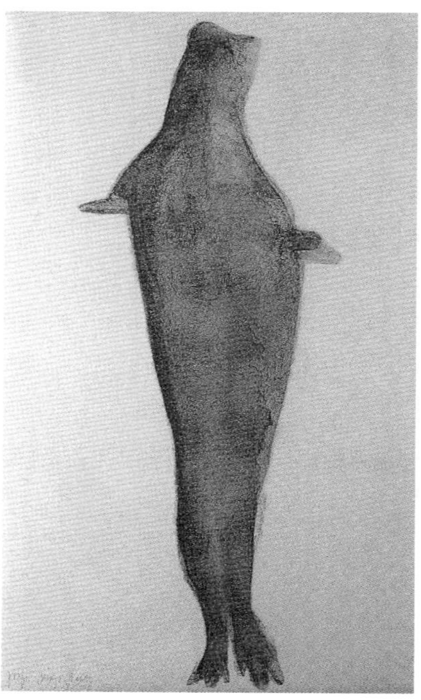

Joseph Beuys, Robbe, 1981/83; Farblithographie (Aufl. 150 Ex.); 100×60,5 cm.

K: Am Anfang stand also nicht irgendeine bewusste Inhaltlichkeit, sondern ein Bild, ein Traumbild. Und dann kam als zweites das Bild von Beuys hinzu.

T: *Ich muss hinzufügen, dass ich da im Traum nicht nur eine Robbe, sondern auch noch einen Pudel gesehen habe. Beide Tiere hingen irgendwie von der Decke herunter. Ich entschied mich dann für die Robbe allein, ganz einfach, weil das mit dem Pudel plastisch gar nicht umzusetzen gewesen wäre.*

K: Können Sie sagen, woher die beiden Tiere im Traum herunterhingen? Sie sagten: von der Decke.

T: *Das ist ja so bei den Träumen, dass man das sehr schnell nicht mehr weiss, vor allem wenn man damit arbeitet. Bei der Robbe beschäftigte ich mich bald mit der Frage, wie ich diesen Knoten mache, ob ich den aus Bronze giesse oder ein richtiges Tau nehme – ich habe mehrere Lösungen ausprobiert und mich dann zur Bronze entschlossen. Seitdem ich die Skulptur gemacht habe, habe ich das Traumbild der Robbe total verloren. An den Hund dagegen, den ich als Plastik nicht gemacht habe, kann ich mich jetzt noch gut erinnern. Bei der Robbe weiss ich nur, dass ich mich wirklich bemühte, möglichst genau beim Traumbild zu bleiben. Ich fing also beispielsweise an, mich um diese Haare zu kümmern, die ich im Traum gesehen habe, wie sie über den Kopf der Robbe fallen. Ich ging auf die Suche nach Perücken und wusste genau, was ich wollte. Bald war mir aber nicht mehr deutlich, ob es jetzt eine neue Entscheidung für eine bestimmte Perücke war, oder ob das bereits im Traum genau so da war – ich glaube es schliesslich eher nicht. Jedenfalls war mir bald vollkommen klar, dass es nur eine ganz bestimmte Haarsträhne sein konnte, die ich eben zu finden und anzubringen hatte.*

K: Mit den Haaren begegnet der Bronze zwar eine ganz andere Stofflichkeit, aber die fliessende Form wird auf anderer Ebene noch unterstrichen, ebenso die Sanftheit und Leichtigkeit. Zwar ist die Bronze schwer, aber durch ihr Hängen und durch diese bestimmte Gestalt der Robbe bekommt das Ganze etwas "traumhaft" Leichtes.

T: *Für mich sieht das auch nach Wachs aus.*

K: Hatte der Hund im Traum ebenfalls Menschenhaare? Und wie hing der Hund?

T: *Der Hund hing im Gegensatz zur Robbe nicht kopfüber, und er hing etwa einen Meter höher an einem Strick um den Hals. Komischerweise hatte auch er einen Haarkranz.*

K: Es war also ausgesprochen ein Paar?

T: *Ja.*

K: Bronzegüsse von Tieren haben Sie ein Jahr vorher erstmals bei den drei Werken gemacht, die den Titel <Gewohnheitstier> (Abb. S. 201)[6] haben. Die liegen auf dem Boden und sind als Bronzeplastiken fast noch irritierender oder schockierender als die Robben-Plastik. Wie würden Sie den Vergleich anstellen? Und wie kam es zu diesen ersten Tierabgüssen?

T: *Es fing damit an, dass ich in der Schweiz war und frühmorgens, als wir mit dem Auto losgefahren sind, auf der Strasse ein totes Reh liegen sahen. Wir haben es zur Seite gelegt. Das Bild hat sich bei mir sehr stark eingeprägt. Als ich einige Zeit später wieder in der Schweiz war, bin ich dazu gekommen, dass ich dieses Bild, das ich im Kopf hatte, nun wirklich als Plastik machen wollte, genau mit dieser Haltung, vielleicht in Wachs oder aus Gips oder in Bronze. Die Technik war mir noch nicht klar. Aber ich wusste, was ich dabei erreichen wollte: Das Tier sollte eine Haltung haben einerseits wie tot, andererseits auch wie schlafend. Es sollte nicht nur ein erschreckendes Bild werden, also nicht nur einfach dem ersten Anblick des toten Rehs auf der Strasse entsprechen. Es sollte nicht bloss schockieren, sondern gleichzeitig eine bestimmte Ruhe ausstrahlen.*

190
Ohne Titel («Es gibt kein unglücklicheres Wesen unter der Sonne als einen Fetischisten, der sich nach einem Frauenschuh sehnt und mit einem ganzen Weib vorlieb nehmen muss», K.K.:F.)
1991
Bronze, Kunsthaar
140×56×20 cm

K: Der Tod des Tieres ist da natürlich unglaublich präsent, aber der Anblick des toten Tieres ist zugleich zu einem inneren Bild verwandelt, wo, wie ich es empfinde, das tote Tier – ein bisschen wie bei der Robbe, wo das dann wörtlich wird – eine Erhöhung erfährt und der Tod etwas Ruhevolles wird.

T: *Der Unterschied zwischen der Robbe und den <Gewohnheitstieren> ist tatsächlich der, dass das Reh die Realität des Todes direkt in sich hat und behält, während die Robbe, die ja sicherlich ebenfalls tot ist, auch wieder leicht gemacht ist.*

Also der Tod als Bürde und als unabänderliches Ding ist transformiert. Die Robbe erscheint in dieser Hinsicht wie ein Zwischenwesen. Auch bei der Beschäftigung mit dem Reh, die die erste dieser Art gewesen ist, fand sofort eine gewisse Verwandlung, ja Distanzierung statt, schon mit den ersten Zeichnungen, die ich gemacht habe und mit denen ich zum Tierpräparator gegangen bin. Ich bat ihn, falls irgendwo ein Tier überfahren oder geschossen und ihm gebracht würde, dass er dieses Tier genau in dieser Haltung präparieren soll. Das ist dann auch geschehen. In dieser Haltung wurde es in Wachs gegossen, und dann habe ich es nochmals überarbeitet und in Bronze giessen lassen.

K: Wenn man dagegen das Schweben der Robbe sieht, so fällt mir auf, dass es manche Plastiken und Zeichnungen von schwebenden, herunterhängenden oder hoch sich aufrichtenden Gestalten in Ihren früheren Werken schon gegeben hat. Ebenso kann auffallen, dass damit, mehr oder weniger deutlich, der Bereich des Todes angesprochen wird, der natürlich in der Kunst ein allgegenwärtiger ist, nicht nur in der Ihrigen. Im Titel erscheint er etwa in dem, was Sie <Totenvasen> genannt und 1984 plastisch gemacht haben.[7] Woher kommt dieser Titel?

T: *Die Urform ist hier der Typus dieser Vase, die in Deutschland auf den Friedhöfen viel gebraucht wird. Der nach unten sich verjüngende Teil wird beim Grab in die Erde gesteckt, und in die Vase kommen die Blumen.*

K: Frei herunterhängend und merkwürdig isoliert, auf eine andere Ebene gehoben erscheinen auch die Haare auf der Zeichnung von 1982, wo janusköpfig, aber gesichtslos der Rossschwanz mit der Ponyfrisur Hinterseite an Hinterseite gekoppelt sind.[8] Bei der Robben-Plastik haben Sie die bereits schon sehr feinen Haare der Perücke noch ausgedünnt, nicht wahr?

T: *Ja.*

K: Damit die Perücke mit der Geschlossenheit des Körpers, dessen senkrecht fliessende Gestalt allerdings sowohl die Bronze als auch die Haare auszeichnet, stärker kontrastiert?

T: *Der Kontrast ist klar. Aber ich wollte auch einfach erreichen, dass man durch die Haare hindurchsehen kann, dass also die Haare die Sicht des Kopfes möglichst nicht wegnehmen. Der Kopf der Robbe ist mir besonders wichtig. Er hat eine grosse Poesie. Diese Robben haben ja auch in ihrem ganzen Körper eine Poesie, die schon wahnsinnig ist. Und eine Hilflosigkeit, die ich sonst bei einem Tier nirgends so enorm erlebt habe. Und bei der Robbe geht der Kopf so fliessend in den Körper über, dass im Grunde kaum eine Gliederung stattfindet. Die Kopfform empfindet man als sehr kindlich, was man vielleicht gar nicht unbedingt so unheimlich gerne mag, dieses Liebliche. Aber das macht, glaube ich, die Hilflosigkeit hauptsächlich aus. Und damit auch diese unglaubliche Poesie.*

K: Sie sagten mal, dass Sie bei den Haaren an Brigitte Bardot gedacht hätten. Ist diese Verbindung schon im Traum aufgetaucht?

T: *Ja doch, das war schon im Traum so, soviel ich weiss. Es ist jetzt allerdings schwer für mich zu sagen, wie und wann ich diese Traumdeutung vorgenommen habe, als ich das Tier mit den blonden Haaren gesehen habe. Aber es hat sich sehr rasch eine extreme Festlegung bei mir vollzogen. Und ich finde es eigentlich auch nicht unwichtig, dass man an die Brigitte Bardot denkt. Jetzt nicht unbedingt an ihre Funktion in der Gesellschaft und daran, dass sie sich eben für die Not der Tiere einsetzt. Brigitte Bardot wird ja häufig kritisiert, und man macht sich eher darüber lustig, dass sie, die mit den Menschen nicht richtig klarkommt, die Tiere retten will. Aber grundsätzlich finde ich ihr Engagement gegenüber jeglicher Art von Unterdrückung oder Ausrottung bewundernswert. Und deswegen fände ich es angenehm, dass man durchaus an die Brigitte Bardot denkt. Sogar habe ich einen gewissen Moment der Peinlichkeit, der mit all dem und mit den Haaren aufkommen mag, durchaus gerne. Die Tiere gerade mit einem Menschen zu verbinden, der prominent ist: da ist ein Moment der Peinlichkeit dabei, der mir recht ist.*

K: Gibt es schon neuere Werke, die vielleicht in einem Bezug zur Robben-Plastik stehen?

T: *Nein. Im Moment arbeite ich an einem Buch, von dem erst der Titel feststeht: nicht wie bei Beuys "Jeder Mensch ist ein Künstler", sondern "Jedes Tier ist eine Künstlerin".*

DIETER KOEPPLIN

1 Joan Simon (Rosemarie Trockel, Forme, fonction, fétiche, in: Art press, 167/1992, S. 31ff.) erinnert an das Kontrastbild der aufgehängten Tiere in den Metzgerläden.

2 Vgl. immerhin Abb. 62 u. 74 im Ausst.kat.: Rosemarie Trockel, The Institute of Contemporary Art, Boston/University Art Museum, Berkeley/Prestel-Verlag, München 1991).

3 Zitiert in: Kunstforum International, Bd. 93, 1988, S. 216.

4 Ausst.kat. Rosemarie Trockel, Papierarbeiten, Öffentliche Kunstsammlung Basel 1991, S. 7.

5 Jörg Schellmann / Bernd Klüser (Hg.), Joseph Beuys, Multiples, Werkverzeichnis Multiples und Druckgraphik 1965–1985, München / New York 1985, Nr. 276 (vgl. auch Nr. 305ff., basierend auf früheren Zeichnungen).

6 Ausst.kat.: Rosemarie Trockel, A. R. Penck, hrsg. v. Wilfried Dickhoff, Galerien Michael Werner und Monika Sprüth, Köln 1990, S. 25–27; Ausst.kat. Boston 1991, wie Anm. 2, Abb. 54.

7 Ausst.kat.: Rosemarie Trockel, Bilder, Skulpturen, Zeichnungen, hrsg. v. Wilfried Dickhoff, Rheinisches Landesmuseum Bonn, Abb. 9: <Totenvase>, 1984.

8 Ausst.kat. Basel 1991, wie Anm. 4, S. 11 u. Abb. 5; Ausst.kat. Boston 1991, wie Anm. 2, Abb. 66 (die Zeichnung befindet sich im Kupferstichkabinett der Öffentlichen Kunstsammlung Basel).

Blick von der Strasse in den Ausstellungsraum von Amelio/Brachot, Paris, 1991.

XXX MATT MULLICAN

Untitled, 1986/87.

Meine Arbeiten funktionieren wie ein Trompe-l'œil-Bild, ein Bild der Realität, das sehr nahe bei dem ist, was es repräsentiert und daher mit der Realität verwechselt werden kann.

Mullican in einem Interview mit Michael Tarantino, in Ausst.kat.: Matt Mullican, The MIT Project, The MIT Visual Art Center, 1990, S. 18.

Matt Mullican sieht die Konstituierung seiner Kunst in folgender Erzählung begründet: 1972 beschäftigte ihn als Student am California Institute of Arts die Vorstellung eines imaginären Universums: „Ich nahm einen Comic-Strip, der "Rex Morgan, M. D." hiess. Mich interessierte dabei, was in den einzelnen Bildern vor sich geht, nicht so sehr die einzelnen Figuren oder die Geschichte als ganze. So zog ich zum Beispiel eine Linie zu einer älteren Frau und schrieb über ihren möglichen Tod. Ich beschrieb die Gegenstände hinter der Türe, den Raum hinter dem Haus oder Telefongespräche, die in der Zukunft stattfinden würden. [...] Ich drang in die Bilder ein und versuchte, ihrer Atmosphäre, ihrer Physikalität habhaft zu werden."[1] Da Matt Mullican in jener Zeit am California Institute of Arts kein Arbeitsraum zur Verfügung stand, unternahm er es, ein Atelier auf einem Blatt Papier zu entwerfen. Auf diese Weise entstanden mehr als fünfhundert Zeichnungen, auf denen ein Strichmännchen – Mullicans Alter ego – in einem Atelier zu sehen ist: „Ich versuchte, in dieses Strichmännchen hineinzukommen. Eine Sache, die dieses Strichmännchen tat, war, seinen Arm zu kneifen und einen Schmerz zu fühlen oder die Hand ins Feuer zu tun, um damit die Idee seiner physischen Existenz bewusst zu machen. Ich hatte in jener Zeit ein intensives Traumleben. Meine Träume hatten – wie alle unsere Träume – mit Symbolen und mit der Wiederholung von Bildern des Tages zu tun. Mich interessierte besonders die physische Konsistenz dieser Träume. Ich bemerkte, dass ich zum Architekten und Gestalter der Räume in der Struktur meiner Träume wurde. Mich interessierte dabei nicht so sehr die Oberfläche. Ich versuchte, in die Bilder einzudringen. Währenddem ich dies tat, begann ich zu verstehen, wie ich Leben in diese Bilder projizierte."[2]

In diesen Erzählungen sind die Kategorien, die uns helfen, unsere Beziehung zur Erfahrungswirklichkeit zu strukturieren, ausser Kraft gesetzt: So haben zum Beispiel die Unterscheidungen zwischen Subjekt und Objekt, Schein und Sein, Traum und Wirklichkeit, Leben und Tod, Gegenwart und Zukunft ihre Gültigkeit verloren. Auffallend an diesen Darlegungen von Mullicans künstlerischem Selbstverständnis ist auch, wie Bildwelten – seien es erfundene, erträumte oder vorgefundene – die Wirklichkeitserfahrung in den Hintergrund gedrängt haben. Es sind dies Zeugnisse eines postmodernen Bewusstseins, für das (medial vermittelte) Bilder wirklicher und lebendiger sind als die Wirklichkeit, die sich – ihres substantiellen Kerns entleert – in tausend Partikel atomisiert hat. In der "condition postmoderne" (Jean-François Lyotard) ist die Frage nach dem *Wesen* der Dinge durch das ästhetische Spiel mit den schönen und erschreckenden, faszinierenden und abstossenden *Bildern* der Dinge abgelöst worden.

Diese Einsicht liegt der <Stadt>, Mullicans bis anhin wichtigstem und umfassendstem Werkkomplex zugrunde. Mullican hat diesem Werk in den letzten Jahren in den unterschiedlichsten Kontexten und Materialien Gestalt verliehen. Für die "Transform"-Ausstellung installiert er auf dem Vorplatz der Kunsthalle eine Version in Eisen und Stein, die den Dialog mit den städtebaulichen und architektonischen Gegebenheiten sucht. Auf der Eisenplatte ist der fünfteilige Grundriss einer Stadt eingetragen. Jedem Bereich ist ein Symbol zugeordnet, das in Basel in unmittelbarer Nachbarschaft, wenn auch unabhängig davon, auf einem Postament aus Stein Aufstellung findet (191 u. 192). Der Grundrissplan der <Stadt> kann folgendermassen gelesen werden: Der unterste Bereich steht für die Welt der physikalischen Elemente, der zweite für die Welt, in der sich der Mensch bewegt: die Stadt, die Natur, die von ihm geschaffenen Dinge; den dritten Bereich nennt Mullican "world framed": es ist damit die Welt der darstellenden Künste gemeint; der vierte Bereich steht für die soziale Ordnung, die auf Zeichenkonventionen und auf "Sprachen" beruht; der fünfte und letzte Bereich ist – wie der erste – als Halbkreis ausgebildet: er steht für die Subjektivität, für die geistige Tätigkeit des Menschen. In ausführlicheren Ausführungen der <Stadt> nimmt seine Mitte ein kosmologisches System ein, in dem "Leben" und "Tod", "Gott" und die "Engel", die "Hölle" und die "Welt vor der Geburt" ihren Platz haben.

Wie ist diesem merkwürdigen Amalgam von konventionellen und rätselhaften Symbolen, von Wissen und Naivität, von Trivialität und Esoterik, von Subjektivität und objektiv-distanzierter Erscheinungsweise beizukommen? Handelt es sich bei diesem Grundrissplan um den Entwurf einer idealen Stadt? Ist Matt Mullican ein (verhinderter) Architekt, ein Lebensreformer oder gar ein Philosoph, für den die Kunst ein Mittel ist, um den Menschen das, was die Welt im Innersten zusammenhält, zu offenbaren? Mullicans eigene Überlegungen zur "Stadt" und zur "Kosmologie" weisen in eine andere Richtung: „Meine Kosmologie ist ein Modell für eine Kosmologie; es ist keine Kosmologie. Eine Kosmologie ist ein soziales, kein formales Phänomen. Sie ist ein Glaubenssystem, ein Wertsystem zwischen den Menschen. Es handelt sich dabei um eine Übereinkunft [... Meine Arbeiten funktionieren] wie ein Trompe-l'œil-Bild, ein Bild der Realität, das sehr nahe bei dem ist, was es repräsentiert und daher mit der Realität verwechselt werden kann."[3] Diese Ausführungen machen deutlich, dass Mullicans Arbeiten mit den tradierten, idealistischen Denkkategorien nicht beizukommen ist. Entscheidend für den postmodernen Künstler ist bei den grossen sinnstiftenden Erzählungen und Modellen der abendländischen Geschichte (Jean-François Lyotards "grand récit") – denen die "Stadt"- und "Kosmologie"-Darstellungen zuzuordnen sind – nicht die Frage nach der Wahrheit oder nach dem Sinn der Geschichte, sondern dass dieser "grand récit" eine Übereinkunft zwischen den Menschen darstellt, mit der jeder Einzelne umgehen kann. Für Mullican funktionieren diese Erzählungen und Modelle als Generatoren für starke, rätselhafte und faszinierende Bildwelten: Zur Zeit arbeitet Mullican mit Computer-animierten Bildern, die es dem Betrachter erlauben, in der von ihm entworfenen "Stadt" spazieren zu gehen. Damit ist Mullicans Jugendtraum Wirklichkeit und die Wirklichkeit endgültig zum traumhaften Gebilde geworden.

MARTIN SCHWANDER

1 In: ICI Newsletter, 2/1990, S. 4.
2 A.a.O.
3 Mullican in einem Interview mit Michael Tarantino, in Ausst.kat.: Matt Mullican, The MIT Project, The MIT Visual Art Center, 1990, S. 18.

Ohne Titel, 1990–91; 5 Tle: Lack, Aluminium (Aufl.: 8 Ex.); je 40,5×28×28 cm.
Diese Arbeit verwendete Mullican als Modell für die für Basel hergestellten Kalksteinskulpturen, vgl. Kat.nr. 192.

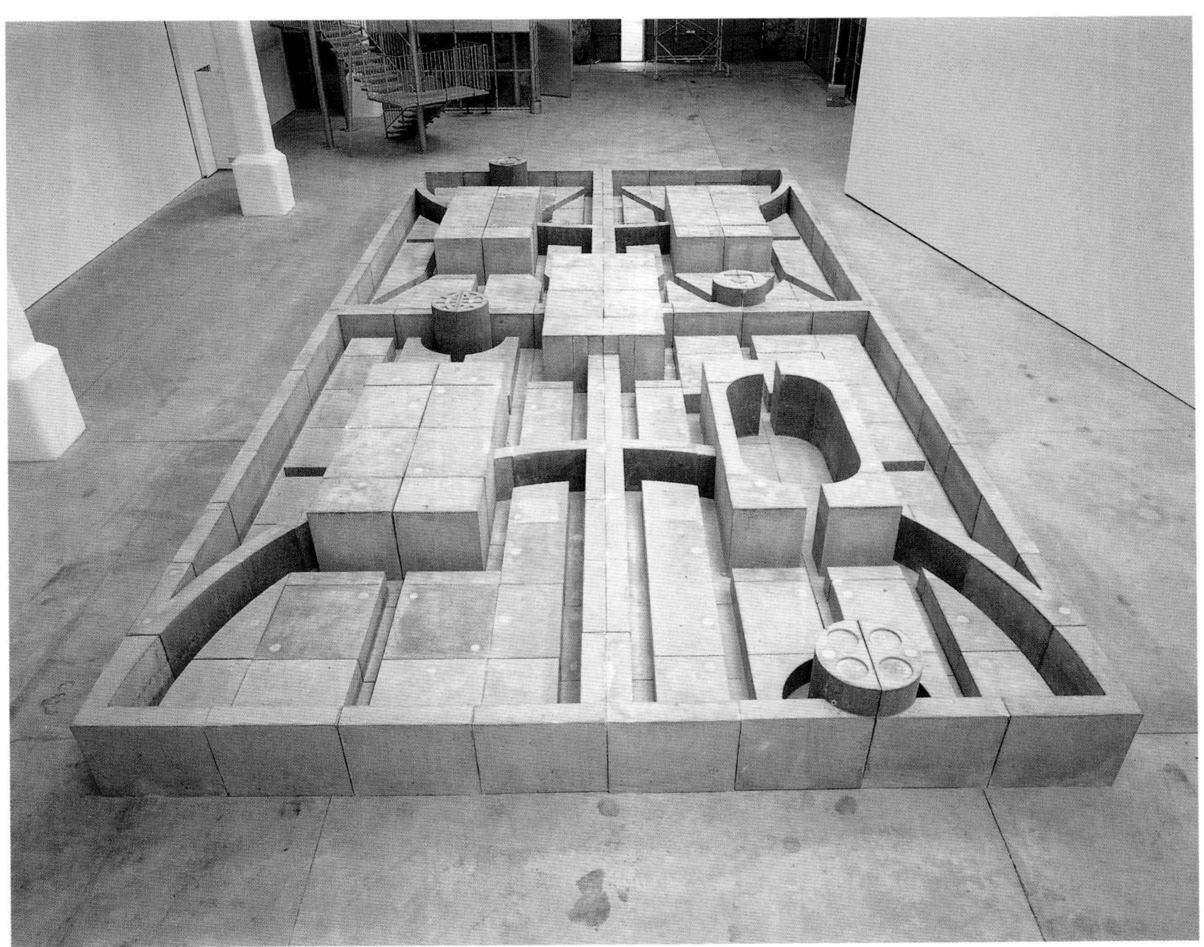

191
Stadt
1991
Grauguss
202×102×30 cm

Aufnahme während des Aufbaus in Basel von Kat.nr. 192.

DIE KONSUMGESELLSCHAFT ALS HIMMLISCHE STADT

Thomas Kellein

"Man wird die Herrlichkeit und Kostbarkeit der Völker zu ihr bringen." *(Offbg. 21,26)*

Der Reichtum der Gesellschaften, in welchen kapitalistische Produktionsweise herrscht, erscheint uns als eine "ungeheure Warensammlung", heisst es bei Karl Marx.[1] Seit dem 19. Jahrhundert zeichnet sich ab, dass diese Warensammlung einen permanenten Kulturschock heraufbeschwört. Der Warentausch regelt unsere Beziehungen miteinander, das Warenangebot bestimmt unsere Bedürfnisse und so die Nachfrage, die Warenwelt und -wirklichkeit, von der wir aus Gründen unseres eigenen Überlebens gänzlich abzuhängen scheinen, determiniert unser Handeln, unser Denken und unsere Vernunft. Die "ungeheure Warensammlung", ob wir sie mögen oder nicht, ist ausserhalb unserer nackten Physis alles, was wir besitzen. Längst können diese Gegenstände, unsere täglichen Begleiter, Ernährer, Spielzeuge oder Beobachter, sprechen, sich bewegen und uns eine Fülle natürlicher Regungen entlocken. David Byrne von der Musikgruppe Talking Heads hat 1984 die Auffassung vertreten, bei unserer Zivilisation handele es sich insgesamt um eine *Religion.*[2] Der Unterschied zwischen Arbeit und Freizeit, zwischen Kultur und Warenwelt nimmt unterdessen ab und verwischt sich, das Konsumentenbewusstsein auf den verschiedenen gesellschaftlichen Ebenen nimmt zu. „Die Kultur instrumentalisiert die Wirtschaft, die Wirtschaft die Kultur",[3] lautet die Tendenz zu jener fast gänzlichen Durchdringung, die das sich fortwährend differenzierende Warenangebot verursacht. Während mancherorts der Glaube an die *Autonomie der Kunst* gepflegt wird, um ihr Gegenbild, die *Kulturindustrie*, zu verdammen, gilt aus dieser nüchternen Sicht, dass eigentlich nur eine Kritik noch möglich ist, nämlich die durch den *Warentest.*

Was ist mit der "Affluent Society" seit den achtziger Jahren geschehen, dass wir auf dieses alte Thema der Warenästhetik zurückkommen müssten? Ein Schauspieler, Ronald Reagan, wurde für zwei Amtszeiten zum Präsidenten der Vereinigten Staaten gewählt. Er hat seinem Land, lakonisch ausgedrückt, die Rückkehr zu "moralischen Werten" versprochen und faktisch einen Billiarden Dollars grossen Schuldenberg hinterlassen. Ein "Showman", so wurde Michail Gorbatschow als Reagans Gegenspieler im Westen genannt, trieb währenddessen die Geschicke des real existierenden Sozialismus mit den Begriffen "Glasnost" und "Perestroika" bis zur politischen Auflösung seines eigenen Staates voran. Pop Stars mit den Namen Prince und Madonna sind parallel dazu bei MTV, in Videoclips und Kinofilmen als vergöttlichte Menschen in die Rolle von Politikern und Propheten für die Jugend geschlüpft. Symptome wie diese verraten nicht viel zur Warengesellschaft, sie beweisen auch keinen "Kulturverfall". Sie deuten aber auf eine *erscheinungssüchtige* Epoche, womit der Zwang zur nahsichtigen Wahrnehmung in der "Affluent Society" genannt ist. Hinter eine Kulisse blickt man nicht, solange das Bühnengeschehen der Stars und der köstlichen Waren unsere Aufmerksamkeit so vollständig absorbiert. Ob einzelne Herrscher, ob Unterhaltungskünstler oder einander ablösende Spots und Werke, mehr und mehr schauen wir in den letzten Jahrzehnten zu wechselnden, aber selbständigen kleinen *Royalties* hin. Ihr Zusammenhang oder ihr Hintergrund ist weggeblendet, allein die unmittelbare Erscheinung, der Glanz des fürstlichen Einzelstücks im Strom der Augenblicke, ist bedeutend.

So mehren sich mit jedem Tag unserer Erscheinungssucht ein dumpfes Wissen und ein schaler Glaube um einen grösseren Zusammenhang, der sich aus der schieren Quantität von Waren und Persönlichkeiten zusammensetzt, die wir schon gesehen haben und für die Zukunft erahnen. Schon die Idee, dass uns diese Quantität in Form von Strukturen oder als Einzelbelege nähergebracht werden könnte, hat etwas Lähmendes. Denn wiederum müsste ein Produzent

1 Karl Marx, Das Kapital, Kritik der politischen Vernunft, Marx-Engels-Werke, Berlin 1977, Bd. 23, S. 49.

2 Civilization is a religion, Textbeilage zur LP der Talking Heads, "Stop Making Sense", New York, EMI Records 1984.

3 Mark Siemons, So geschieht der Wille der Träume, Die Entgrenzung von Kultur und Warenwelt schreitet fort, in: Frankfurter Allgemeine Zeitung, Nr. 255, 2.11.1991 (Bilder und Zeiten).

gewonnen werden, um sie als erscheinende Ware, als einmalige Beweiskette oder sensationelle Enthüllung aufzubereiten und konsumfertig zu machen. Das ganze gesammelte Wissen um die Warenwelt könnte glücklicherweise ohnehin niemand verwenden, denn eine Weltplanung gibt es nicht. Dennoch, ob bei Volkswagen oder im Kulturbereich, der Typus des "Welt-Managers" wird gesucht. Er muss in sich „Führungskräfte" und die „Anforderungen des interkulturellen Denkens und Handelns" vereinen. Er muss auf „fremde Kulturen eingehen" und „interkulturelle Synergie" herstellen.[4] Auch der Welt-Manager hat und kennt jedoch nur einen Zweck: er muss den Fluss, die Entstehung und den Verkauf der vielen Waren gewährleisten, die es schon gibt und deren zukünftige Erzeugung er nicht nur zu verantworten, sondern vor allem zu beschleunigen hat.

Allan McCollum, 5 Perfect Vehicles, 1986; Acryl auf Gipsguss; je 50×22 cm.

Es ist nicht abwegig, dass sich die bildenden Künste in den achtziger Jahren sehr stark auf die Warenästhetik konzentriert haben. Katharina Fritsch bot ihre ersten Werke 1981 auf einem <Werbeblatt> an und stellte ab 1984 ihre <Warengestelle>, u.a. mit einer Madonnenfigur, her. Zusammen wurden die <Warengestelle> 1989 im Frankfurter Portikus gezeigt.[5] Jeff Koons war seit 1981 mit <New Hoover Convertibles> oder dem <New Shelton Wet/Dry> befasst, das sind verschiedene Staubsaugermodelle, die er ungebraucht in Plexiglasvitrinen stellte. 1986 legte er Trivialmotive aus der Andenkenindustrie in massstabsgleichen Plastiken aus hochglanzpoliertem Edelstahl auf. 1988 folgten seine spektakulären Ausstellungen in drei Galerien, die hochvergrösserte Kitschmotive in Holz und Porzellan in je drei Exemplaren als simultane Unikate zeigten. Koons warb dazu in Zeitschriften und stellte wie ein Monarch, der sich mit devoten Frauen und Schülern umgab, die "Banalität" seiner Arbeit heraus.[6] Bertrand Lavier trat nach 1980 mit Feuerlöschern, Schränken, Klavieren, Haushaltsleitern und später auch Verkehrsschildern hervor, deren Oberfläche er jeweils mit pastoser Acrylfarbe bedeckte, im Farbton aber unverändert beliess. Parallel zu den simulierten Produkten entwickelte sich seit den späten siebziger Jahren ein künstlerischer Hang zur Applikation von leeren, schaufensterähnlichen Behältern, deren plastische Form als Warenhülle zitiert oder neu genutzt wurde. Solche Behälter konnten verstaubt und muffig oder nagelneu sein: Bei Jean-Marc Bustamante und Reinhard Mucha traten derartige Gefässe seit 1978 hervor, bei Jan Vercruysse oder Julian Opie beispielsweise dann seit Mitte der achtziger Jahre. Nimmt man weitere Kunstäusserungen hinzu, wie Guillaume Bijls nachgestellte Läden, in denen es keine "Kunst", sondern wirklich nur Waren zu sehen gibt, Robert Gobers Waschbecken und Pissoirs nach 1984, in denen ein handgemachter und kleinstädtischer Zug zum Tragen kommt, Jean-Patrick Raynauds Tableaus aus Badezimmerfliesen nach 1985, die Gefahr und Krankheit evozieren, sowie die warenbestückten Regale Haim Steinbachs oder die Kultur-Trainingsgeräte Ashley Bickertons, dann zeichnet sich bis zum bronzenen Pissoir der Sherrie Levine von 1991 ein Vorgang ab, der in der *Kongruenz* von Kunst und Waren kulminiert. Stephan Schmidt-Wulffen hat ihn in Form eines Wachtraums geschildert: „Ein Kunstfreund findet keinen Schlaf mehr. Immer wieder schreckt er aus demselben Alp auf: Sein Museumsbesuch führt ihn nicht vor Gemälde und Skulpturen, sondern vor Tische und Stühle, vor Staubsauger und Kunstblumen. Dasselbe Sortiment auch bei den eingeführten Galerien. Und doppelt möbliert sieht der passionierte Sammler die private Bleibe, neben dem Sofa ein "Sofa", vor dem Tisch ein "Tisch", neben der Vase eine "Vase"."[7]

Jeff Koons, Louis (XIV), 1986; rostfreier Stahl; 116,8×68,5×38 cm.

Nicht erst seit Andy Warhol strebt das Warenetikett auf einer Leinwand und das simulierte Konsumprodukt auf dem Boden seinen diesseitig ikonischen Charakter als Selbstzweck an. Das Kunstwerk der achtziger Jahre huldigt der Ware, um sich auf eine maliziöse, berechnende Weise mit ihr gleichzustellen. Das Physische und Metaphysische der Kultur, das Niedrige und Hohe, das nahe Alltägliche und ferne Museale sind sich in den Industrieländern kontinuierlich nähergekommen. In den achtziger Jahren aber werden die beiden Ebenen endlich auch äusserlich verbunden. Fortan stehen Kunstwerke mit allen anderen Waren in direkter Konkurrenz. Der Traum von der himmlischen Stadt, von Kostbarkeiten und Herrlichkeiten ohne Greuel und Lüge, wird so in einzelnen Werken nicht mehr nur angedeutet oder dargestellt werden, über den Schriftsinn, über visuelle Metaphern oder über die Idee des geistigen Schatzes, er kann wie im Kino oder auf dem Plakat direkt und in voller Breite erscheinen. <Made in Heaven> war Koons' Beitrag 1990 für die Biennale in Venedig betitelt, der die "Liebeshochzeit" zwischen ihm und Cicciolina mit einer bemalten pornographischen Holzplastik und auf pornographischen Farbphotographien

4 Volkswagen sucht den Welt-Manager, in: Frankfurter Allgemeine Zeitung, Nr. 92, 18.4.1992, S. 39.

5 Ausst.kat.: Katharina Fritsch, 1979–1989, Westfälischer Kunstverein, Münster/Portikus, Frankfurt a.M. 1989.

6 Abbildungen und Texte zu Jeff Koons in: Parkett 19/1989.

7 Stephan Schmidt-Wulffen, Wirklichkeit als kreative Aufgabe, Notizen zur neuen Objektkunst, in Ausst.kat.: Weitersehen, Museen Haus Lange und Haus Esters, 1990/91, S.195–199; 195.

in Szene setzte. Seine darauf aufbauende zweite Ausstellungstournee, die von den gleichen Galerien in New York und Köln ausging, verfuhr nach dem Prinzip von 1988: Etwas anderes als der höchst aussergewöhnliche Künstler und seine unerreichbar teuren Waren, als der Verkauf und die Konsumption steht ikonographisch eigentlich nicht auf dem Programm. Der "Himmel" kommt so endlich auf die Erde zurück, und die Kunst muss sich wegen ihrer Nähe zu den "Public Relations" beschimpfen lassen.[8]

Theodor W. Adorno hat diese Problematik, noch ehe eine Unterschiedslosigkeit von Kunst und Kulturindustrie diagnostiziert wurde, mit eingehenden Aussagen gekennzeichnet. Aus seiner "Ästhetischen Theorie" stammt das Diktum, dass sich das *absolute Kunstwerk* mit der *absoluten Ware* trifft.[9] Zur *Autonomie* der Kunst, jener bürgerlichen Kategorie, die das Werk ohne höfische und sakrale Zwänge begreift, bemerkte er, es gäbe sie ohne den *Fetischcharakter* der Ware nicht.[10] Auch die Autorität des *Neuen*, die Negationen dessen in der Kunst, was nicht länger Gültigkeit beanspruchen könne, sei in ihrer Abstraktheit mit dem *Warencharakter* des Werks verkoppelt.[11] Die Kunst dieses Jahrhunderts hat sich solche Gedanken anscheinend erst spät zu eigen gemacht. Marcel Duchamps Flaschentrockner von 1914 (66), das Pissoir namens <Fountain> von 1917 oder Man Rays nagelbewehrtes Bügeleisen namens <Cadeau> von 1921 (76) waren Testfälle auf diesem Weg, gefolgt von surrealistischen Objekten eines Alberto Giacometti, von einzelnen Warenemblemata bei Stuart Davis oder jenen Schatzkästlein von Joseph Cornell, die eher dem Reichtum und der Weisheit einer Bundeslade als einem Schaufensterangebot der vierziger oder fünfziger Jahre zu entsprechen schienen. Bis zum Wirtschaftswunder und bis zum Bildungshunger und Anspruchsdenken nach dem westlichen Sputnik-Schock stand die Objektkunst hinter der herkömmlichen Malerei und Plastik weit zurück. Nahezu alle Künste der Moderne waren mit einem "Verfransungsprozess", mit der Ausforschung und Auflösung ihrer Gattungsgrenzen befasst. „Die Pop Art", schrieb Marco Livingstone 1991, „entwickelte sich eher langsam und schleichend in der Zeit ab Mitte der fünfziger Jahre [...], in Form einer Reihe trickreicher Schachzüge von Künstlern." [12]

8 Paul Taylor, The Art of Public Relations and the Public Relations of Art, in: The New York Times, October 27, 1991, Section 2.

9 Theodor W. Adorno, Ästhetische Theorie, Frankfurt a.M. 1970, S. 39. In Hinblick auf den Ursprung dieser Idee bei Charles Baudelaire vgl.: Jean Baudrillard, Towards the vanishing point of art, in: Kunst Machen? Gespräche und Essays, hrsg. v. Florian Rötzer u. Sara Rogenhofer, [o. O.], S. 201–210.

10 Adorno, wie Anm. 9, S. 33.

11 A.a.O., S. 38.

12 Marco Livingstone, Schöne neue Warenwelt, in: ders.(Hg.): Pop Art, München 1992, S. 10.

Richard Hamilton, Just what is it that makes today's homes so different, so appealing?, 1956; Collage auf Papier; 26×25 cm; Privatsammlung.

Claes Oldenburg, Bedroom Ensemble, 1969 (Replica I); 303×512×648 cm; Museum für Moderne Kunst, Frankfurt a.M.

Seit Robert Rauschenbergs <Bed> oder Jasper Johns' <Target with Four Faces> von 1955 und seit Richard Hamiltons Collage <Just what is it that makes today's homes so different, so appealing?> von 1956 rückten Ready -mades und künstlerisch simulierte Konsumgegenstände gegen die Metaphysik des Informel oder des Action Painting gezielt zu Feld. Allan Kaprow sagte der Kunstgeschichte eine "new concrete art", eine Alchemie des Wirklichen voraus.[13] Er soll damit Roy Lichtenstein motiviert haben, sich als Maler lebenslang einer Sparte der Kulturindustrie, nämlich dem Comic, zuzuwenden.[14] Mit Andy Warhol und James Rosenquist betraten gelernte Werbegraphiker die Kunstwelt. New Yorker Fluxus-Künstler ersannen parallel zu den früh erfolgreichen Pop-Kollegen ein System von kaufhausähnlichen Billigprodukten, um den bürgerlichen Kunstgeschmack zu unterlaufen. In Frankreich erträumte man sich mit dem Nouveau Réalisme, wie ihn Pierre Restany verstand, eine „gewaltige Flutwelle eines gegenständlichen Fetischismus".[15]

Einzelne amerikanische Künstler schliesslich, vor allem Claes Oldenburg, der 1961 in seinem <Store> bemalte Waren aus Gips für genau ausgezeichnete Dollarbeträge verkaufte, sahen sich

13 Allan Kaprow, The Legacy of Jackson Pollock, in: Art News, Bd. 57, 6/1958, S. 24–26, 55–57.

14 Wie Anm. 12, S. 41, Anm. 10. Kaprow selbst hat darauf in einer Diskussion anlässlich der Ausstellung "Blam!" hingewiesen, die 1984 im New Yorker Whitney Museum of American Art stattfand (vgl. Barbara Haskell, Blam! The Explosion of Pop, Minimalism, and Performance 1958–64, New York/London 1984).

15 Vgl. das Manifest Restanys in Ausst.kat.: Les Nouveaux Réalistes, Neue Galerie im Künstlerhaus, München 1963 [o.S.].

zu einer tiefschürfenden Untersuchung veranlasst, was uns die Warengesellschaft täglich bot und abverlangte. So stand mit einem Mal „politisch-erotisch-mystische Kunst“[16] auf dem Programm, und Oldenburg schrieb, er wolle die Menschen daran gewöhnen, die Macht von Gegenständen zu erkennen.[17] Sein Fernziel lautete: „People will live in *sympathetic religious exchange* with the materials and objects surrounding them.“[18] Auch Warhol wiederum spielte seinen illustren Äusserungen zufolge mit der Gleichwerdung von Zivilisation und Religion, der tendenziellen Kongruenz von Kunst und Waren. Er wollte den Unterschied zwischen einem Star, einem normalen Menschen und den Waren tilgen, so dass alles "schön", jeder ein "Star" und gleichzeitig eine alltäglich funktionierende "Maschine" sein konnte.[19] Wenn, um zwei Gegenreaktionen zu nennen, Yves Klein anfangs der sechziger Jahre ein Zertifikat für eine <Zone de sensibilité picturale immatérielle> ausstellte und dabei zwanzig Gramm Blattgold an einen Sammler verkaufte, das in seiner Anwesenheit in die Pariser Seine geworfen wurde,[20] oder wenn Walter De Maria einen mehrfach aufgelegten Metallstab namens <High Energy Bar> verbreitete, der den Besitzer wiederum per Zertifikat zum Bestandteil einer "High Energy Unit", zu einer Art Glaubenskongregation im Dienste der Künstlers erhob,[21] dann hatten die affirmativen und pejorativen Stellungnahmen zum Warenfetischismus eines gemeinsam: das gänzliche Vertrauen zur Macht der einzelnen Ware. Erst die absichtsvolle Indifferenz zur Warenwelt und der Hedonismus mit ihren Einzelerscheinungen, wie ihn Warhol stellvertretend für die gesamte Kunst der sechziger Jahre ausformulierte, war wirklich gefährlich und wurde von kritischen Äusserungen gebrandmarkt. Auch Duchamp, der Erfinder des Ready-made, meldete sich zu Wort: „Dieses Neodada, das sich jetzt Neuer Realismus, Pop art, Assemblage usw. nennt, ist ein billiges Vergnügen und lebt von dem, was Dada tat. Als ich die Ready mades entdeckte, gedachte ich, den ästhetischen Rummel zu entmutigen. Im Neodada benutzen sie aber die Ready mades, um an ihnen "ästhetischen Wert" zu entdecken!! Ich warf ihnen den Flaschentrockner und das Urinoir ins Gesicht als eine Herausforderung, und jetzt bewundern sie es als das ästhetisch Schöne.“[22]

Doch war es zu spät, denn etwas anderes als das ästhetisch Schöne, mag es auch hässlich sein, kennt die erscheinungssüchtige Warengesellschaft nicht. Gleichwohl stehen wir noch immer, auch dreissig Jahre später, vor einem moralischen Problem. Der "ästhetische Wert" gilt viel, der nackte Warenwert hingegen, ausgedrückt im Kaufpreis für die Kunstwerke, ist schlecht und hat mit den Formen und Inhalten angeblich nichts zu tun. Mike Kelley hat in Hinblick auf die gesamte Objektkunst der achtziger Jahre ausgesagt, dass "Wert" in dieser Gesellschaft allein vom Geld abhängt. „Die Leute sprechen erst dann über die inhaltlichen Aspekte eines Kunstwerks, wenn das, was in unserer Kultur den Wert ausmacht, dafür aufgewendet worden ist.“[23] Nachdem Künstler wie Oldenburg oder Byrne oder Koons das warenähnliche Kunstwerk vorausgedacht und den sakralen Umgang mit der Konsumgesellschaft eingeräumt haben, steht es uns endlich frei, die Höhen und Tiefen der Welt der Kunst in dieser Welt direkt mit dem eigenen Portemonnaie in Beziehung zu setzen.

Offen bleibt, welche Gebrauchswerte sich die Ware Kunst erobert. Als Walter De Maria bei seinem Auftragswerk namens <Cross> von 1966, das für den New Yorker Taximogul Robert Scull gefertigt worden war, die Bewegung einer Aluminiumkugel in einem metallischen Kreuz vorsah, liess er zum Beispiel keine genussvolle Entspannung zu. Vielmehr wurde eine Art Kurzschluss zwischen Sakralem und Profanem installiert, indem der Künstler offenbar in eigener Sache eine Gottesdienstmaschine veräusserte. Auch Katharina Fritsch, die 1987 eine lebensgrosse, gelb gefärbte Gipsmadonna in einer Münsteraner Fussgängerzone aufstellte, hat gelegentliche erzieherische Eskapaden gezeigt. So sehr ihre sakral verspielten Waren für eine grosse Zahl von Menschen gedacht sind, so rasch werden sie ihnen immer wieder genommen. Denn die Menschen wollen sie berühren, doch dabei gehen sie nur kaputt. Reich sind die Zeichen der Offenbarung an den Kunstwaren selbst geworden. Sie sind mehr als zuvor unsere einzigen Sinnbilder, auch von jener Stadt, jenem Tempel, jenem Königshaus, Königshof und Reich, jener Heimat und jenem Paradies, das wir nicht kennen. Es ist vielleicht schon da mit den Werken und unserer Konsumgesellschaft, nur haben wir es nicht gemerkt.

16 Vielfach publ., z.B. wie Anm. 12, S. 49; erstmals in: Claes Oldenburg, Store Days, New York/Villefranche-sur-mer/Frankfurt a.M. 1967, S. 39; Preisliste für die 107 aufgeführten Waren ebda, S. 31–34.

17 A.a.O., S. 48.

18 A.a.O., S. 60 [Hervorhebung T.K.].

19 Kynaston McShine (Hg.), Andy Warhol, A Retrospective, New York 1989, S. 457–467.

20 Abb. in: Pierre Restany, Yves Klein, München 1982, S. 58f.

21 Abb. in Ausst.kat.: Thomas Kellein, Walter De Maria, Staatsgalerie Stuttgart 1987/88, S. 65.

22 Zitiert nach einem Brief Duchamps an Hans Richter vom 10.11.1962, in: Hans Richter, Dada-Kunst und Antikunst, Köln 1964, S. 212.

23 Zitiert nach Ausst.kat.: Mike Kelley, hrsg. v. Th. Kellein, Kunsthalle Basel/Portikus Frankfurt a.M./ICA London 1992, S. 89.

Walter De Maria, Cross, 1965–66; Aluminium, poliert, mit Kugel aus massivem Aluminium; 10,2×106,5×56 cm; The Solomon R. Guggenheim Museum, New York.

VERZEICHNIS DER AUSGESTELLTEN WERKE

Die Abfolge der Katalognummern im Verzeichnis der ausgestellten Werke richtet sich nach der Abfolge der dreissig Werkgruppen im Bildteil (S. 23–208). Die Gruppen sind gekennzeichnet durch die römischen Ziffern I bis XXX.
Bei Werken, die nicht abgebildet sind, steht hinter der Katalognummer ein entsprechender Vermerk.

S. 23–34

Matisse, Henri
Le Cateau Cambrési 1869 – Nizza 1954

1
Homme nu (Le serf; Académie bleue; Bevilaqua), 1900
Männlicher Akt (Der Sklave; Blaue Studie; Bevilaqua)
Öl auf Lwd.; 99,3×72,7 cm
The Museum of Modern Art, New York, Kay Sage Tanguy und Abby Aldrich Rockefeller Fonds, 1975

2
Homme nu debout (Portrait de Bevilaqua), 1900
Stehender männlicher Akt (Bildnis von Bevilaqua)
Öl auf Lwd.; 76×60 cm
Sammlung Nathan und Marion Smooke

3
Homme nu, c. 1900–1902
Männlicher Akt
Öl auf Lwd.; 82,4×29,5 cm
Musée Cantini, Marseille

4
Le serf, 1900–1903
Der Sklave
Bronze; 93×33×30 cm
Bayerische Staatsgemäldesammlungen, München

5
Nu aux souliers roses, 1900
Akt mit rosafarbenen Schuhen
Öl auf Lwd.; 73,5×60 cm
Galerie Jan Krugier, Genf

6
Madeleine I, 1901
Bronze; H. 59 cm
Privatsammlung

7
Madeleine II, 1903
Bronze; H. 60 cm
Privatsammlung

8
La coiffure, 1907
Das Frisieren
Öl auf Lwd.; 116×89 cm
Staatsgalerie Stuttgart

9
Figure décorative, 1908
Dekorative Figur
Bronze; 72×51,8×31,5 cm
Sammlung Patsy R. und Raymond D.Nasher, Dallas, Texas

10
Nu couché I, 1906–07
Liegender Akt I
Bronze; 34,5×50×28 cm
Musée d'Art Moderne de la Ville de Paris

11
Poisson rouge et sculpture, 1912
Goldfisch und Skulptur
Öl auf Lwd.; 116,2×100,5 cm
The Museum of Modern Art, New York, Schenkung von Mr. und Mrs. John Hay Whitney, 1955

12
Sculpture et vase de Ivy, 1916
Skulptur und Vase von Ivy
Öl auf Lwd.; 60×73 cm
Musée des Beaux-Arts et d'Archéologie, Besançon

13
Nu de dos I, 1909
Rückenakt I
Bronze; 190×116×15 cm
Kunsthaus Zürich

14
Nu de dos II, 1913
Rückenakt II
Bronze; 190×118×19 cm
Kunsthaus Zürich

15
Nu de dos III, 1916/17
Rückenakt III
Bronze; 190×114×16 cm
Kunsthaus Zürich

16
Nu de dos IV, 1930/31
Rückenakt IV
Bronze; 190×114×16 cm
Kunsthaus Zürich

17 (o.Abb.)
Jazz, 1947
Illustriertes Buch; 42,5×32,5 cm
Öffentliche Kunstsammlung Basel, Kupferstichkabinett Basel

17a (o.Abb.)
Petit Torse, 1929
Kleiner Torso
Bronze; H. 10,2 cm
The Marion Koogler McNay Art Museum, San Antonio

18
Vénus à la coquille II, 1932
Venus in der Muschel II
Bronze; H. 34 cm
Privatsammlung

19
Nu debout, Katia, 1950
Stehender Akt, Katia
Bronze; H. 54 cm
Privatsammlung

20
Nu bleu I, 1952
Sitzender blauer Akt I
Papiers découpés; 116×78 cm
Sammlung Beyeler, Basel

21
Nu bleu, la grenouille, 1952
Blauer Akt, der Frosch
Papiers découpés; 141×134 cm
Sammlung Beyeler, Basel

S. 35–48

Picasso, Pablo
Malaga 1881 – Mougins 1973

22
Femme (époque des <Demoiselles d'Avignon>), 1907
Frau (Epoche der <Demoiselles d'Avignon>)
Öl auf Lwd.; 119×93 cm
Sammlung Beyeler, Basel

23
Nu aux bras levés, Herbst 1907
Akt mit erhobenen Armen
Öl auf Lwd.; 150,3×100,3 cm
Privatsammlung

24
Nu aux bras levés de profil, Frühjahr 1908
Akt mit erhobenen Armen im Profil
Öl auf Holz; 67×25,5 cm
Privatsammlung

25
Poupée, 1907
Puppe
Holz mit Farbspuren u. Metallaugen; H. 26 cm
Art Gallery of Ontario, Toronto

26
Figure, 1907
Figur
Buchsbaumholz mit Bleistiftspuren, oberer Teil des Kopfes bemalt
35,2×12,2×10,5 cm
Musée Picasso, Paris (MP 237)

26a
Masque de femme, 1908
Frauenmaske
Bronze; 18,3×17,5×11,8 cm
Hirshhorn Museum and Sculpture Garden, Smithsonian Institution,
Schenkung Joseph H. Hirshhorn, 1966

27
Fernande, Sommer 1909
Öl auf Lwd.; 61,8×42,8 cm
Kunstsammlung Nordrhein-Westfalen, Düsseldorf

28
Tête de femme (Fernande), 1909
Frauenkopf (Fernande)
Bronze; 40,5×23,5×26 cm
Kunsthaus Zürich

29
Maquette pour la guitare, Okt. 1912
Maquette für die Gitarre
Karton, Schnur, Draht (restauriert); 65,1×33×19 cm
The Museum of Modern Art, New York,
Schenkung des Künstlers, 1971

30
Guitare sur une table, Herbst 1912
Gitarre auf einem Tisch
Collage: Öl, Sand, Kohle auf Lwd.; 51,1×61,6 cm
Hood Museum of Art, Dartmouth College,
Hanover (New Hampshire),
Schenkung Nelson A.Rockefeller, 1930

31
Le verre d'absinthe, Frühjahr 1914
Absinthglas
Bemalte Bronze mit silbernem Absinthlöffel;
21,6×16,4×8,5 cm
The Museum of Modern Art, New York, Schenkung von
Mrs. Bertram Smith, 1956

32
Cartes à jouer, verres, bouteille de rhum («Vive la France»), 1914–15
Stilleben mit Spielkarten, Gläsern und Rumflasche
Öl u. Sand auf Lwd.; 54,2×65,4 cm
Privatsammlung

33
L'atelier du peintre, Winter 1927–28
Das Atelier des Malers
Öl auf Lwd.; 150×231 cm
The Museum of Modern Art, New York,
Schenkung von Walter P.Chrysler Jr., 1935

34
Figure (Projet pour Apollinaire), 1928–29
Figur (Entwurf für ein Denkmal für Apollinaire)
Draht; 100×81×37 cm
Sammlung Eppinghoven

35
Tête de femme, 1931
Frauenkopf
Eisen, Blech, Federn, Sieb, bemalt; 100×37×61 cm
Musée Picasso, Paris (MP 270)

36
Femme-fleur (Françoise Gilot), 1946
Blumen-Frau (Françoise Gilot)
Öl auf Lwd.; 146×89 cm
Courtesy Thomas Ammann, Zürich

37
Tête de femme, 1932
Frauenkopf
Bronze; 71,5×41×33 cm
Musée Picasso, Paris (MP 292)

38
Femme au fauteuil rouge, 1932
Frau auf einem roten Lehnstuhl
Öl auf Lwd.; 130×97 cm
Musée Picasso, Paris (MP 138)

39
Tête de femme, 1932
Frauenkopf
Bronze; 85×37×45,5 cm
Musée Picasso, Paris (MP 300)

40
Sculpture d'une tête, 1932
Plastik eines Kopfes
Kohle auf Lwd.; 92×73 cm
Sammlung Beyeler, Basel

41
Femme au chapeau, 1961
Frau mit Hut
Öl auf Holz; 116×89 cm
Kunsthaus Zürich, Schenkung von Frl. Angela und
Siegfried Rosengart

42
Femme au chapeau, 1961/63
Frau mit Hut
Gefaltetes Eisenblech, 1963 bemalt; 126×73×41 cm
Sammlung Beyeler, Basel

III

S. 49–60

Gabo, Naum
Briansk (Russland) 1890 – Waterbury, Connecticut 1977

43 (o.Abb.)
Kinetic Construction (Standing Wave), 1919–20
(Rekonstruktion 1985)
Kinetische Konstruktion (Stehende Welle)
Metallstäbe mit Elektromotor; 61,5×24×19 cm
The Tate Gallery, London

Lissitzky, El
Polschinoc (bei Smolensk) 1890 – Moskau 1941

44
Proun 1 D, 1919
Öl auf Sperrholz; 71,5×96 cm
Öffentliche Kunstsammlung Basel, Kunstmuseum Basel

45
Proun 23 N (B 111), um 1920/21
Tempera, Bleistift, Leimfarbe auf Holz; 58×44,5 cm
Wilhelm-Hack-Museum, Ludwigshafen

46
Proun 3A (Proun 62), 1923
Öl auf Lwd.; 71,1×58,4 cm
Los Angeles County Museum of Art, erworben aus
Mitteln des Fonds Mr. und Mrs. David E.Bright und
des Vermächtnisses David E.Bright

47
Wolkenbügel, 1923–27 (Modell 1984)
Pappe, Plexiglas, Modellholz; 100×70×70 cm
Stuhlmuseum Burg Beverungen und TECTA

Malewitsch, Kasimir
Kiew 1878 – Leningrad 1935

48
Schwarzes Rechteck und rotes Quadrat, um 1915
Öl auf Lwd.; 82,7×58,3 cm
Wilhelm-Hack-Museum, Ludwigshafen

49
Dynamischer Suprematismus (Supremus Nr.57), 1916
Öl auf Lwd.; 80,3×80,2 cm
The Tate Gallery, London

50
Alpha, 1923 (Rekonstruktion 1989)
Assemblage: Gips, Glas; 33×37×84 cm
Musée national d'art moderne,
Centre Georges Pompidou, Paris

51
Beta, 1923 (Rekonstruktion 1989)
Assemblage: Gips; 27,3×59,5×99,3 cm
Musée national d'art moderne,
Centre Georges Pompidou, Paris

52
Gota, 1923 (Rekonstruktion 1989)
Assemblage: Gips; 85,2×48×58 cm
Musée national d'art moderne,
Centre Georges Pompidou, Paris

52a (o. Abb.)
Die gegenstandslose Welt, 1913–1917
24 Zeichnungen zum 1927 in der Reihe "Neue Bauhausbücher" als Nr. 11 erschienenen Buch von Kasimir Malewitsch. Die Zeichnungen sind entstanden zwischen 1913 und 1917.
Alle Bleistift auf Papier; Format: 20,5×26,5 cm od. 21×16,4 cm
Öffentliche Kunstsammlung Basel, Kupferstichkabinett Basel

Pevsner, Antoine
Orel (Russland) 1884 – Paris 1962

53
Tête de femme italienne, 1915 (?)
Italienischer Frauenkopf
Öl auf Lwd.; 53×52,5
Emanuel Hoffmann-Stiftung Basel, Kunstmuseum Basel

54 (o. Abb.)
Construction dans l'espace, 1929
Konstruktion im Raum
Messingblech, Glas; 69×84 cm
Emanuel Hoffmann-Stiftung Basel, Kunstmuseum Basel

55 (o. Abb.)
Construction surface développable, 1938
Konstruktion mit entfaltbarer Oberfläche
Bronze; 63,5×51×52 cm
Öffentliche Kunstsammlung Basel, Kunstmuseum Basel

Puni, Iwan
Kovokkala (Finnland) 1892 – Paris 1956

56
Relief pictural (Sculpture suprématiste), 1915
Malerisches Relief (Suprematistische Skulptur)
Holz, Pappe, mit Tempera bemalt; 70×46,5×10,5 cm
Collection M. et Mme. Herman Berninger, Zürich

57
Construction Relief, c. 1915–16
Konstruktion Relief
Bemaltes Holz u. Blech auf Holz; 58×46,7×9 cm
Sammlung Patsy R. und Raymond D.Nasher,
Dallas, Texas

Rodtschenko, Alexander
Petersburg 1891 – Moskau 1956

58
Raumkonstruktion Nr.5, 1918 (Rekonstruktion 1973)
Aluminium, bemalt; 46×39×34 cm
Galerie Gmurzynska, Köln

59
Komposition Nr.99, 1920
Öl auf Sperrholz; 95×60,5 cm
Galerie Gmurzynska, Köln

Tatlin, Wladimir
Moskau 1885 – Moskau 1953

60
Winkelrelief, 1914/15
(Rekonstruktion 1979 von Martyn Chalk)
Holz, Eisen, Draht; 78,5×80×70 cm
Annely Juda Fine Art, London

61
Eckrelief, 1915 (Rekonstruktion 1979)
Eisen, Zink, Aluminium; 78,8×152,4×76,2 cm
Galerie Beyeler, Basel

62
Modell zum Denkmal für die III.Internationale, 1920
(Rekonstruktion 1979)
Holz, Metall; H. 420 cm, Sockel H. 80 cm
Musée national d'art moderne,
Centre Georges Pompidou, Paris

IV
S. 61–66

Duchamp, Marcel
Blainville 1887 – Neuilly-sur-Seine 1968

63
Broyeuse de chocolat no. 1, 1913
Schokoladenreibe
Öl auf Lwd.; 62×65 cm
Philadelphia Museum of Art, Sammlung Louise und
Walter Arensberg

64
Roue de bicyclette, 1913 (Replik 1964)
Fahrrad-Rad
Ready-made: Fahrradgabel, Rad, Hocker; H. 126,5 cm
Hessisches Landesmuseum Darmstadt

65
Trois stoppages-étalon, 1913–14
Drei Massnorm-Stoppagen
Assemblage: 3 Fäden auf 3 bemalte Leinwandstreifen
(je 13,3×120 cm) geklebt, jeder Streifen auf eine
Glasscheibe montiert; 3 Holzlatten, an einer Längsseite
nach der Form der Fäden geschnitten; alles in Holzkiste;
Kiste: 28,2×129,2×22,7 cm
The Museum of Modern Art, New York,
Vermächtnis Katherine S.Dreier

66
Porte-bouteilles, 1914 (Replik 1964)
Flaschentrockner
Ready-made: Flaschentrockner aus galvanisiertem
Eisen; H. 64 cm
Musée national d'art moderne,
Centre Georges Pompidou, Paris

67
Peigne, 1916
Kamm
Ready-made: Kamm aus Stahl; 16,6×3,2 cm
Philadelphia Museum of Art,
Sammlung Louise und Walter Arensberg

68
A bruit secret, 1916
Mit geheimem Geräusch
Ready-made: Metall, Schnur; 12,9×13×11,4 cm
Philadelphia Museum of Art,
Sammlung Louise und Walter Arensberg

69
Trébuchet, 1917 (Replik 1964)
Stolperfalle
Ready-made: Kleiderhaken aus Holz und Metall,
am Boden befestigt; 19×100×13 cm
Musée national d'art moderne,
Centre Georges Pompidou, Paris

70
Rotative-plaque-verre, 1920 (Replik 1961)
Rotationsglasplatte
Eisen, Plexiglas, Elektromotor; 140×185 cm
Moderna Museet, Stockholm

71
Boîte-en-Valise, 1938/41
Schachtel im Koffer
Lederkoffer, der je nach Exemplar eine unterschiedlich
grosse Zahl von Miniaturrepliken oder Fotos von
Arbeiten von Duchamp enthält; Koffer: 10×38×41,5 cm
Öffentliche Kunstsammlung Basel, Kunstmuseum Basel

V
S. 67–70

Giacometti, Alberto
Borgonovo (Schweiz) 1901 – Chur 1966

72
Boule suspendue, 1930–31
Aufgehängte Kugel
Gips, Metall; 61×36×33,5 cm
Alberto Giacometti-Stiftung, Kunstmuseum Basel

73
Homme, femme, enfant, 1931
Mann, Frau, Kind
Holz, Metall; 41,5×37×16 cm
Öffentliche Kunstsammlung Basel, Kunstmuseum Basel

74
On ne joue plus, 1931–32
Das Spiel ist aus
Marmor, Holz, Bronze; 4,1×58×45,2 cm
Sammlung Patsy R. und Raymond D.Nasher,
Dallas, Texas

Miró, Joan
Barcelona 1893 – Palma de Mallorca 1984

75
Peinture-objet, 1932
Gemälde-Objekt
Assemblage auf Holz, z.T. bemalt; 13,5×20,5×5 cm
Kunsthaus Zürich, Schenkung aus der Sammlung
Erna und Curt Burgauer

Ray, Man
Philadelphia 1890 – Paris 1976

76
Cadeau, 1921 (Replik 1970)
Geschenk
Eisen; 17,5×10×14 cm
Musée national d'art moderne,
Centre Georges Pompidou, Paris

VI
S. 71–78

Doesburg, Theo van
Utrecht 1883 – Davos 1931

77
Composition XII en blanc et noir, 1918
Komposition XII in Weiss und Schwarz
Öl auf Lwd.; 74,5×54,5 cm
Emanuel Hoffmann-Stiftung Basel, Kunstmuseum Basel

78
Composition en demi-valeurs, 1928
Komposition in Zwischenwerten
Öl auf Lwd.; 50×50 cm
Öffentliche Kunstsammlung Basel, Kunstmuseum Basel

Mondrian, Piet
Amersfoort (Holland) 1872 –
New York 1944

79
Composition in Color B, 1917
Komposition in Farbe B
Öl auf Lwd.; 50×44 cm
Rijksmuseum Kröller-Müller, Otterlo

80 (o.Abb.)
Composition, 1921
Öl auf Lwd.; 49,5×41,5 cm
Emanuel Hoffmann-Stiftung Basel, Kunstmuseum Basel

81
Composition (avec bleu et jaune), 1932
Komposition (mit Blau und Gelb)
Öl auf Lwd.; 55,5×55,5 cm
Sammlung Beyeler, Basel

82 (o.Abb.)
Composition avec bleu, 1935
Komposition mit Blau
Öl auf Lwd.; 72×72 cm
Sammlung Beyeler, Basel

83
Composition en bleu, jaune et blanc, 1936
Komposition in Blau, Gelb und Weiss
Öl auf Lwd.; 43,5×33,5 cm
Emanuel Hoffmann-Stiftung Basel, Kunstmuseum Basel

84
Picture III (Composition in a Square with Red Corner), 1938
Bild III (Komposition in einem auf einer Ecke stehenden Quadrat mit rotem Winkel)
Öl auf Lwd.; 149×149 cm
Sammlung Beyeler, Basel

Vantongerloo, Georges
Antwerpen 1886 – Paris 1965

85
L^2 = S violet, jaune, vert, rouge, 1933
L^2 = S violett, gelb, grün, rot
Öl auf Lwd.; 46×46 cm
Öffentliche Kunstsammlung Basel, Kunstmuseum Basel, Schenkung Marguerite Arp-Hagenbach

86
$\mathbf{\frac{3457}{18}\ \frac{jaune}{bleu}}$, 1936
Öl auf Sperrholz; 66,1×73 cm
Privatsammlung Basel

87
métal: $Y = ax^3 - bx^2 + cx$, 1935
Neusilber; H. 38,5 cm
Emanuel Hoffmann-Stiftung Basel, Kunstmuseum Basel

Taeuber-Arp, Sophie
Davos 1889 – Zürich 1943

88 (o.Abb.)
Relief, 1936
Holzrelief, bemalt; 55×65×16,6 cm
Emanuel Hoffmann-Stiftung Basel, Kunstmuseum Basel

89
Relief rectangulaire, rectangles découpés, rectangles appliqués et cylindres surgissants, 1936/37
Rechteckiges Relief, ausgeschnittene Rechtecke, aufgesetzte Rechtecke und hervorstehende Zylinder
Holzrelief, bemalt; 50×86,5 cm
Öffentliche Kunstsammlung Basel, Kunstmuseum Basel, Schenkung Marguerite Arp-Hagenbach

VII
S. 79–84

Arp, Hans (Jean)
Strassburg 1886 – Basel 1966

90
Dada Relief, 1916
Holzrelief, bemalt u. verschraubt; 24,5×18,5×10 cm
Öffentliche Kunstsammlung Basel, Kunstmuseum Basel

91
La planche à oeufs, um 1922
Das Eierbrett
Holzrelief, bemalt; 76,2×96,5×5 cm
Privatsammlung

92
Le coquetier ivre, 1926
Der betrunkene Eierbecher
Schnur auf Lwd., bemalt; 65×54 cm
Öffentliche Kunstsammlung Basel, Kunstmuseum Basel, Schenkung Marguerite Arp-Hagenbach

93
Konfiguration, 1927/28
Holzrelief, bemalt; 145,5×115,5×3,3 cm
Emanuel Hoffmann-Stiftung Basel, Kunstmuseum Basel

Schwitters, Kurt
Hannover 1887 – Ambleside (England) 1948

94
Frühlingsbild, 1920
Collage; 102,5×84 cm
Öffentliche Kunstsammlung Basel, Kunstmuseum Basel

95
Weisses Relief, 1924/27
Holzrelief, bemalt; 76,2×59 cm
Sprengel Museum, Hannover

96
Lampenbild (liegender weisser Cylinder), 1932
Verschiedene Materialien auf Sperrholz; 53,8×43,1 cm
Marlborough International Fine Art

VII a

Schlemmer, Oskar
Stuttgart 1888 – Baden-Baden 1943

96a
Sieben Figurinen zum <Triadischen Ballett>, 1920–1922, teilweise später überarbeitet; Rekonstruktionen von 1967, 1985/86 und 1991/92
I. Taucher; II. Tänzer türkisch; III. Spirale; IV. Scheibentänzer; V. Drahtfigur; VI. Goldkugel; VII. Der Abstrakte.
V, VI, VII: 1967, Rekonstruktion durch den Theaternachlass U.J.S. für die Weltausstellung in Montreal; I, II, IV: 1985/86, Rekonstruktion durch den Theaternachlass U.J.S. für die Ausstellung "Oskar Schlemmer" im Baltimore Museum of Art; III: 1991/92, Rekonstruktion durch den Theaternachlass U.J.S. für die Weltausstellung in Sevilla;
Trägerfigur nach der Zeichnung <Die Zeichen im Menschen> von Oskar Schlemmer durch den Theaternachlass U.J.S.
Sammlung C Raman Schlemmer

VIII
S. 85–92

Miró, Joan
Barcelona 1893 – Palma de Mallorca 1984

97
Danseuse II, 1925
Tänzerin
Öl auf Lwd.; 115,5×88,5 cm
Galerie Rosengart

98
Peinture, 1925
Gemälde
Öl auf Lwd.; 114×146 cm
Öffentliche Kunstsammlung Basel, Kunstmuseum Basel

99
Personnage, 1927
Persönlichkeit
Öl auf Lwd.; 130×97,5 cm
Sammlung Beyeler, Basel

100
Peinture, 1930
Gemälde
Öl auf Lwd.; 230×150 cm
Sammlung Beyeler, Basel

101
Composition (Petit univers), 1933
Komposition (Kleines Universum)
Gouache auf Karton; 39,7×31,5 cm
Sammlung Beyeler, Basel

102 (o.Abb.)
Danseuse espagnole, 1945
Spanische Tänzerin
Öl auf Lwd.; 146×114 cm
Galerie Beyeler, Basel

103
L'oiseau solaire, 1966–78
Der Sonnenvogel
Bronze; 120×180×102 cm
Galerie Beyeler, Basel

Calder, Alexander
Lawton (bei Philadelphia) 1898 – New York 1976

104
Little Ball with Counterweight, c. 1930
Kleiner Ball mit Gegengewicht
Metall, Draht, Holz, bemalt; 162×31,8×31,8 cm
Mrs. Leonard J.Horwich

105
L'oiseau sur la branche, 1949
Der Vogel auf dem Ast
Holz, Metall, Draht, bemalt; 197×200 cm
Moderna Museet, Stockholm

106 (o.Abb.)
Le phoque, c. 1949
Der Seehund
Eisen; 36×56×22 cm
Öffentliche Kunstsammlung Basel, Kunstmuseum Basel

107
Mostly White, 1960
Hauptsächlich Weiss
Mobile: Metall, bemalt; c. 124,5×236 cm
Galerie Beyeler, Basel

IX

S. 93–98

Dubuffet, Jean
Le Havre 1901 – Paris 1985

108
Corps de dame gerbe bariolée, 1950
Frauenkörper, bunte Garbe
Öl auf Lwd.; 116×89 cm
Sammlung Emily Fisher Landau, New York

109
Le voyageur égaré, 1950
Der verirrte Reisende
Öl auf Lwd.; 130×195 cm
Sammlung Beyeler, Basel

110
Pleurnichon, 1954
Heulsuse
Schwamm; H. 43 cm
Sammlung Sonnabend

111 (o.Abb.)
Le reître, 1954
Der Haudegen
Schlacke; H. 35 cm
Sammlung Sonnabend

112
Vent arrière, 1954
Rückenwind
Schwamm; H. 22 cm
Sammlung Sonnabend

113
Le folâtre, 1954
Der Mutwillige
Eisenschlacke; H. 41 cm
Galerie Baudoin Lebon, Paris

114 (o.Abb.)
Le très riche sol, 1956
Das sehr fruchtbare Erdreich
Öl auf zus.gesetzter Lwd.; 156×117 cm
Sammlung Beyeler, Basel

115
Le crapaudeur, 1959
Der Kröterich
Papier mâché; H. 25,5 cm
Öffentliche Kunstsammlung Basel, Kunstmuseum Basel

116 (o.Abb.)
Dimanche urbain, 1967
Sonntag in der Stadt
Vinyl auf Lwd.; 162×130 cm
Fondation Jean Dubuffet, Périgny-sur-Yerres

117
L'auditeur I, 1967
Der Zuhörer I
Polyester, bemalt mit Polyuretan; 167×84×46 cm
Fondation Jean Dubuffet, Périgny-sur-Yerres

Tàpies, Antoni
Barcelona 1923, lebt in Barcelona

118
La porte rouge no. LXXV, 1957
Das rote Tor
Mischtechnik auf Lwd.; 195×130 cm
Privatsammlung Paris

119 (o.Abb.)
Gris avec graphismes noirs, 1962
Grau mit schwarzen Einritzungen
Öl mit Sand u.a. Materialien auf Lwd.; 195,5×310,5 cm
Emanuel Hoffmann-Stiftung Basel, Kunstmuseum Basel

X

S. 99–102

Chillida, Eduardo
San Sebastián 1924, lebt in San Sebastián

120 (o. Abb.)
Música callada, 1955
Schweigende Musik
Schmiedeeisen; 64×150×56 cm
Öffentliche Kunstsammlung Basel, Kunstmuseum Basel

121
Enclume de rêve no.10, 1962
Amboss des Traumes
Eisen auf Holzsockel; Eisenplastik: 43,5×52×38,5 cm,
Sockel: H. 106 cm
Emanuel Hoffmann-Stiftung Basel, Kunstmuseum Basel

122a
Komposition, 1952
Collage; 10×13,2 cm
Öffentliche Kunstsammlung Basel, Kupferstichkabinett
Basel, Karl August-Burckhardt-Koechlin-Fonds

122b
Komposition, 1957
Collage: Teerpapier mit heissem Eisen angeklebt;
21,9×30,1 cm
Öffentliche Kunstsammlung Basel, Kupferstichkabinett
Basel, Karl August-Burckhardt-Koechlin-Fonds

122c (o.Abb.)
Komposition, um 1963
Collage; 33,6×29,4 cm
Öffentliche Kunstsammlung Basel, Kupferstichkabinett
Basel, Karl August-Burckhardt-Koechlin-Fonds

122d (o.Abb.)
Komposition, 1963/64
Collage; 55,1×34,4 cm
Öffentliche Kunstsammlung Basel, Kupferstichkabinett
Basel, Karl August-Burckhardt-Koechlin-Fonds

XI

S. 103–108

Fontana, Lucio
Rosario di Santa Fé (Argentinien) 1899 – Comabbio (Italien) 1968

123
Concetto spaziale, 1949/50
Raumkonzept
Ungrundierte Lwd.; 112×109 cm
Kunsthaus Zürich

124 (o.Abb.)
Concetto spaziale. Attese, 1961
Raumkonzept. Erwartungen
Öl auf Lwd.; 61×46,3 cm
Karsten Greve, Köln-Paris

125
Concetto spaziale. Natura, 1959–60 (59–60 N 8)
Raumkonzept. Natur
Bronze; 70×85 cm
Karsten Greve, Köln-Paris

126
Concetto spaziale. Natura, 1959–60 (59–60 N 17)
Raumkonzept. Natur
Bronze; ⌀ 55 cm
Karsten Greve, Köln-Paris

127
Concetto spaziale. Natura, 1959–60 (59–60 N 32)
Raumkonzept. Natur
Bronze; ⌀ 75 cm
Karsten Greve, Köln-Paris

Klein, Yves
Nizza 1928 – Paris 1962

128
RE 21 (bleu), 1960
Blaues Schwammrelief; 198×163 cm
Courtesy Thomas Ammann, Zürich

129 (o.Abb.)
Monochrome bleu, 1955
Blaues Pigment auf Stoff auf Polyester auf Holz;
213×86 cm
Georges Marci

Manzoni, Piero
Cremona 1933 – Mailand 1963

130
Achrome, 1960
Genähter Stoff, leicht grundiert; 80×60 cm
Museum Ludwig, Köln

XII

S. 109–116

Giacometti, Alberto
Borgonovo (Schweiz) 1901 – Chur 1966

131 (o.Abb.)
Grande figure, 1947
Grosse Figur
Bronze; 198,5×23×41,5 cm
Alberto Giacometti-Stiftung, Kunstmuseum Basel

132
Place, 1948–49
Platz
Bronze; 21×63,5×44 cm
Emanuel Hoffmann-Stiftung Basel, Kunstmuseum Basel

133
Composition avec trois figures et une tête, 1950
Komposition mit drei Figuren und einem Kopf
Bronze, bemalt; 56,5×56×42 cm
Alberto Giacometti-Stiftung, Kunsthaus Zürich

134
La place, 1951
Der Platz
Öl auf Lwd.; 61×50 cm
Privatsammlung

135
Homme debout, 1952
Stehender Mann
Öl auf Lwd.; 72,5×29,8 cm
Sammlung Alsdorf, Chicago

136
Grande tête, 1960
Grosser Kopf
Bronze; H. 95 cm
Sammlung Beyeler, Basel

137
L'homme qui marche II, 1960
Schreitender Mann II
Bronze; H. 187 cm
Sammlung Beyeler, Basel

138
Grande femme III, 1960
Grosse Frau III
Bronze; H. 235 cm
Sammlung Beyeler, Basel

139
Grande femme IV, 1960
Grosse Frau IV
Bronze; H. 276 cm
Sammlung Beyeler, Basel

140
Grand nu, 1962
Grosser Frauenakt
Öl auf Lwd.; 174,5×69,5 cm
Privatsammlung, Leihgabe im Kunsthaus Zürich

XIII

S. 117–122

Baselitz, Georg

Deutschbaselitz, Sachsen 1938, lebt in Derneburg, Niedersachsen

141 (o.Abb.)
Dresdner Frauen – Der Soldat, 1989
(20.X.89–10.XI.89) (GBP 22/00)
Rotbuche, mit Tempera gelb bemalt; 122×62,5×31 cm
Mr. und Mrs. Ronald A.Pizzuti, Columbus, Ohio

142 (o.Abb.)
Dresdner Frauen – Hanka, 1989 (Nov.89) (GBP 23/00)
Esche, mit Tempera gelb bemalt; 147×68,5×47,5 cm
Joseph und Arlene Mc Hugh

143
Dresdner Frauen – Daneben Elster, 1989 (10.XII.89)
(GBP 24/00)
Rotbuche, mit Tempera gelb bemalt; 91×67,5×32,5 cm
Privatsammlung

144 (o.Abb.)
Dresdner Frauen – Die Wendin, 1990 (4.I.90)
(GBP 26/00)
Ahorn, mit Tempera gelb bemalt; 118×66,5×34 cm
Sammlung PaineWebber Group Inc., New York

145
Dresdner Frauen – Die Kranke aus Radebeul, 1990
(30.I.90) (GBP 27/00)
Esche, mit Tempera gelb bemalt; 112×63×20 cm
Sammlung Nesi, Prato

146 (o.Abb.)
Dresdner Frauen – Uta, 1990 (15.II.90) (GBP 29/00)
Rotbuche, mit Tempera gelb bemalt; 91×58,5×41,5 cm
Privatsammlung

147 (o.Abb.)
Dresdner Frauen – Karla, 1990 (5.III.90) (GBP 30/00)
Esche, mit Tempera gelb bemalt; 158×67,5×57 cm
Sammlung Froehlich, Stuttgart

148
Dresdner Frauen – Die Lachende, 1990 (20.IV.90)
(GBP 31/00)
Ahorn, mit Tempera gelb bemalt; 123×69,5 cm
Privatsammlung Uli Knecht, Stuttgart

149 (o.Abb.)
Dresdner Frauen – Besuch aus Prag, 1990 (30.V.90)
(GBP 33/00)
Esche, mit Tempera gelb bemalt; 150×75×43 cm
The Pace Gallery

150
Dresdner Frauen – Die Elbe, 1990 (6.VI.90)
(GBP 34/00)
Esche, mit Tempera gelb bemalt; 154×65×67 cm
Im Besitz des Künstlers

151 (o.Abb.)
Dresdner Frauen – Giebel, 1990 (5.IX.90) (GBP 38/00)
Esche, mit Tempera gelb bemalt; 122×52×53 cm
Privatsammlung

151a (o.Abb.)
Dresdner Frauen – Die Heide, Oktober 1990
(GBP 39/00)
Linde, mit Tempera gelb bemalt; 155×70×56 cm
Louisiana Museum, Humlebaek

152
Ohne Titel, Januar 1990
112 Zeichnungen: schwarze Tusche auf Fabriano-Zeichenpapier; je 100×70 cm
In verschiedenen Sammlungen

XIV

S. 123–126

Johns, Jasper

Augusta, Georgia 1930, lebt in New York

153
Painted Bronze («Ale Cans»), 1960–64
Bemalte Bronze («Ale Büchsen»)
Bronze, bemalt; 14×20,3×12 cm
Philadelphia Museum of Art,
Leihgabe des Künstlers

154
Grey Target, 1957
Graue Zielscheibe
Enkaustik auf Lwd.; 30,5×30,5 cm
Sonnabend Gallery

Oldenburg, Claes

Stockholm 1929, lebt in New York

155
Soft Washstand, 1966
Weicher Waschtisch
Vinyl gefüllt mit Kapok, Holz, bemalt mit Liquitex, auf Chromstahlgestell; 137×106×57 cm
Privatsammlung

Rauschenberg, Robert

Port Arthur, Texas 1925, lebt in New York

156
Dylaby, 1962
Combine Painting: Öl, Metall, Stoff, Holz auf Lwd.; 278×221×38 cm
Sammlung Sonnabend

Tinguely, Jean

Fribourg 1925 – Bern 1991

157
Le soulier de Madame Lacasse, 1960
Der Schuh von Madame Lacasse
Holzpult, Fahrradräder, Eisen- und Stahlstangen und Drähte, Schuh, Gummigurten, Elektromotor; 160×200×110 cm
Privatsammlung Paris

XV

S. 127–134

Johns, Jasper

Augusta, Georgia 1930, lebt in New York

159
Flag, 1958
Fahne
Enkaustik auf Lwd.; 105×144 cm
Leo Castelli

Judd, Donald
Excelsior Springs, Missouri 1928,
lebt in Marfa, Texas

160
Ohne Titel, 1962
Gerilltes, mit kadmiumroter Ölfarbe bemaltes Sperrholz, oben u. unten mit galvanisiertem Blech beschlagen; 193×244,5×30 cm
Öffentliche Kunstsammlung Basel,
Museum für Gegenwartskunst Basel

161
Stacks, 1970
Stapel
10 Tle: Aluminium; je 23×101,5×79 cm
Öffentliche Kunstsammlung Basel,
Museum für Gegenwartskunst Basel

LeWitt, Sol
Hartford, Connecticut 1928,
lebt in Chester, Connecticut

162a
Wandzeichnung Nr.4, April 1969
Ein Quadrat, horizontal und vertikal in vier gleiche Teile aufgeteilt, jedes Teilquadrat mit anders ausgerichteten Linien schraffiert; Bleistift
Privatsammlung Paris

162b (o. Abb.)
Wandzeichnung Nr.56, August 1970
Ein Quadrat, horizontal und vertikal in vier gleiche Teile aufgeteilt, jedes Teilquadrat mit Linien in vier Richtungen schraffiert, zunehmend übereinander gezeichnet; Bleistift
Sammlung des Künstlers

162c
Wandzeichnung Nr.295, Oktober 1976
Sechs weisse geometrische Figuren (Umrisse) auf eine schwarze Wand übereinander gezeichnet; weisser Farbstift auf schwarze Wand
Los Angeles County Museum of Art

Die drei Wandzeichnungen wurden in einem Raum der Kunsthalle ausgeführt.

Newman, Barnett
New York 1905 – New York 1970

163
Anna's Light, 1968
Annas Licht
Acryl auf rauher Lwd.; 276×611 cm
Kawamura Memorial Museum of Art, Sakura, Chiba, Japan

Stella, Frank
Malden, Massachusetts 1936,
lebt in New York

164
Tuxedo Junction, 1960
Email auf Lwd.; 310×185 cm
Stedelijk Van Abbemuseum, Eindhoven

165
Empress of India, 1965
Kaiserin von Indien
Shaped Canvas: Metallpulver in Polymerlösung auf Lwd.; 195,6×548,6 cm
The Museum of Modern Art, New York,
Schenkung S.I.Newhouse Jr., 1978

XVI
S. 135–138

Kelly, Ellsworth
Newburgh, New York 1923,
lebt in Spencertown, New York

166
Red Blue Green Yellow, 1965
Rot Blau Grün Gelb
2 Tle; oberer Tl: Öl auf Lwd., unterer Tl: Öl auf Lwd. auf Hartfaserplatte; 222×137×222 cm
Courtesy of Margo Leavin Gallery, Los Angeles und John Berggruen Gallery, San Francisco

167
Yellow Piece, 1966
Gelbes Stück
Acryl auf Lwd.; 190,5×190,5 cm
Sammlung des Künstlers

168
Ohne Titel, 1988
Bronze; 256×136×53 cm
Leihgabe des Künstlers

XVII
S. 149–154

Beuys, Joseph
Krefeld 1921 – Düsseldorf 1986

169
Schneefall, 1965
32 Filzdecken über 3 Tannenstämmen; Gesamtlänge: 375 cm, Filzstapel: 16–18×120×132 cm
Emanuel Hoffmann-Stiftung Basel,
Museum für Gegenwartskunst Basel

170
Ohne Titel, um 1972
Munitionskiste mit <Kreuz mit Sonne> von 1947/48, Fichtenstamm mit <Berglampe> von 1953;
Kiste: 30×61,5×24 cm, Stamm: L. c. 340 cm
Erzbischöfliches Diözesan-Museum, Köln

171
Aktion Dritter Weg I, 1978
Kreide auf Schiefertafel; 133×133 cm
Helge Achenbach, Düsseldorf

Aktion Dritter Weg II, 1978
Kreide auf Schiefertafel, Spazierstock; 133×133 cm
Helge Achenbach, Düsseldorf

Aktion Dritter Weg III, 1978
Kreide auf Schiefertafel; 133×133 cm
Helge Achenbach, Düsseldorf
Die drei Tafeln entstanden anlässlich eines Vortrags mit dem Titel "Jeder Mensch ein Künstler", gehalten in Achberg am 23.März 1978.

XVII a

Merz, Mario
Mailand 1925, lebt in Turin

171a (o. Abb.)
Progressione di Fibonacci su une scala, 1971/1992
Fibonacci-Reihe auf einer Treppe
Neon, Plexiglas
Im Besitz des Künstlers
Die Arbeit wurde für die hintere Treppe der Kunsthalle neu hergestellt.

XVIII
S. 155–158

Nauman, Bruce
Fort Wayne, Indiana 1941, lebt in Galisteo, New Mexico

172
The True Artist Helps the World by Revealing Mystic Truths (Window or Wall Sign), 1967
Der wahre Künstler hilft der Welt durch die Enthüllung mystischer Wahrheiten (Fenster- oder Wand-Zeichen)
Neonröhren (Aufl.: 3 Ex.); 150×140×5 cm
Öffentliche Kunstsammlung Basel,
Museum für Gegenwartskunst Basel

173a
Ohne Titel, 1965
Fiberglas, eingefärbt; Bodenstück: 7,8×16×319 cm, Wandstück: 8×15×320,5 cm
Öffentliche Kunstsammlung Basel,
Museum für Gegenwartskunst Basel

173b
Ohne Titel, 1965–66
Latexgummi mit Baumwollstoff verstärkt; 219×6–13,5×5 cm
Öffentliche Kunstsammlung Basel,
Museum für Gegenwartskunst Basel

XIX
S. 159–162

De Maria, Walter
Albany, Kalifornien 1935, lebt in New York

174
Bed of Spikes, 1968–69
5 Tle: jeder Teil besteht aus massiven, spitz zulaufenden, obeliskenförmigen Stäben (insgesamt 307), die in zunehmender Anzahl auf einer geschweissten Grundplatte eingesteckt sind; Stahl, rostfrei; Platte: je 6,5×199,6×105,6 cm, Stäbe: je 26,8×2,5×2,5 cm
Privatsammlung

XX

S. 163–166

Serra, Richard
San Francisco 1939, lebt in New York

175 (o. Abb.)
Intersection, 1992
4 Tle: Stahl; 3,6×13×7,1 m
Richard Serra und m, Bochum
<Intersection> wurde anlässlich der Ausstellung "Transform" realisiert und ist den Sommer über auf dem Theaterplatz in Basel installiert (s. S. 165).

XXI

S. 167–170

Graham, Dan
Urbana, Illinois 1942, lebt in New York

176
Interior Design for Space Showing Videos, 1987
Innenarchitektur eines Vorführraumes für Video
6 Tle: Kristall, Zweiwegspiegel, Holzgestell; je 225×100×3,5 cm
Galleria Pieroni, Rom

XXII

S. 171–174

Turrell, James
Los Angeles, Kalifornien 1943, lebt in Flagstaff, Arizona

177
Penumbra, 1992
(Shallow Space Constructions, Window Series)
Penumbra (Hohlraum-Konstruktionen, Fensterserie)
Beschreibung siehe S.173.
Im Besitz des Künstlers
<Penumbra> wurde anlässlich der Ausstellung "Transform" für Raum 12 in der Kunsthalle geschaffen.

XXIII

S. 175–178

Fabro, Luciano
1936 Turin, lebt in Mailand

178
Attaccapanni, 1977
Aufhänger
Bemalte Lwd., Bronze; 190×150×50 cm
Privatsammlung

179
Attaccapanni, 1978
Aufhänger
Bemalte Lwd., Bronze; 190×120×40 cm
Sammlung Herbert, Gent

180
Attaccapanni, 1980
Aufhänger
Bemalte Lwd., Bronze; 190×100×40 cm
Privatsammlung

181
Attaccapanni, 1982/83
Aufhänger
Bemalte Lwd., Bronze; 190×150×50 cm
Sammlung Galerie Micheline Szwajcer, Antwerpen

182
Crono, 1991
Chronos
4 Tle: Marmor; 230×230×200 cm
Sammlung Beyeler, Basel

XXIV

S. 179–184

Borofsky, Jonathan
Boston 1942, lebt in Ogunquit, Maine

183
String of Conciousness, 1992
Bewusstseins-Strang
7 dreiteilige Arbeiten für Basel zu einer Installation verbunden; eine Arbeit besteht aus einer Bildtafel, einem Objekt oder Wandbild (von untersch. Grösse), einem direkt auf die Wand geschriebenen Traum und einer weissen Baumwollkordel, die Bild/Objekt und Traum quer durch den Raum miteinander verbindet.

1. String of Conciousness (Three Abstract Shapes), 1992
2. String of Conciousness (Sex Painting), 1992
3. String of Conciousness (Israeli Flag), 1992
4. String of Conciousness (Water Scoop for Vietnamese Boat People), 1992
5. String of Conciousness (Light of Conciousness Painting), 1992
6. String of Conciousness (Fishing), 1992
7. String of Conciousness (Pieces of Infinity), 1992

Im Besitz des Künstlers/Courtesy Paula Cooper Gallery, New York

XXV

S. 185–188

Holzer, Jenny
Gallipolis, Ohio 1950, lebt in Hoosick Falls, New York

184
War (Work in Progress), 1992
Krieg
12 vertikale, mehrfarbige LED Schriftbänder, montiert auf die Postamente des Treppenhauses der Kunsthalle; 4 Schriftbänder: je 325×16,5×10 cm, 8 Schriftbänder: je 284,5×16,5×10 cm
Courtesy Barbara Gladstone Gallery, Jenny Holzer

XXVI

S. 189–192

Fabre, Jan
Antwerpen 1958, lebt in Antwerpen

185
Sleep, Sleep, Sleep, Little Animals, 1975–79/1992
Schlaft, schlaft, schlaft, kleine Tiere
Für "Transform" zusammengestellte Installation aus 129 Zeichnungen (in 8 Gruppen, 185a), 20 Insektenobjekten (185b) und einem zweiteiligen Werk (185c).

185a
Fantasie-Insecten & Sleep, Sleep Little Animals, 1975
10 Zeichnungen: Tusche u. Farbstift auf Papier; je 11,9×17,8 cm
Im Besitz des Künstlers

Grand Bazar, 1976
2 Zeichnungen: Tusche u. Farbstift auf Papier; je 20×13,5 cm
Im Besitz des Künstlers

Lintwormen, 1978
12 Zeichnungen: Tusche auf Papier; je 10,1×7 cm bis 10,1×8,7 cm
Im Besitz des Künstlers

Insectensculpturen & ervaringen, 1979
30 Zeichnungen: Bleistift auf Papier; je 12,4×8,6 cm bis 14,2×9,7 cm
Im Besitz des Künstlers

Metamorphoses, 1979
12 Zeichnungen: Tusche u. Bleistift auf Papier; je 20×13,5 cm
Im Besitz des Künstlers

Projekt voor nachtelijk grondgebied, 1979
25 Zeichnungen: Tusche auf Papier; je 18,5×11,5 cm
Im Besitz des Künstlers

Spinnekoppepoten, 1979
18 Zeichnungen: Kugelschreiber auf Papier; je 22,1×14,8 cm
Im Besitz des Künstlers

Spinnen, 1979
20 Zeichnungen: Tusche auf Papier; je 6,1×5,1 cm bis 13,5×9,6 cm
Im Besitz des Künstlers

185b
Spinnensculpturen, 1979
20 Objekte: versch. Materialien; je 10×10×10 cm
Im Besitz des Künstlers

185c
Oor, 1991/92
Ohr
2 Türen: Glas, mit Kugelschreiber bemalt, graviert; je 273×136 cm
Im Besitz des Künstlers
Die Türen sind in den beiden Öffnungen des Raumes in der Kunsthalle, in dem die Zeichnungen und Objekte gezeigt werden, montiert.

XXVII

S. 193–196

Deacon, Richard
Bangor, Wales 1949, lebt in London

186
Pipe, 1991
Röhre
Aluminium; 135×125×450 cm
Caldic Collection, Rotterdam

XXVIII

S. 197–200

Gober, Robert
Wallingford, Connecticut 1954,
lebt in New York

187
Untitled (No.98), 1984
Gips, Draht, Holz, Stahl, mattglänzende Emailfarbe;
66×80×65 cm
Sammlung des Künstlers

188
Untitled (No.77), 1985
Gips, Draht, Holz, Stahl, mattglänzende Emailfarbe;
35,5×61×48,3 cm
Sammlung des Künstlers

189
Forest, 1991
Wald
Tapete: Siebdruck auf Papier
Courtesy Paula Cooper Gallery, New York

<Forest> und die beiden unbetitelten Objekte wurden für Basel zu einer Installation verbunden.

XXIX

S. 201–204

Trockel, Rosemarie
Schwerte (Dtl.) 1952, lebt in Köln

190
Ohne Titel («Es gibt kein unglücklicheres Wesen unter der Sonne als einen Fetischisten, der sich nach einem Frauenschuh sehnt und mit einem ganzen Weib vorlieb nehmen muss», K.K.:F.), 1991
Bronze, Kunsthaar; 140×56×20 cm
Emanuel Hoffmann-Stiftung Basel,
Museum für Gegenwartskunst Basel

XXX

S. 205–208

Mullican, Matt
Santa Monica, Kalifornien 1951,
lebt in New York

191
Stadt, 1991
Grauguss; 202×102×30 cm
Werkstatt Kollerschlag

192 (o. Abb.)
Untitled, 1992
5 mehrteilige Kalksteinskulpturen; je c. 100×62×62 cm
Werkstatt Kollerschlag / Matt Mullican
Die Arbeit wurde für Basel hergestellt und ist – zusammen mit der <Stadt> – im Kunsthalle-Garten vor der Fassade des Südtraktes installiert.

Daniel Buren war angefragt worden, im Aussenbereich zwischen dem Kunstmuseum und der Kunsthalle eine Arbeit zu entwerfen. Sein Vorschlag richtete sich auf eine andere Situation und konnte in diesem Zusammenhang nicht realisiert werden. Wir danken Daniel Buren für seine Vorarbeit.

96a
Oskar Schlemmer
Goldkugel
Figurine aus dem <Triadischen Ballett>, 1920–22

Filme und Videos

in chronologischer Reihenfolge

Hans Richter,
Rhythmus 21, 1921 (?)
(ursprünglicher Titel: <Film ist Rhythmus>)
Schwarzweissfilm, ohne Ton, 4 Min.
Nachlass Hans Richter

Viking Eggeling
Diagonal-Symphonie, 1923/24
Schwarzweissfilm, ohne Ton, 7:45 Min.

Marcel Duchamp, zus. mit Man Ray und Marc Allégret
Anémic Cinéma, 1926/27
Schwarzweissfilm, ohne Ton, 7 Min.

Laszlo Moholy-Nagy
Lichtspiel, Schwarz-Weiss-Grau, 1930
Schwarzweissfilm, ohne Ton, 6 Min.
Bauhaus-Archiv, Berlin

Nam June Paik (Kamera: Wolfgang Ramsbott)
Performance, 1961
Schwarzweissfilm auf Video, 45 Sek.

Gerry Schum
Land Art, 1969
Schwarzweiss- und Farbfilm auf Video, Ton, 31:10 Min.; 7 Kurzfilme von Marinus Boezem, Walter De Maria, Jan Dibbets, Barry Flanagan, Richard Long, Dennis Oppenheim, Robert Smithson
Courtesy Ursula Wevers

Gerry Schum
Identifications, 1970
Schwarzweissfilm auf Video, Ton, 50 Min.; 20 Kurzfilme von G. Anselmo, J. Beuys, A. Boetti, S. Brown, D. Buren, P. Calzolari, G. de Dominicis, G. van Elk, H. Fulton, Gilbert & George, G. Kuehn, M. Merz, K. Rinke, U. Rückriem, R. Ruthenbeck, R. Serra, K. Sonnier, F. E. Walther, L. Weiner, G. Zorio
Courtesy Ursula Wevers

Richard Serra
Relevision Delivers People, 1973
Farbvideo, 6 Min.

René Bauermeister
Hommage à Duchamp, 1976
Schwarzweissvideo, 6:15 Min.

Bill Viola
Reverse Television – Portraits of Viewers, 1983/84
Farbvideo, Ton, 15 Min.

Rémy Zaugg, mit Marina Abromovic/Ulay
The Observer (Le temps d'une cigarette), 1984
Farbvideo, 8:05 Min.

General Idea
Shut the Fuck Up, 1985
Farbvideo, Ton, 11 Min.

Dara Birnbaum
Damnation of Faust: Charming Landscape, 1987
Farbvideo, Ton, 6:30 Min.

MICA TV
Carole Ann Klonarides, Michael Owen, in Zusammenarbeit mit Dike Blair, Dan Graham, Christian Marclay
Cascade / Vertical Landscape, 1988
Farbvideo, Ton, 6:30 Min.

Dieter Froese, mit Michael Smith
Mike Makes A Few Calls ..., 1988
Video, Farbe, Ton, 15:10 Min.

Abbildungsnachweis

Die Zahlen beziehen sich auf die Katalognummern. Abbildungen ohne Katalognummer sind mit Seitenhinweis angegeben.

Stedelijk Van Abbemuseum, Eindhoven: 164
Helge Achenbach, Düsseldorf: 171
Agence France-Presse, Paris: S. 23
Thomas Ammann Fine Art, Zürich: 36, 128
Art Gallery of Ontario, Toronto: 25
Robert Baier, Basel: S. 208
Christian Baur, Basel: S. 176
Bayerische Staatsgemäldesammlungen, München: 4
H. Berninger, Zürich: 56
Galerie Beyeler, Basel (Peter Schibli): 20, 21, 22, 23, 40, 42, 81, 84, 91, 99, 100, 101, 103, 107, 109, 114, 136–139
Galerie Bischofberger, Zürich: 157
Daniel Blau, München: S. 117
Boymans van-Beuningen, Rotterdam: 155
Annemarie Burckhardt, Kassel / Basel: S. 149
Nance Calderwood: S. 174
Musée Cantini, Marseille: 3
Leo Castelli, New York: 159
Archiv Eduardo Chillida: S. 99
Charles Choffet, Besançon: 12
Claes, Antwerpen: S. 189
Geoffrey Clements, New York: 179, S. 197
Paula Cooper Gallery, New York: 187
D. James Dee, New York: 188
Dia Art Foundation, New York: S. 148, S. 159
Charles Delepelaire, Paris: 10
Fondation Jean Dubuffet: 117
Sammlung Eppinghoven: 34
Erzbischöfliches Diözesan-Museum, Köln (Helmut Buchen): 170
Fisher Landau Center, New York: 104
Fondazione Fontana, Mailand: S. 103
Courtesy Barbara Gladstone Gallery, New York: S. 185, S. 187
Galerie Gmurzynska, Köln: 58, 59
Galerie Karsten Greve, Köln: 125–127
Werner J. Hannappel, Essen: S. 164
Hans Hinz, Basel: 44, 73, 77, 78, 87, 89, 94, 98
Hessisches Landesmuseum, Darmstadt: 64
Hood Museum of Art, Dartmouth College, Hanover: 30
Bill Jacobson Studio, New York: 143, 145, 148, 150
ImageArt, Antibes: 24
Annely Juda Fine Art, London: 60, 61
Kawamura Memorial Museum of Art, Sakura, Chiba: 163
Ellsworth Kelly: 167, 168
Rijksmuseum Kröller-Müller, Otterlo: 79
Galerie Krugier, Genf: 5
Kunsthaus Zürich: 13–16, 28, 41, 75, 123, 133
Kunstsammlung Nordrhein-Westfalen, Düsseldorf: 27
Los Angeles County Museum of Art: 46
Galerie Baudoin Lebon, Paris: 113
Attilio Maranzano, Rom: 176, 182, S. 175
Marlborough International Fine Art: 96
Robert E. Mates / Susan Lazarus: S. 212
Succession Henri Matisse: 6, 7, 18, 19
Andrew Moore, New York: 189
H. Mundt, Hamburg: 185c
Musée d'Art Moderne de Strasbourg (R. Franz): S. 71
Musée national d'art moderne, Centre Georges Pompidou, Paris: 50–52, 62, 66, 69, 76
The Museum of Modern Art, New York: 1, 11, 29, 31, 33, 65, 165
R. Nasher, Dallas: 9, 57, 74
Öffentliche Kunstsammlung Basel: 72, 92, 121, 132, 134, 169, 173a, S. 147
Öffentliche Kunstsammlung Basel (Martin Bühler): 53, 65, 83, 85, 90, 93, 115, 122a, 122b, 135, 160, 161, 172
Frank Oleski, Köln: S. 119
Douglas M. Parker, Los Angeles: 166
Philadelphia Museum of Art: 63, 67, 68, 153, 156
Claude Picasso, Paris: S. 35
Musée Picasso, Paris: 26, 35, 37, 38, 39
Galleria Pieroni, Rom: 176
René Pulfer, Basel: S. 167
Georg Rehsteiner, Vufflens-le-Château, Suisse: 191
Rheinisches Bildarchiv, Köln: 130
Galerie Rosengart: 97
Adam Rzepka, Paris: 118
Ernst Scheidegger, Zürich: S. 109
Peter Schibli, Basel: 86, 134
Photoarchiv C Raman Schlemmer, Oggebbio, Italien
Ken Schles: S. 165
N. Smooke: 2
E. Schwitters: S. 79
Sonnabend Gallery, New York: 110, 112, 154
Sprengel Museum, Hannover: 95
Monika Sprüth Galerie, Köln: 190
Statens Konstmuseer, Stockholm (Tord Lund): 70, 105
Staatsgalerie Stuttgart: 8
Stuhlmuseum Burg Beverungen und Tecta: 47
Jerry L. Thompson, New York: 104
The Tate Gallery, London: 49
Times Magazine, New York: S. 61
Malcolm Varon, New York: 32
Stephen White, London: 186
Whitney Museum of American Art, New York: 104
Dietrich Widmer, Basel: 174
Wilhelm-Hack-Museum, Ludwigshafen: 45, 48
Dick Wiser, Flagstaff: S. 170

NAMENSREGISTER

Die erstgesetzten Zahlen verweisen auf die Seiten, auf denen die ausgestellten Werke abgebildet sind, die kursiven Zahlen beziehen sich auf die Katalognummern.

96a
Oskar Schlemmer
Goldkugel
Figurine aus dem <Triadischen Ballett>, 1920–22

175
Intersection
1992
4 Tle: Cor-Ten-Stahl
3,6×13×7,1 m
Installation auf dem
Theaterplatz in Basel